ザ・シークレット・オブ・ジ・エイジズ

成功者たちの不変の法則

ロバート・コリアー
茂木靖枝＝訳

角川文庫
23745

THE SECRET OF THE AGES

Robert Collier

炎のもやと惑星
水晶と細胞
クラゲとトカゲ
原始人が住まう洞穴
やがて来たるは法と秩序
土くれから仰向く顔
ある者はこれを進化と呼び
ある者はこれを神と呼ぶ

——『ニューイングランド・ジャーナル・オブ・メディシン』誌より転載

まえがき

もし、時間よりもお金のほうを多く持っていたとしたらどうしますか？　使い道が思いつかずに持て余しているとしたら、どんな慈善を施そうと考えるでしょうか。図書館、病院、教会、それとも体の不自由な人や年老いた人たちの施設《ホーム》に寄付しますか？　わたしだったら、ホームはホームでも、老人や病人のための施設ではなく、若い夫婦の家庭《ホーム》を支援します。

わたしが心の広い億万長者だとしたら、若い夫婦を支援する基金を設立して、結婚生活をスタートしたばかりの時期——特に、トラブルが本格的に起こる二年目——に直面する問題を解決する手助けをしたい。そう、つねづね考えています。

若い男女、小さいながらも居心地のいい住まい、そこに健康で愛らしい赤ん坊が加われば、このうえない幸せです。しかし、元気な赤ん坊の代わりに、病弱でむずかってばかりの赤ん坊が生まれたら、若い母親はやつれ、くたびれ、疲れ果て、若い父親は苦悩し、落ちこみ、悲嘆に暮れます。これほど痛ましいことはありません。

ひと月の子守費用、海岸や山で数週間の保養、多額な医療費の「肩代わり」——小さな家族にとっては、このどれかひとつでも天からの助けとなります。しかし、実際はめったに得ることができません。この家族は施しを受けるほど貧しくはないからです。だからと言って、自分たちでまかなえるほど豊かでもありません。この家族は、貧しい者としても裕福な者としても負担を強いられる、広大な「中流階級」に属し、自分たちでやりくりせざるをえないのです。この本を捧《ささ》げたいのは、そうした人たちです。図書館や大学を寄付できなくても、この本で最高の贈りものを手に入れる方法を示すことはできると思っています。

中流階級に足りないのは、「施し」でも、同情でもありません。必要なのは、インスピレーション――それと機会――です。外へ向かい、みずからチャンスを作り出せるようなインスピレーションが必要です。

それに、結局のところ、人が他者に対してできうる最大の善行はこれに尽きるのではないでしょうか。無料でもらえるものに感謝する人はほとんどいません。こんな話があります。ある町の住民が、その功績を称《たた》えて男に懐中時計を贈りました。男はまじまじと時計を見つめたあと、こう言いました。「で、鎖は？」

夢見ながらもあきらめかけていた成功をすべて勝ちとる方法――それは、若い夫婦が心から求めているものです。その方法を存分に活用できれば、巷《ちまた》にあふれる「三角関係」もほぼ見られなくなるでしょう。なぜなら、幸福な家庭を築くためにも、仕事の成功のためにも夫婦で力を合わせるようになるからです。

ロバート・コリアー

目次

凡例

聖書からの引用には新共同訳を用い、（　）で出典を補いました。

引用部の邦訳がある場合は原則として準じました。必要に応じて旧字旧かなは新字新かなにあらため、ルビを振りました。

第1章

I

世界最大の発見

できると思えばそのぶんだけできる。
だが、それ以上は成しとげられない。
自分を恐れているのなら、若者よ
その先に待ち受けるものはほとんどない。
失敗はまず内側にやってくるものだから。
その先に待つものがあると知れば
最悪の事態に直面しようとも
やるぞと思えば勝利を手にできる。

――エドガー・A・ゲスト

これぞ近代でいちばんの発見だと思うものはなんですか？

モンゴルの平原で発見された、およそ一〇〇〇万年前に産み落とされた――と科学者は主張しています――恐竜の卵でしょうか？

エジプトのツタンカーメン王の墓から、当時の文明を知る手がかりとなる貴重な標本が発見されたことでしょうか？ それとも、タフツ大学のレーン教授が年代測定を使用して、地球の年齢を一二億五〇〇〇万年と推定したことでしょうか？ あるいは、無線機？ 飛行機？ それとも人工の雷でしょうか？

いいえ、どれでもありません。正真正銘の大発見とは、人類がようやく「生命の原理」を理解しはじめたということです。これまでおこなわれた膨大な調査や、過ぎ去りし時代の研究を経て、何億年も前に――なんらかのかたち、なんらかの方法で――地球にもたらされたもの。わたしたちはいま、その「生命の原理」がもたらす無限の力に気づきつつあり、計り知れない可能性を垣間《かいま》見ているのです。

近代でいちばんの発見である「生命の原理」は、だれでも自由に使いこなすことができ、おとぎ話の『アラジンと魔法のランプ』に登場するランプの精さながらに、心に従う者でもあります。そして、健康や幸福、富や成功など、人がほしいと思うあらゆるものを得るためには、「生命の原理」を理解し、調和する必要があります。

この真理を理解するために、物事のはじまりに立ち返ってみましょう。

ことの起こり

人類の祖先は五〇万年前の太古の猿人なのか、それとも創造主の頭のなかから完全な人間の姿で誕生したのか、どちらを信じるかは重要ではありません。いずれにしても、最初のきっかけ、つまり創造主が存在していたわけです。なんらかの力が働いて地球上に生命の最初の兆しが起こり、最も単純な植物が発生し、数えきれないほどの時代を経て、現代文明という最高の産物へ至った。この創造の過程は、全体が六日間で創造された場合と同じくらいすばらしいものです。

そもそも地球は、六〇〇〇年前も一〇億年前も、ただの火のかたまりだったわけですから、どちらでもいいではありませんか。

大事なことは、ある時点に、なんらかの方法で、この地球上に生命の芽生え――生命の原理――が起こり、植物、動物、人間をはじめとする万物に命を吹きこんだということです。科学者の説によれば、地球上に最初に出現した生命は藻のような形態でした。水面を漂うゼリー状のかたまりが地球上の生命の起源であり、芽生えだということです。

つぎに登場したのは、最初の原生動物であるアメーバです。アメーバはクラゲのような形状をしていて、単細胞でできており、脊椎骨《せきつい》もなく、まわりを取りまく水分と区別するものはほとんどありません。しかし、小さいながらもアメーバには、**動物**として最初の**生命**が宿っていて、そこから現在の人類までたどれるのだと科学者は言います。

アメーバが誕生してから、数えきれないほどの植物や動物が出現しましたが、その姿やかたち、変種などはどれも、それぞれの環境に合わせてかたちづくられた**生命**の表れです。何千何百万年ものあいだ、この「生命の芽生え」は、ありとあらゆる危険——洪水、地震、干ばつ、熱砂、氷河期の寒冷、火山の噴火など——に見舞われてきました。しかし、こうした数々の危険も、新しい資源を出現させ、生命を新たなかたちに進化させるきっかけにすぎませんでした。

あるニーズを満たすために恐竜になり、別のニーズのためには蝶《ちょう》になるといった具合に、人類へ進化していくはるか以前から、無限とも思える力が臨機応変に発揮されてきました。水中の危険から逃れるために陸地をめざし、陸地で追われれば空へ飛び立ちました。海中で呼吸するためにエラを発達させ、陸地に打ちあげられれば肺に改良しました。ある種の危険に対抗するために殻を、別の危険に対しては刺《とげ》を発達させました。氷河期の寒さから身を守るためには毛皮を、温暖な気候では体毛を生やしました。暑さと寒さが交互に訪れる地域では羽毛をまといました。はじめからずっと、さまざまに変化する環境に対応し、あらゆる生物のニーズを臨機応変に満たす力が発揮されてきたのです。

この「生命の原理」を消滅させることが可能だったら、相次ぐ火災や洪水、干ばつや飢饉《ききん》によって、とっくのむかしに生命は消えてなくなっていたでしょう。しかし、障害、災難、大変動は、生命の力を示す新たな機会にすぎず、むしろ、そのエネルギーと能力を目覚めさせるには、障害が必要だったというわけです。

古代の大型爬虫類《はちゅうるい》や巨大動物は絶滅しましたが、「生命の原理」はとどまり、時代とともに変化し、発達しつづけ、つねに改良していきました。

この「生命の原理」を地球にもたらした力がなんであれ、それは無限の資源とエネルギーに恵まれ、無限の命があるのです。いかなる力をもってしても、それを打ち負かすことはできません。どんな障害があろうとも、それを押しとどめることはできません。これまでの生命と人類の歴史を振り返ってみれば、その知的存在――それを自然と呼ぶか摂理と呼ぶか、お好きなように――が進むべき方向を示し、生命のニーズを満たすために力を発揮してきたことがわかります。

存在することの目的

わたしたちが存在する目的は成長することです。そのことを理解しないまま、長い年月をかけて目的を追いかけることは、だれにもできません。人生は動的であり、静的ではありません。立ち止まることなく、つねに前へ進んでいます。自然界で許されざる罪のひとつは、立ち止まること、停滞することです。体長は一〇メートルを超え、家ほどの大きさがあったギガノトサウルス、機関車なみの力があり、恐怖の代名詞とも言えるティラノサウルス、空を飛ぶ翼竜プテロダクティルス――先史時代の巨大生物はすべて姿を消しました。恐竜たちは有益な目的にかなう存在ではなくなり、変化する環境に対応する術《すべ》を持たず、まわりの生命が通り過ぎていくあいだ、ただじっとたたずみ、停滞していました。

エジプトもペルシャもギリシャもローマも、古代の大帝国は成長が止まると軒並み滅亡しました。中国は城壁を築き、一〇〇〇年ものあいだ立ち止まっていました。しかし、中国は世界の大国から侵略されてしまいました。自然界において、成長を止めることは滅びることと同じです。

この本は、立ち止まるつもりのない、成長しなくなることを拒む人たちに向けて書かれたものです。この本で、秘められた可能性をより明確に理解し、まわりにある無限のエネルギーに働きかけ、それを利用する方法をお教えします。

岐路に立ち、どの道を行けばいいのかわからない人の恐怖は、あなたには無縁です。未来は自分の手で作るものです。無限のエネルギーの法則はただひとつ、供給の法則です。「生命の原理」は、あなたの原理です。生き延びること、勝ち抜くこと、あらゆる障害に立ち向かって乗り越えていくことは、古くから日常的におこなわれていることです。臨機応変に対応する力が重要であることは、いまもむかしも変わりありません。自分の心を突き動かし、その力と調和して取り組めば、ほしいものを手に入れることができるのです。

「生命の原理」が強力に作用して、進化の程度の低い動物が必要に応じて殻や毒を発達させたのだとしたら、鳥が空中で円を描いたり矢のように突進したり、バランスをとって飛んだりするのを可能にしたのだとしたら、蜘蛛《くも》が失った手足の代わりに新しい手足を生やす能力を授かったのだとしたら、あなたに対して、どれほどのことが可能になると思いますか？　あなたは、「生命の原理」とともに協力できるマインドの能力と、それを突き動かすエネルギーと主導権を持つ、理性のある人間なのですから。

「生命の原理」がもたらす力の証拠は、まわりにいくらでもあります。たとえば、ボート漕《こ》ぎ、テニス、水泳、乗馬のような激しいスポーツをはじめるとします。最初のうちは体力がないので、すぐに疲れてしまいます。ですが、数日間つづけてみてください。「生命の原理」が新しいニーズを満たすべく、すぐさま筋肉を強くして体力をつけてくれます。手を酷使する作業をすると、どうなるでしょう。手の皮がもろくなり、水ぶくれができて痛みます。そのまま作業をつづけたら、手の皮は全部むけてしまいますか？　そんなことはありません。「生命の原理」がぶ厚くて強い手のひらにして――つまりは「タコ」を作って――ニーズを満たしてくれます。

日々の生活のなかで、「生命の原理」が着実に作用していることに気づくでしょう。それを受け入れ、取り組み、自分のものにすれば、できないことは何ひとつありません。乗り越えるべき障害があるという、ちょっとした事実が有利に働きます。成すべきことが何もないとき、万事順調のときは、「生命の原理」は眠っているように思えます。「生命の原理」は、あなたが必要とするとき、強い衝動をもって求めるときに最大限の力を発揮します。

その点で、「生命の原理」は「運」とは異なります。「運」はあてになりませんし、さほど必要としていない人に微笑みかけることもよくあります。なけなしの金を賭《か》ければ――回転するルーレット、疾走する競走馬、のるかそるかの大勝負――十中八九、ツキに見放されます。しかし、「生命の原理」はまるで反対です。物事がスムーズに運び、人生が歌のように流れているとき、自分のことは自分でできるので、「生命の原理」は安心してまどろんでいるように思えます。

しかし、事態が悪化しはじめ、破滅と不名誉が間近に迫ってくると――そのときこそ、「生命の原理」の出番です。

人生の「開け、ゴマ！」

自分のあらゆる行為の背後に、無敵の「生命の原理」があると知ることは、ナポレオンが**成功を保証する力**を感じていたことに匹敵します。これまでどんなことにも失敗しなかった力が働いているのだから、自分のときも失敗はするまいと、確信をもって先へ進めます。あらゆる障害を乗り越えて、いまの自分を作りあげたその力は、いざというときに不足することはないでしょう。アスリートの「底力」ともランナーの「第二の風」とも呼ばれるその力は、大きな重圧にさらされたり極度に興奮したりすると、無意識に呼び出され、その結果、超人的な行為を成しとげることができるのです。

とはいえ、その力は超人だけが持つ秘法などではなく、単にわたしたちが自覚している能力を超えているだけです。意識している能力と自分のなかの眠れる巨人を結びつけて、日々課題に取り組むよう駆りたてれば、「超人的な」行為が、日常のあたりまえのことになります。

オレゴン州オークランドに住むW・L・カインは、つぎのように述べています。「そういう力があることは知っています。以前、一六歳と一八歳の少年ふたりが、大きな丸太を持ちあげて、下敷きになっていた弟を助けたのを目撃したことがあるからです。翌日、その少年たちと、もうひとりの男とわたしとで、いっしょに丸太の端を持ちあげようとしましたが、微動だにしませんでしたよ」

ふたりの少年が必要に迫られて成しとげたことを、必要が去ったあとに四人がかりでもできなかったのは、どういうわけでしょう。少年たちは、できるだろうかなどと思いとどまることなく、ただ差し迫ったニーズだけを考えていたからです。少年たちは、ありったけの思考とエネルギーを、うたがわず、恐れもせず、ひとつのことに集中させました。すると、そのような呼びかけをひたすら待っている精霊が、それに応じ、ふたりぶんではなく一〇人ぶんの力を授けてくれたというわけです。

あなたが銀行家であろうと弁護士であろうと、事業家であろうと販売員であろうと関係ありません。巨額の財産を運用しているか、日々の糧を得るために苦労しているかは関係ないのです。「生命の原理」は、富める者と貧しい者、上流と下流を区別しません。ニーズが大きければ大きいほど、容易に呼びかけに応《こた》えてくれます。尋常ではない仕事があるところ、貧困や苦難や病気や絶望があるところ、そんなところには心の召使いがいて、あなたからの呼びかけを待っています。

それどころか、この召使いは、いつでも呼びかけに応じることが**できる**のです。その力の源泉は尽きることがありません。それは、マインドの能力です。思考であるとも言えます。話したり書いたりせずにメッセージを伝えるテレパシーであり、目に見えない危険を警告する第六感とも言えます。問題がどれほど複雑怪奇だとしても、あるいは至って単純だとしても、その解決策はマインドと思考のどこかにあります。解決策はかならずあるので、内なる巨人はそれを見つけ出すことができます。この巨人は、正しいことを**知る**ことも、**する**こともできます。あなたが知らなくてはいけないこと、する必要があること、それがなんであれ、この心の精霊に呼びかけ、しかるべき方法で協力していけば、どちらも達成できます。

II

心の精霊

門がいかに狭かろうと
いかなる罰に苦しめられようと

わたしがわが運命の支配者
わたしがわが魂の指揮官だ

——ウィリアム・アーネスト・ヘンリー

石器時代は、腕力のある者や足の速い者が生き残る時代でした。つぎに訪れた鉄器時代では、生命は以前より大事に扱われたものの、力の強い者が弱い者を支配していたことに変わりありません。やがて金が流通し、経済の時代へ突入すると、金持ちが力を握りました。一方、貧しい人たちは、古くからの慣《なら》わしどおりに奴隷商人の鞭《むち》に打たれるか、貧困と飢餓という残忍な凶器の犠牲となるか、どちらかを選ぶしかありませんでした。

いま、わたしたちは新しい時代——精神の時代——に生きています。すべての人が自分のことを自分で決められる時代、貧困や環境がもはや影響力を持たず、最下流に生きる人が最上流の人と並び合う地位を獲得できる時代です。

マインドの能力を知らない人は、そう言い切るのはちょっと軽率ではないかと思うかもしれません。ですが、人間のマインドの源泉は計り知れないほど深く、未開拓のエネルギー、知恵、能力が埋もれていることを、科学がはっきりと証明しています。

近代化以前の人々が組みあげた無骨な筏《いかだ》から、今日の、大陸間を往復して数千もの乗客を運ぶ巨大な定期船への進歩は、マインドの発達が一歩進んだにすぎません。同様に、雷や火や水をこわがり、ほら穴でうずくまっていた未開の原始人から、あらゆる自然の力を手なずけつつある現代の技師への進歩も、マインドの発達においては大してちがわないのです。

理論的な思考を持たない人間は、猿のようなものです。すばやくて力のある生き物の餌食《えじき》にされてしまうでしょう。風や天候に振りまわされ、その場しのぎで、あらゆる影に怯《おび》えながら生きる、哀れな臆病《おくびょう》者です。

人間はすぐれた心の能力を使い、火をおこして暖をとる術《すべ》を身につけたり、周囲の野獣から身を守るための武器を作り、風雨をしのぐための住居を建てたりしました。心を発達させて自然の力を克服したのです。また、何百万の馬や何十億の人の仕事を機械に肩代わりさせました。つぎに何を成しとげるのかは、だれにもわかりません。なぜなら、人は自分の力に目覚めはじめたばかりだからです。自分の心の奥深くに埋もれている計り知れない富を、少しずつ感じているところだからです。ゴールドラッシュに沸いた一九世紀の金採掘者たちと同じように、人はこれまで表面の砂利をさらって小川に流れ出た金を探していました。いまは、その下に潜む純粋たる金脈をめざして深く掘り進めているところです。

わたしたちは失われた森のことを嘆き、石炭や石油といった資源が減っていくことを憂えています。工場が垂れ流す廃棄物についても激しく非難します。それなのに、最大の無駄になんの関心も示していません。つまり、わたしたちのなかに潜んでいるマインドの能力を使い切っていないことです。世界的に著名なハーヴァード大学の心理学者、ウィリアム・ジェームズ教授によると、平均的な人間は自分のマインドの能力を一〇パーセントしか使っていないとのことです。限りない力を持っているというのに、ほんの一部しか使っていません。無尽蔵の富に囲まれながらも、それにどう手をつければいいのかわからないのです。神のようなものすごい力を内側に眠らせたまま、日々の仕事に満足し、食べて、眠り、働いて、動物たちとさほど変わらない退屈な毎日を過ごしているわけです。その間、大自然が、あらゆる生命が、目覚めよ、奮起せよと呼びかけているにもかかわらず。

なりたい自分になる力、ほしいものを手に入れる力、めざしているものを達成する力は、あなたのなかに宿っています。その力を引き出してどう使うかを決めるのは、あなたです。もちろん、使い方を学ばなければならないのですが、その前に、その力を**持っている**ことに**気づく**必要があります。ですから、まずはこの力をよく知ることが目標です。

世界じゅうの心理学者や、世界の原理を探究する学者が、何よりも大事なのはマインドであると認めています。あなたは、自分がなりたいと思うものになれます。病気になることも、不幸になることもありません。貧しさも、失敗も、あなたには無縁です。あなたは取るに足らない人ではありません。食料や住処《すみか》と引き換えに、労働に明け暮れる動物でもありません。あなたはこの世界のあり方を決めるひとりであり、無限の可能性を秘めています。あなたのなかには、きちんと理解して使いこなせば、平凡で単調な日々からあなたを救い出し、弁護士や作家、政治家や大実業家といった一流の職業人、実行家や思索家の一員となれる力があります。その力の使い方を身につけるかどうかはあなた次第です。なぜなら、あらゆることを可能にするその力は、あなたのものだからです。

わたしたちの体は、マインドが目的を果たすために動かす機械にすぎません。マインドというと、意識と考えられるのがふつうですが、マインド全体のうち、**意識が占める部分**は実のところ、**ほんのわずか**にすぎません。九〇パーセントは潜在意識であり、あなたが意識している部分のみを積極的に利用しても、それはマインドが持つ実際の能力のごく一部でしかなく、低速ギアで車を走らせているようなものです。多くの人が成功しないまま人生を終える理由は、たいていの場合、生涯を通して**表面上のエネルギー**だけを使い、低速ギアで走ることに満足しているからです。この人たちが、潜在意識の大いなる力を競争に投じたら、成功するための思いがけない能力が、自分にあることに驚くことでしょう。

もちろん、意識と潜在意識はマインドの一体を成しているので分けることはできないのですが、ここではわかりやすく、マインドを三つの部分に分けて説明します。すなわち、「意識」、「潜在意識」、そして、無限のひろがりを持つ、閾下《サブリミナル》の「超意識」です。

意識

あなたが「見る」、「聞く」、「かぐ」、「さわる」と言うときは、あなたの意識がそう言っているのです。意識には五感を司《つかさど》る力があります。感じたり推論したりするときのマインドの状態で、だれでもなじみがあります。仕事に取り組むときの精神状態であり、自分の意思で動かせる筋肉の大部分を制御します。善と悪、賢明さと愚かさを区別し、あらゆるマインドの力を管理する最高指揮官だと言えます。意識は、前もって計画を立て、計画どおりにものごとを進めることができます。あるいは、衝動のままに、さまざまな出来事に翻弄《ほんろう》されながら、人生の流れにただただ流されることもできます。

潜在意識と超意識には、意識を通してのみ到達できるので、言うなれば意識は管理人であり、門番でもあります。潜在意識がとどめる印象はすべて、意識から入手していま す。いい結果を得るためにはチームワークが必要で、潜在意識は意識に頼らないといけません。どんなに優秀な兵士がそろっていても、指揮官が前もって計画を立てず、自分の能力も部下の能力も信頼せず、敵を征服する方法を考えず、敵からの攻撃を心配ばかりしているとしたら、そんな軍隊は頼りになりません。ピッチャーとキャッチャーが対立している球団に、好成績は期待できません。それと同じように、意識が恐怖や不安でいっぱいだったり、何を求めているのかわかっていなければ、潜在意識からの成果は望めないでしょう。

意識のいちばん重要な役割は、望んでいることに思考を集中させ、恐怖や心配や病気を連想させることを、残らず締め出すことです。

それができるようになれば、不可能なことは何ひとつありません。潜在意識は、具体的な事柄から結論を導き出すわけではありません。潜在意識は、あなたが送った思考を受けとり、論理的な結論を導こうとします。強さと健康についての思考を送れば、あなたの体に強さと健康をもたらそうとするでしょう。自分自身の思考であれ、周囲の人の話を通じてであれ、不調の兆しや、病気や事故に対する恐怖が潜在意識にはいりこめば、きわめて高い確率で病気の症状が現れるでしょう。

あなたのマインドは、あなたの体をコントロールしています。体のあらゆる器官に指示を送って制御します。体はそれ自体が小さな宇宙であり、マインドはその中核にあります。光を放ち、すべてのシステムに生命を与える太陽で、そこを軸にして全体が回転しています。そして、その太陽を支配しているのが、**意識している思考**です。自己暗示法の創始者であるエミール・クーエが言うように、「意識することで、潜在意識はハードルを飛び越えることができる」のです。

潜在意識

頻繁に動きまわることのない、ごくふつうの生活を送っている人の血液成分を良好に保つためには、どれくらいの水分と塩分が必要で、そのほかにはどんな要素が必要なのか知っていますか？　テニスをしたり、車を走らせたり、木を切ったり、激しい運動をするとそのバランスはどう変化し、またどのくらい速く変化すると思いますか？塩辛い魚を食べたとき、塩分を中和するのにどれくらいの水を飲むといいかわかりますか？汗をかくと、どのくらいの塩分が失われるのでしょう。健康を保つためには、一日あたり、どのくらいの水分、塩分、栄養を体内に取りこむ必要があるのか理解していますか？

知らない？だいじょうぶ。だれも知らないのですから。偉大な物理学者でも、化学者や数学者でもわかりません。しかし、あなたの潜在意識は知っています。

しかも、作業を中断することなく、ほぼ反射的に答えを出します。これはいわゆる「暗算」の一種で、潜在意識が休むことなくおこなっている、何千という作業のうちのひとつです。世界屈指の数学者や化学者が一年がかりで取り組んでも、潜在意識が分刻みで解決する難問を解けはしないでしょう。

さらには、数学や科学を勉強した経験があるかどうかも関係ありません。この世に生まれた瞬間から、あなたの潜在意識はさまざまな難問をすべて解いているのです。あなたが読み書き計算に取り組んでいるあいだ、潜在意識は教師もびっくりするような問題を解いています。潜在意識は、消化機能、同化作用、排泄《はいせつ》、分泌の働きといった、体内の複雑なプロセスを監督しています。その仕組みを理解するには、地球上の化学者や研究所の知識を総動員する必要があります。潜在意識は、幼少期のころからあなたの体を設計して作りあげました。修理もするし、操縦もします。健やかな体を保つだけでなく、人生のいいことがすべて手にはいる力を無限に持っています。この力を知らないままでいることが、この世で失敗する唯一の理由です。体の働きをゆだねるのと同じように、このすばらしい力に仕事やプライベートな問題をまかせれば、手が届かない目標などなくなるでしょう。

ジョージ・C・ピッツァー博士は、潜在意識の力をつぎのようにまとめています。

潜在意識はまったくの別ものです。潜在意識は人間の体全体を占有し、なんらかの対立するものがないかぎり、体のあらゆる機能、状態、感覚に対して絶対的な支配力を持っています。客観的な心（意識）は、自分の意思で動かせる筋肉や運動を制御していますが、潜在意識は、自分の意思ではどうにもできない表立たない機能や、自律神経の働きをコントロールしています。栄養、老廃物、あらゆる分泌物に排泄物、体内に血をめぐらせる心臓の働き、肺の呼吸機能、そして全細胞の生命、変化と発達は、潜在意識の完全な支配下にあります。

潜在意識は、脳が進化する以前から動物が持つ唯一の心です。この心は、さまざまな事実を考え合わせて答えを出すことはしないし、そもそもできないのですが、起こったことを法則にあてはめて答えを導く力は抜群です。さらには、実際の目を使わずに物事を見ることができます。直感を使って認識します。通常の物理的手段を使わずに、他人と意思疎通する力を持っています。他人の思考を読みとることができます。知性を受信し、それを遠方の人へ伝えます。潜在意識の絶対確実な任務の前では、距離はなんの意味も持ちません。けっして死ぬことがありません。わたしたちはこれを「魂の心」と呼びます。これこそが、生きる魂——すなわち人間です。

デイヴィッド・V・ブッシュの著書『Practical Psychology And Sex Life（実践心理学と性生活）』のなかで、ウィンビグラー博士によるさらに踏みこんだ見解が引用されています。

わたしたちが眠っているあいだでも、同化と組成の作業をつづけているのは、この心です。

それは、達成してはじめて意識にのぼるようなことを明らかにしてくれます。いつもの物理的な手段を使わずに、ほかの心と意思疎通できます。ふだんの視覚では見えないものを垣間《かいま》見ることができます。

神の存在を実際に感じられる事実にして、人格を平穏でおだやかに保ちます。危険が迫っていることを警告します。

行動や会話の行方を承認することもしないこともあります。

わたしたちの意識が遮ったり、方向を変えたりしなければ、与えられた最高のものをすべて実行へ移します。

促しさえすれば、体を癒《いや》し、健康を保ちます。

潜在意識は、簡単に言ってしまえば、生命における最強の力であり、適切に導けば、最も有益なものです。しかし、電気が通っている送電線のように、破壊的な力もまた大きなものです。それは、召使いにも主人にもなることができます。あなたに悪をもたらすことも、善をもたらすこともできるのです。

ウィリアム・T・ウォルシュ牧師は、著書のなかで、その考えをとてもわかりやすく説明しています。

わたしたちのなかにある潜在意識は、決定したり命令したりしないので、内省的な心と呼ばれています。支配する者ではなく、支配される者です。**告げられたこと**や、**心の底から欲していること**を成す性質を持ちます。

潜在意識は体のあらゆる生命活動を指揮しています。わたしたちは呼吸する行為を意識して考えることはありません。呼吸のたびに、理性で判断して命令する必要はありません。潜在意識が取り計らっているからです。このページを読んでいるときにも、呼吸していることをまったく意識していなかったはずです。心臓と血液の循環の関係も同じことです。心臓は、腕の筋肉と同じように筋肉でできています。

自力で動かすことはできず、指示する力もありません。思考するもの、すなわちマインドだけが、心臓をはじめとする筋肉に命令できるのです。自分の心臓に鼓動を打てと意識して命じることはありません。潜在意識が配慮しているからです。食物の同化作用や、体の組成と修復も同じことです。それどころか、あらゆる生命活動は潜在意識によって管理されているのです。

この偉大な潜在意識のなかで、「人は生き、活動し、存在を維持している」と言えます。いわゆる「直感」も、この潜在意識から生まれます。日常的なことにも、わたしたちはそのすばらしい知恵をよく利用しています。

ですが、自分では気づかないうちに、意図せず利用しているのです。

トム・ウィギンズという目の不自由なピアニストについて考えてみましょう。トムは、はじめての音楽でも一度聴くなりピアノで完璧《かんぺき》に再現できたそうです。人はその才能をふつうではないと言います。ですが、この点においてはトムはだれよりもふつうだと言えます。できないわたしたちのほうが、実はおかしいのです。

巷《ちまた》に聞く「暗算の達人」についても考えてみましょう。達人は、七歳か八歳くらいの少年かもしれません。でも、7649・437÷326・2568はいくつかと尋ねると、紙に数字を書き出すよりも速く答えを教えてくれます。この少年は驚異的でしょうか。しかし、あなた自身も同じことができるはずです。潜在意識が可能にするのです。

ハドソン博士は、自身の著書『The Law of Psychic Phenomena（心霊現象の法則）』のなかで、このような天才の偉業を数多くとりあげています。そのなかからいくつか紹介します。

数学の天才と呼ばれる者のなかには、計算の速さと正確さにおいて、高い教養を持つ数学者を凌《しの》ぐ者が何人もいます。こうした天才たちは、まだ三歳から一〇歳という子供にもかかわらず、とてつもない偉業を成しとげています。少年たちは、自分がどのように計算するのかをまるで考えず、なかには計算しながらほかの話題について会話する者もいたほどです。そのうち二名はのちに傑出した人物になりましたが、すぐれた知能が観察できない者も見られます。

ホエイトレイは自分の才能をつぎのように語っています。

「わたしの計算能力には、たしかにちょっと特殊なところがありました。五～六歳のころからその能力が現れ、三年くらいつづきました。すぐにとてもむずかしい算数を解けるようになりました。計算はいつも頭のなかでしました。数を勘定するほかは何も知らなかったので。紙の上で計算するよりも格段に速く、わずかな計算ミスもした覚えがありません。学校へかようようになるころには、そうした情熱もすっかり冷めて、わたしは計算の劣等生となり、その状態は現在に至るまで変わりません」

サフォードは天文学者になりました。一〇歳のとき、答えが三六桁《けた》になる掛け算を正しく計算しましたが、それ以降は、そうした偉業を成しとげることはできませんでした。

ベンジャミン・ホール・ブライスは六歳のときに、自分は何時に生まれたのかと父親に尋ねました。父親は、「四時に生まれた」と答えました。ベンジャミンは時計を見て、現在の時刻を確認し、自分がこれまでに生きてきた秒数を口にしました。父親は計算して、「一七万二〇〇〇秒のまちがいだ」と言うと、ベンジャミンは、「パパ、一八二〇年と一八二四年のうるう年の二日間が抜けてるよ」と返しました。

それから、ゼラ・コルバーンの有名な事例があります。その件について、スコフィールド博士がつぎのように書いています。

ゼラ・コルバーンは、１０６９２９の平方根を３２７と答え、２６８３３６１２５の立方根を６４５と瞬時に答えることができました。「四八年を分の単位に直すと、合計何分になるか」という問題を書き終える前に、二五二二万八八一〇分と解答しました。２４７４８３の因数を９４１と２６３と即答し、３６０８３の因数を質問されたときは、それは素数だから因数はないと答えました。コルバーンは、紙の上では簡単な掛け算も割り算もできません。

Ｈ・Ｇ・ウエルズが『神々のような人びと』（水嶋正路《みずしままさみち》訳、サンリオSF文庫、一九八一年）で描写したように、幼いころに潜在意識が持つ無限の知識にふれる方法を教わる以外、学校や教師が必要なくなる時代が訪れるでしょう。
フランク・クレーン博士は、『リバティ』誌のなかで、「世界で最も賢い人は、内なる人」だと述べています。

内なる人とは、わたしたちのなかにいるもうひとりの人間のことです。自分の手柄だと思っていることはほとんど、この内なる人がしたことです。内なる人のことを、自然や、潜在意識下の自己と呼んだり、あるいは単に力とか、自然の法則と考えたり、信心深い人であれば、神ということばを使う人もいるかもしれません。内なる人は世界でいちばん賢い人です。わたしはもとより、これまで見聞きしたどんな人よりも、はるかに賢く機知に富んでいます。指先を切ったときに、小さな食細胞を呼び寄せて、傷口から侵入して血毒を引き起こす原因となる敗血症のバイ菌を殺すのも内なる人です。血液を固め、傷口を塞《ふさ》ぎ、新しい皮膚を作るのも内なる人です。

わたしにはそんなことはできません。その仕組みさえわからない。内なる人は、何も知らない赤ん坊に対しても力を使います。それどころか、わたしに対するよりもずっとうまく。

生身の人間は、足の爪を自由自在に生やせませんが、内なる人は、爪や歯はもちろん、全身に何千本という毛を生やすことができます。頭には長い髪を、そのほかの皮膚の表面には短い毛を生やすことができますが、そのことをなんとも思っていません。

わたしがピアノを練習するときは、ピアノを弾くという作業を、単に意識から潜在意識へ引き渡します。言い換えれば、その仕事を内なる人へ引き渡すわけです。

幸せのほとんどは、苦悩や不幸と同様に、内なる人がもたらします。満足する方法、調整や決断する方法を訓練すれば、内なる人は忠実な召使いさながらに、困難な仕事のほとんどを、いともたやすく成しとげてくれるでしょう。

著名な心理学者であるユング博士は、潜在意識には個人の生涯で得た知識だけでなく、過去の時代の知恵もすべて詰まっていると主張しています。その知恵と力を引き出すことで、健康や幸福、富や成功など、人生で起こる幸運をすべて手に入れることができると述べています。

潜在意識は、創造主とわたしたち、超意識とわたしたちの意識のあいだをつなぐリンクというわけです。超意識が作りあげたすばらしい贈りものや、富と豊かさを、わたしたちは潜在意識を通じて手に入れることができます。

フランスの近代合成化学の草分けであるベルテロは、親しい友人に宛てた手紙のなかで、自身最大の発見へ至った実験は、注意深く追跡し、理詰めで考えたものではなく、

「言うなれば、澄み切った空から自然と降ってきた」と述べています。
チャールズ・M・バロウズは『Suggestion Instead of Medicine（医学に代わる暗示）』のなかで、つぎのように語っています。

睡眠中の管理にふだんの意識以外のものが必要なら、それは目を覚ましているときの精神が提供するものに劣らず有用です。多くの人がそこから知識を得ることができます。通常のような感覚を通してではなく、意識のある別の知性から直接マインドに伝わります。その知性は明らかに、一般的な理性よりも幸福についてよく理解しています。わたしは、郵便物を開封する前にその中身がわかると主張する人を何人も知っています（わたし自身もそのひとりです）。数年前、ある友人がはじめてボストンを訪れ、当時パーク・スクエアにあったボストン・プロヴィデンス鉄道の駅に到着しました。その人は、街の反対側にあるローウェル駅まで歩いていこうと思いました。道も方角もまったく知らないのに、だれにも行き方を尋ねずに自信満々で歩きだし、最短距離で目的地に到着したのです。歩いているときに頼みにしていたのは、「本能による導き」なるものだけで、感覚が伝えてくるヒントや手がかりはいっさいあてにしませんでした。

科学者たちによると、文学、芸術、商業、統治、政治、発明の天才たちは、あなたやわたしのような、ごくふつうの人間であり、なんらかの方法で潜在意識を引き出すことを習得した人たちとのことです。
アイザック・ニュートンは、これといった努力もせずに、数学と物理学の驚くべき知識を身につけたと言われています。モーツァルトは、自分が生み出した数々の美しい交響曲を、「向こうからやってきた」と言いました。デカルトは正規の教育を受けていません。ハドソン博士のことばをつぎに引用します。

これは理性を超越した力であり、誘発とも無関係です。この力が発達した例は無限にありうるでしょう。魂は、物質的な環境から解放されると、存在についての法則をすべて知覚できるようになり、主が制定した法則を知覚することで、「神をあるがままに見る」ことができるようになる――そう考えるのにじゅうぶんな根拠はいくつもあります。神との真の関係を示すこの力を理解することが、「神の子」という称号を授かる権利の根拠となり、神の属性とその力の正当な分け前を――神の相続人として、イエス・キリストとの共同相続人として――受け継ぐことをたしかにするのです。

わたしたちの潜在意識は巨大な磁石であり、超意識から無限の知識、無限の力、無限の富を引き出す力があります。

ウォレン・ヒルトンは自身の著書『Applied Psychology（応用心理学）』でつぎのように述べています。

その活動面を考えてみると、潜在意識はマインドの活動分野を受け持ち、体の生命活動の指揮を執るかたわら、興味と注目の呼びかけにも反応し、その時点では意識することもない観念や入り組んだ思考をすべて保存します。

それから、今後起こりうる可能性を観察します。潜在意識の活動によってマインドをコントロールできれば、身体機能の働きを調節でき、体を効率よく働かせ、機能的疾患から解放することができます。その一方で、潜在意識からどのようなアイデアを意識に持ちこむかを決定できれば、そのアイデアから材料を選んで、意識してくだす判断や決断、感情の態度を作りあげることができます。

マインドのコントロールを獲得することは、第一に健康、第二に成功、そして第三に幸福を手に入れることです。

ところが、潜在意識の貯蔵庫から膨大な知識と力を自分の意志で引き出せることを理解し、使いこなしている人はほとんどいません。ときには、極度の集中状態や激しい欲求によって、知らないうちに思考が潜在意識にはいりこんで刻みつけられることがあります。その思考は、かならずと言っていいほど実現します。そこで問題となるのは、潜在意識にはマイナスの思考――恐怖や不安――もよくはいりこんでくるということです。そして、プラスの思考と同様に、マイナスの思考もほぼかならず実現します。潜在意識はきわめて影響を受けやすいので、まずは実現させたい思考だけを潜在意識に伝える方法を学ばないといけません。つねに健康を自慢していた人が、友人たちから悪ふざけされたという話があります。ある朝、この人と最初に会った友人が、顔色の悪さを気にかけ、体調が悪いのかと尋ねました。それからも、ほかの友人たちも彼を見るなり同じようなことを口にしました。昼過ぎには、その人は言われたことを信じるようになり、ほんとうに病気になってしまいました。

これはかなり極端な例ですが、似たようなことはだれの身にも日々起こっています。あなたが食べたものを、それは体によくないと言われたら、なんとなく胃が痛くなるような気がしませんか？　いつの間にか消化不良を起こしているのです。そんなことを知らなければ、一生食べつづけてもなんの影響もないかもしれないのに。

新しい病気が発見され、その症状について日刊紙に掲載されるとしましょう。おおぜいがすぐにその症状を訴えるようになります。医学百科事典を読んで、大体の症状にあてはまると思った人と同じです。特許薬の広告主は、この暗示の力を理解し、それを利用して儲《もう》けています。広告に目を通してみてください。広告が謳《うた》う万能薬とやらが治癒するさまざまな症状に思いあたるものがなければ、あなたは例外で、一般的ではありません。

これはマイナスの側面です。エミール・クーエは、プラスの面をもとにした自己暗示法を確立しました。これは、あなたが何を思っているにせよ、それは快方に向かうと潜在意識に示すという方法で、すぐれた心理学でもあります。正しく実行されれば、驚くべき効果を発揮します。しかし、もっといい方法があります。この本を読み終える前に、それを紹介できればと思います。

あなたの潜在意識はきわめて賢く、強力であることは、もうじゅうぶんわかったことでしょう。潜在意識は、本には書いていない多くのことを知っています。正しく使用されれば、絶対確実の判断をくだし、無尽蔵の力を発揮します。けっして眠らず、疲れることもありません。

あなたの意識はまどろむことがあります。麻酔薬や突然の打撃で意識がなくなることもあります。しかし、その間も潜在意識は働いていて、心臓や肺、動脈や分泌腺《ぶんぴせん》をつねに機能させつづけています。

通常の条件のもとでは、潜在意識は忠実に職務をこなし、体の外側の生活を意識の指示にまかせています。しかし、意識が対処できないような状況に遭遇した場合、潜在意識に呼びかけさえすれば、心の精霊がたちどころに応じてくれます。

大きな危険を経験した人が、死が確実に迫り、もうおしまいだと思ったとき、目の前が真っ暗になり、ふと気づくと危険は過ぎ去っていたと言うのを聞いたことがありませんか？　その瞬間、潜在意識が意識を押しのけ、危険に立ち向かって克服したのです。潜在意識に突き動かされ、体が通常の意識では到底成しえないことを可能にしたわけです。潜在意識の力は無限です。正当な根拠があり、必要なことであれば、力と能力を与えてくれます。

あなたの願望が善なるものであれば、どんなことでも潜在意識は実現することができます。「神の国はあなたがたの間にあるのだ。」〔ルカによる福音書17章21節〕

超意識

ジャガイモのつるを掘り起こして、その下に鈴なりになっているジャガイモを見たことがあるでしょうか。そのジャガイモのひとつにどれだけの知能があると思いますか？　化学や地質学の知識はあるでしょうか。大気中の炭素ガス、水、地中のあらゆる種類の栄養素を集めて、糖質やデンプン、アルコールに製造する方法を理解できるでしょうか？　その方法を理解している化学者もいないのに、ジャガイモが知っているなどと、どうして思えるのでしょう。もちろん、ジャガイモにはわかりません。感覚器官がありませんから。しかし、ジャガイモはこうしたことをすべておこなっています。デンプンを細胞へ、細胞を根やつるや葉へ、さらにジャガイモへと変えているのです。

「母なる大自然の為《な》せるわざ」と言う人もいるでしょう。人間の科学者が解明できないことをすべて解明できるのであれば、大自然には驚くべき知性があるにちがいありません。母なる自然の背後には、この惑星に最初に生命をもたらした知性、あらゆる形態の動植物を進化させた知性、風をつかさどる知性など、全知全能の知性が存在すると考えていいはずです。ジャガイモは、この知性の小さな表れにすぎません。植物、動物、人間のさまざまな姿は、大いなる計画の歯車にすぎないのです。

ただし、そこには**ちがい**があります。それは、人間が超意識の活動的な部分を担っているということです。超意識の創意あふれる知恵と力を分かち合い、超意識と調和することで、どんなことでも**する**ことができ、どんなことでも**手に入れる**ことができ、どんなものにでも**なる**ことができるのです。

この強力で抗《あらが》いがたい力が、あなたのなかに——だれのなかにも——あるのです。この力を使えば、理性を圧倒し、想像を絶するようなことも成しとげることができます。あなたのなかには、全知全能のマインドがつねに宿っています。日常的に意識している心とはまるでちがうものですが、それもマインドの一部です。

潜在意識はこの知恵と力を分かち合っています。あなたは潜在意識を通してそれらを引き出し、望みのものを手に入れることができます。潜在意識へ知的に到達できれば、超意識とやりとりすることができます。

超意識は全能であるということを忘れないでください。また、潜在意識は超意識の一部なので、行動する力を与えられると、その可能性は無限だということも。超意識と調和する望みであれば、その望みを思考のなかにとどめて、それを実現させるために必要なものを、目に見えない領域から引きつけます。

マインドは思考の力のみで構築されています。マインドが創造するものは思考に従ってかたちづくられます。まず必要なことは、心に浮かべるイメージであり、揺るぎない目的を持つ願望が、そのイメージをかたちにします。
この原則を理解すれば、祈りの力も説明がつきます。祈りの効果は、神の特別な計らいでもたらされるわけではありません。神は絶対的存在なので、言いくるめたりおだてたりできる存在ではありません。しかし、真剣に祈るときは、望むものをマインドにイメージして、それを思考のなかに強くとどめます。すると、あなたの知性——全能のマインド——である超意識が、あなたのためにともに働きはじめ、それによって願望が現実のかたちとなって表れるというわけです。
超意識はあなたのまわりにあります。呼吸する空気と同じように、あらゆるものに浸透しています。魚を取りまく海の水と同じように、苦もなくあなたを取りまいています。しかし、水がそのなかのすべての生きものを意識しているのと同じように（水に知性があるとしたら、ですが）、超意識はあなたのことを完全に知覚しています。「二羽の雀が一アサリオンで売られているではないか。だが、その一羽さえ、あなたがたの父のお許しがなければ、地に落ちることはない。あなたがたの髪の毛までも一本残らず数えられている。だから、恐れるな。あなたがたは、たくさんの雀よりもはるかにまさっている。」〔マタイによる福音書10章29－31節〕
宇宙の巨大さに忙殺されるマインドが、わたしたちのような些細《ささい》な存在を気にかけるとは信じがたいことです。わたしたちは何十億と存在する生命体のひとつにすぎないことを考えればなおさらです。しかし、もう一度、海のなかの魚を考えてみてください。海が魚を取り囲むのにたいした苦労はありません。超意識にとっても、わたしたちを取り囲むのにさほど苦労はありません。その力、その思考は、太陽の光や風や雨と同じように、自由に使うことができます。こうした偉大な力を完全に使いこなしている人はほとんどいません。超意識の力を利用している人はさらにわずかです。何かが不足していたり、貧困や病気の犠牲になっていたりする場合は、あなたのものである力を信じていないか理解していないからです。あなただけということではなく、超意識はあらゆる人にすべてを提供します――そこにひいきや偏見はありません。「渇きを覚えている者は皆、水のところに来るがよい。」〔イザヤ書55章1節〕。あなたは受けとるだけでいいのです。「渇いている者は来るがよい。命の水が欲しい者は、価なしに飲むがよい。」〔ヨハネの黙示録22章17節〕

ソロモンは、「これまでに得たものすべてに代えても／分別を獲得せよ。」〔箴言《しんげん》4章7節〕と言いました。そして、分別を獲得したときには、そのほかのものがすべて、あとからついてくるでしょう。

第1章では、あなたのなかにあるまだ使われていない力を認識し、それを引き出すための簡単で直接的な方法を紹介しました。ですが、これはほんの入り口であることをお伝えして締めくくろうと思います。

第2章

地は混沌《こんとん》であって、
闇が深淵《しんえん》の面にあり、
神の霊が水の面を動いていた。

――創世記1章2節

III

最初の原因

この都市も、それは一つの思想、一つに結集された無数の思想、――煉瓦《れんが》、鉄、煙、塵埃《じんあい》、宮殿、議会、貸馬車、船渠《せんきょ》、その他一切のものに具現された一つの〈思想〉の一つの巨大な測り知れぬ精神でなくてなんであろう！　煉瓦一つでも、誰かその煉瓦を作ろうと**思わないでは**作られなかったのだ。

――トマス・カーライル『カーライル選集II　英雄と英雄崇拝』

（入江《いりえ》勇起男《ゆきお》訳、日本教文社、一九六二年）より一部改変

数千年ものあいだ、宇宙の謎は「因果関係」の問題でした。タマゴとニワトリは、どっちが先でしょう。東洋のあることわざには、「地球は象の背に乗り、象は亀の甲羅に立ち、亀は乳の海を泳いでいる」とありますが、それから先は？

人生とはなんでしょうか。ペルシャの詩人オマル・ハイヤームもつぎのように言っています。

土を型に入れてつくられた身なのだ、
あらましの罪けがれは土から来たのだ。

（『ルバイヤート』、小川亮作《おがわりょうさく》訳、岩波書店、一九四九年）

人はみな、意識しているにしてもしていないにしても、唯物論者か観念論者のどちらかだと言われてきました。古今東西、哲学の諸派も個人も、たしかに議論や論争を繰り返してきましたが、人間の思考はつねにいずれかの経路を通って「思索の丘から疑念の海へと転がり落ちてきた」のです。

唯物論者は、大まかに言うと、物質とそこに内在する力のほかには何も存在しないと主張する人々です。

観念論者は、すべてはマインドやエネルギーであるため、必然的に、物質は非現実だと主張する人々です。

終わりのない理論を繰り返すばかりで決着のつかないことに、人々が不満に思う時代が到来しました。今日、「最初の原因」の真価がより明確に定義されるにつれて、精神的な本能がみずからの存在を決然と主張するようになりました。

アルキメデスは、「わたしに支点を与えよ、そうすれば梃《てこ》で世界を動かしてみせよう」と言いました。

その支点は**マインド**に端を発します。ことの起こりは、無――火の霧――でした。そこから何かが生じる前に、土台となるアイデアやモデルが必要でした。**超意識**が、そのアイデアとモデルを提供しました。ですから、「最初の原因」はマインドです。そして、かならずアイデアからはじまります。すべての出来事、条件、何もかもが、最初はだれかのマインドのなかにあるアイデアです。

家を建てる前には、まず計画を立てます。それから、計画をもとに図面を引き、図面をもとに家ができあがります。すべての物質も、同じようにしてかたちづくられます。マインドが計画を立て、思考が図面を作成します。思考が明確かあいまいかによって図面のよし悪しが左右されます。すべてがひとつの原因へ行きつきます。宇宙の創造の原理はマインドであり、思考は永遠のエネルギーです。

しかし、電気から得られる効果が機械に左右されるように、マインドから得られる効果もその使い方に左右されます。わたしたちはみな発電機です。力はいたるところに——無限に——あります。わたしたちは、その力を何かと結びつけ、なんらかの仕事を与え、働かせる必要があります。さもないと、人間は動物とさほど変わらない一生を送ることになります。

世界の七不思議を建造した人々は、特別な機会や才に恵まれていたわけではなく、その点においては、あなたと変わりありません。彼らはまず、頭のなかで一大プロジェクトを考えました。とても克明にイメージしたので、潜在意識が手を差し伸べ、大半の人が無理だと思うような障害を乗り越えられたのです。ギザのピラミッドの建設現場を想像してみてください。巨大な石の上に巨大な石を積みあげ、素手で建設する様子を。ロドス島の巨像を建造したときの労苦、汗、心労を想像してみてください。その大きさは、像の両脚のあいだを船が通れるほどだったそうです。これらの驚異は、粗末な道具しかない、機械装置など想像もつかない時代に、マインドの無限の力を使って建造されました。

マインドには創造力がありますが、作業するにはモデルが必要です。思考から力を供給してもらわなければなりません。

超意識には、世界の七不思議よりもはるかにすぐれた何百万という驚きのアイデアが詰まっています。そのアイデアは、むかしの腕利きの職人たちや、ローマのサン・ピエトロ寺院を設計したミケランジェロや、ニューヨークに建つ超高層のウールワース・ビルを構想した建築家や、イースト川に架かるヘルゲート橋を設計した技師と同様に、あなたも利用することができるのです。

人生において経験することやさまざまな条件はすべて、心の持ち方次第で決まります。わたしたちは、自分が**できる**と思うことしかできず、**なれる**と思うものにしかなれず、**得られる**と思うものしか得られません。わたしたちがすること、なるもの、得るものはすべて、自分の考えに左右されます。まずマインドのなかに思い浮かべないことには、表現できません。すべての力、成功、富の秘密は、最初に、力強い思考、成功する思考、富や供給の思考を考えることです。まずはマインドにその思考を築かないといけません。

心理学者として有名なウィリアム・ジェームズは、ここ一〇〇年でいちばんの大発見は、潜在意識の力を発見したことだと述べています。それどころか、これは史上最大の発見です。人間には自分の周囲をコントロールする力があり、偶然や運に翻弄《ほんろう》されることなく、自分で自分の運命を切り開く権利があることを発見したのです。あなたを取りまくあらゆる力の主人は、あなたです。ジェームズ・アレンはつぎのように述べています。

気高い理想を掲げ、美しいビジョンを心に持ち続けている人たちは将来、いつの日か、それを現実のものにします。

(『原因と結果の法則』、山川紘矢《やまかわこうや》・山川亜希子《あきこ》訳、角川文庫、二〇一六年)

物質は、突きつめていけば、思考が生み出したものです。唯物論を強く主張する科学者でさえ、物質が見かけとは異なることを認めています。物理学によれば、物質は（それが人体でも丸太でもちがいはありません）、原子という微細な粒子の集合体です。この原子一つひとつは非常に小さいので、高性能の顕微鏡でなければ見ることができません。

物質――夢か現実か？

つい最近まで、原子が物質に関する最終理論であると考えられていました。人間をはじめ、わたしたちを取りまくすべての物質世界は、この極小の粒子で構成され、その粒子は、一つひとつを見ることも、重さを量ることも、においをかいだり、さわったりすることもできないほど小さく、それ以上**分解できない**と考えられてきました。

現在では、原子の分析がさらに進み、物理学によれば、原子は分解できないことはなく、ただのプラスとマイナスの力のボタン、すなわち陽子と電子というエネルギーであり、硬さも密度もなく、体積もなく、実態さえもないことがわかったのです。要するに、原子はエーテルのなかの渦――渦巻くエネルギーの断片――であり、けっして静止することなく、生命に満ちています。しかし、生命は**精神的**なものです！ イギリスのある著名な科学者はこう言っています。「科学はいまや、**言い逃れることで**物質を説明している」

目の前のテーブルも、あなたの家も、あなたの体も、この世界全体が、**渦巻くエネルギーの断片**でできています。

一九二六年三月一二日付『ニューヨーク・ヘラルド・トリビューン』紙の記事を引用します。

宇宙は、化学元素ひとつにつき一種類ずつの未知なる物質で構成されていると考えられてきた。新元素の発見には、意外性というおもしろさがあった。それはどんなものだろうか、想像を絶するような性質を持つのだろうか、と。

そんなロマンティックな期待は、もう叶《かな》わない。われわれはすでに、究極的な物質の種類はたくさんあるのではなく、たった二種類しかないことを知っている。そのどちらも、実は電気の一種だ。ひとつはマイナスの電気で、ラジオファンにはおなじみの電子と呼ばれる小さな粒子で、その巨大な群れがラジオの真空管を動かしている。もうひとつはプラスの電気で、その究極の粒子は陽子と呼ばれる。この陽子と電子からすべての化学元素が構成される。鉄、鉛、酸素、金、その他の元素もすべて、そのなかに含まれる電子と陽子の数と配列が異なるにすぎない。これが、物質の性質についての最新の考え方である。**物質とは電気にほかならない。**

人類がマインドを通じて、あらゆるエネルギーをコントロールし、風と波を完全に支配できるようになる日が来ると、イエスの教え――もし、からし種一粒ほどの信仰があれば、この山に向かって、「ここから、あそこに移れ」と命じても、そのとおりになる。あなたがたにできないことは何もない。〔マタイによる福音書17章20節〕――に、文字どおりに従うことができる日が来ると、科学者たちが確信していても不思議ではありません。

現代科学は、わたしたちが物質と呼んでいるものは、**マインドの支配を完全に受けるエネルギー**であるという信念をますます強めています。

物質がいかにはかないのかは、適切な音程に合わせれば、バイオリンの弦一本でもブルックリン橋を揺るがすような振動を起こせるという事実からもよくわかります。海も山も、岩も鉄もすべて、純粋に精神的なものにまでほぼ還元することができます。あなたの体は八五パーセントが水で、一五パーセントが灰とリンでできています。それらは気体や水蒸気に分解することができます。わたしたちはそこからどこへ行くのでしょう。

この世界を創造したのは――少なくともかなりの程度か、おそらくは完全に――マインドだと考えると合点がいきませんか？　望むものをそこへ置き、そこから得ることができるのではないでしょうか。この実例は日常的に見ることができます。目の前にパノラマがひろがっているとします。あなたにとっては美しい光景ですが、別の人にとっては、ただの岩や木の集まりにしか見えません。ある少女があなたに会いにきました。あなたにとって少女は愛らしさを体現したような存在ですが、別の人から見れば、その愛《あい》嬌《きょう》と美点は、無骨で洗練さに欠けると思うかもしれません。月夜の庭は、かぐわしい香りと露に濡《ぬ》れた草で、あなたにとっては魅力的ですが、別の人には喘息《ぜんそく》や発熱やリウマチを連想させるだけかもしれません。ある色があなたにとって緑でも、別の人にとっては赤かもしれません。ある見通しが、あなたにとって魅力的でも、別の人にとっては厳しくつらいものかもしれません。

ウォレン・ヒルトンの著書『Applied Psychology（応用心理学）』を引用します。

> 同じ刺激が異なる感覚器官に作用すると、異なる感覚を生み出します。目を打てば「星が見え」、耳を打てば破裂音が聞こえる。つまり、目や耳にふれたときの振動は、光や音の振動と同じです。
>
> 外界のあらゆる物体についてあなたが作りあげる概念は、物体からの印象を受ける特定の末端神経と脳のどの部分がつながっているか、それのみに依存します。
>
> 太陽が聞こえずに見えるのは、太陽が発するエーテル波と調和して振動するように調整された末端神経が、視覚をつかさどる脳の中枢に接続されたものだけだからです。ジェームズ教授はつぎのように述べています。「もし、視神経の外端を耳に、聴神経の外端を目に接続することができれば、稲妻を聞いて雷鳴を見ることができ、交響曲を見て指揮者の動きを聞くことができるだろう」

言い換えれば、まわりからどのような印象を受け、それについてどのようなイメージを思い描くのかは、実のところ、外界の特徴、わたしたちが暮らす環境の性質に依存します。それらは、わたしたち一人ひとりが、どのように組み合わされ、どのような精神構造を持つかによって決まります。

要するに、「三人の盲人と象」という古い寓話《ぐうわ》ですべて説明されています。足をつかんだ者には、象は木のようなもので、脇腹をさわった者には、象は壁のようで、尻尾《しっぽ》を握った者には、象は縄のようでした。わたしたち一人ひとりにとっての世界は、**それぞれが認識した**世界なのです。

あなたはラジオの受信機のようなものです。毎秒ごとに数千の印象が届きます。喜びや悲しみ、成功や失敗、楽観や恐怖など、好きなものにダイヤルを合わせることができます。自分にいちばん合った印象を選んだり、聞きたいことだけ聞いたり、自分とは合わない考えや音や経験を締め出したり、あるいは落胆や失敗、絶望に耳を傾けることもできます。

あなたには選択肢があります。全世界を無力にしてしまう力があなたのなかにあります。その力を使えば、自分の人生や周囲の環境は思いのままです。

「でも、対象自体は変化しない。ただ見方がちがうだけだ」と思う人もいるでしょう。そうかもしれません。しかし、少なくともラジオのダイヤルをまわせば、大方の場合、聴きたい娯楽や教示を聴くことができるように、探しているものを見つけることができます。それに、その探しているものをそこへ置いたのは、わたしたちの思考ではないとだれが言い切れるのでしょう。それどころか、目覚めているときの周囲の環境も、夢と同じようにマインドが作り出したものではないと、だれが証明できますか？　起きているときと同じように、あらゆるものが現実そのものに思える夢を何度も見たことがあるでしょう。物にさわり、頬をつねっても、依然として夢の世界を**生きている**と確信しています。夢のなかの光景のように、目覚めているときの存在も、大部分はあなた自身のマインドが作り出したものではないのでしょうか？

　多くの科学者はその考えを肯定しています。そして、あなたが恐れる悪いものではなく、あなたが求める望ましいものを身のまわりに置こうとすれば、それに比例して、**いいものが見つかります**。これを、あなた自身の体でたしかに実行できるのです。またこれを、多くの人が人生のいいものに対して実行しています。そうした人たちは、物質が支配する人生という観念を乗り越えたのです。

　自然界で最も強力な力が目に見えないもの——熱、光、空気、電気——であるように、人間にとって最も強力な力は、目に見えない思考の力です。電気が石と鉄を融合させることができるように、思考の力は、体をコントロールすることができ、運命を左右します。

哲学者の魔法

むかし、ある王さまに、砂から金を作る方法を発見したと告げた、抜け目のない妖術《ようじゅつ》使いがいました。当然ながら、王は興味を持ち、その秘密を知るために多額の報酬を支払いました。妖術使いはその方法を説明しました。それはとても簡単なことのように思えました。たったひとつのことを除いては。それは、魔術がおこなわれているあいだ、一度たりともアブラカタブラということばを思い浮かべてはいけないということです。もし、そのことばを考えたら、魔法は解けてしまい、黄金は手にはいりません。王は指示どおりにしようと必死に努力しましたが、アブラカタブラということばを頭から追いやることができませんでした。結局、王は金を作り出すことができませんでした。

ウィンビグラー博士は、これと同じ考えを別の言い方で表現しています。「インスピレーション、天才、力は、しばしば意識が邪魔をします。人間は自分の力を認識できず、自分を助けることに怖気《おじけ》づき、潜在意識を刺激して自分のなかの眠れる天才を呼び起こすのに必要な、自分に対する信頼を欠いています」

わたしたちは子供のころから、科学者、哲学者、宗教家などあらゆる人から、「地球とその繁栄はわたしたちのもの」と教えられてきました。創世記の第一章の冒頭には、「神は言われた。『我々にかたどり、我々に似せて、人を造ろう。そして海の魚、空の鳥、家畜、地の獣、地を這《は》うものすべてを支配させよう。』」〔創世記1章26節〕とあります。

旧約聖書と新約聖書には、神から与えられた力を使うようにと繰り返し書かれています。

イエスは言いました。「はっきり言っておく。わたしを信じる者は、わたしが行う業を行い、また、もっと大きな業を行うようになる。」〔ヨハネによる福音書14章12節〕。「あなたがたがわたしにつながっており、わたしの言葉があなたがたの内にいつもあるならば、望むものを何でも願いなさい。そうすればかなえられる。」〔ヨハネによる福音書15章7節〕。「はっきり言っておく。だれでもこの山に向かい、『立ち上がって、海に飛び込め』と言い、少しも疑わず、自分の言うとおりになると信じるならば、そのとおりになる。」〔マルコによる福音書11章23節〕。「神の国はあなたがたの間にあるのだ。」〔ルカによる福音書17章21節〕

このようなことを耳にし、信じているつもりでも、いざ神から与えられたその才能を発揮しようとすると、つねに「心のなかの疑念」が頭をもたげるのです。

ボードゥアンはこれを明確に表現しています。

> 富への野心をいだきながら、つねに貧しくなることが頭から離れない。心からほしいと思っているものを手に入れる能力をつねにうたがうことは、東へ到達するために西へ向かうようなものです。このように、つねに自分の能力をうたがい、失敗を呼びこむような人の成功を手助けする道理はありません。

あなたは、あなたが向いているほうへ行くでしょう。

羊は鳴き声をあげるたびに、ひと口ぶんの干し草を失うということわざがあります。わたしは貧しい、ほかの人ができることができない、金持ちになどなれっこない、ほかの人にはある能力がない、わたしは失敗作だ、運がめぐってこない、などと自分の運命に不平を並べるたびに、多くの困難をみずから招いているわけです。

成功のためにいくら努力しても、思考が失敗への恐怖でいっぱいなら、奮闘むなしく、せっかくの努力も水の泡となり、成功は不可能になります。

これこそが、あらゆる失敗の原因です。さながら、家の裏手にある丘を撤去すると決心した老女のようなものです。老女は膝《ひざ》をついて、丘を取りのぞいてくださるよう神に祈りました。翌朝、起きるなり窓際へ向かうと、丘はまだ同じ場所にありました。「やっぱりね！」老女は吐き捨てるように言いました。「あたしは神にチャンスを与えた。でも、いくら祈ろうが効きっこないって、はじめからわかっていたよ」

いつものやり方では失敗します。祈りとは、単に願いごとをすることでも、神に感謝することでもありません。祈りとは、あなたのなかにある神の力――あなた自身の体、環境、仕事、健康、繁栄を支配する権利――に気づくことです。あなたは「神の相続人、しかもキリストと共同の相続人」〔ローマ信徒への手紙8章17節〕であるから、悪はあなたを支配できず、それに対してあなたは、あらゆる善の力を持っていることを理解することです。「善」は、神聖な事柄にかぎりません。善とは、幸福のこと――日常生活における幸福のことです。善とは、この世界におけるあらゆる善のことです。快適さ、喜び、繁栄、あなたを頼りにしている人たちの健康と幸福のことです。「善」には、あなたが制限しないかぎり、なんの制限もありません。

何がナポレオンを当代随一の征服者にしたのでしょうか。第一に、ナポレオンの自分自身に対する絶大な信頼です。ナポレオンは自分の運命をこのうえなく信じていました。どんな障害でも、くぐり抜けるか、乗り越えるか、あるいは迂回《うかい》する道を見つけてみせるという揺るぎない確信を持っていました。その確信を失ったとき、退却するか前進するか判断を迫られ、モスクワで何週間も逡巡《しゅんじゅん》しているあいだに冬が訪れ、世界帝国の夢が潰《つい》えたのです。運命は、まずナポレオンにあらゆるチャンスを与えました。その年の冬は、雪が降るのがひと月ほど遅かったのです。しかし、ナポレオンは躊躇《ちゅうちょ》し、そして敗れました。ナポレオンを負かしたのは雪ではありません。ロシア軍でもありません。自分自身に対する信頼を失ったからです。

神の国

「神の国はあなたがたの間にあるのだ。」〔ルカによる福音書17章21節〕。天国は、遠い国――今生の長年の苦難のご褒美ではありません。神の国は、まさにここ――いまここにあります。神の国はわたしたちのなかにあると言ったキリストのことばは、まさにそのままの意味です。幸福の力、善の力、人生に必要な力はすべて、わたしたち一人ひとりのなかにあります。

ほとんどの人がこの神の国を実現できず、多くが病気で苦しみ、さらに多くが貧困と苦悩で打ちひしがれているのは、主の過ちではありません。主は、このような悪に打ち勝つ力をわたしたちに授け、その力を使うときに手を差し伸べようと待機しています。もし道を見出《みいだ》せないなら、それはあなた自身の責任です。あなたのなかにある神の国を享受するために、永遠の命を生きるために、いまここからスタートするためには、自分のなかにある力をより深く理解すればいいのです。

この力について、いまの時点では限られた知識しかありませんが、外の世界を、本物の思考と力が存在する内なる世界のひとつの表現とするくらいには、状況をコントロールすることができます。この内なる世界を通して、さまざまな問題の解決策や結果の原因をすべて見つけ出すことができます。それを発見すれば、どんな力も、どんなものも、すべて思いのままにできます。

なぜなら、外側の世界は内側の世界の反映にすぎないからです。マインドがイメージする状態は、思考によって**作り出されます**。マインドに望みのものをイメージしつづければ、外の世界にも反映されるでしょう。豊かさを考え、感じ、**信じる**ことです。そうすれば、豊かさは日常生活のなかにかたちをとって表れるでしょう。しかし、恐怖と心配を心の友としてしまえば、貧困と限界の思考がマインドに宿り、心配と恐怖、限界と貧困が、昼夜を問わずつきまとうことでしょう。

肝心なのは、精神の概念です。精神が作りあげる概念と物質との関係は、アイデアとかたちの関係と同じです。かたちをとる前にアイデアが必要です。テリー・ウォルター博士がつぎのように述べています。

潜在意識にはいりこんだ印象は、消えない絵となり、けっして忘れられることはありません。その力は体、マインド、態度、モラルを変え、さらには人格に革命を起こすことも可能です。

目覚めているあいだ、意識は五感から得た印象を潜在意識に送りつづけています。五感は、マインドに外界の印象を伝える供給源です。したがって、最も重要なのは、何かを考えたり感じたりするたびに、この強力なマインドに――よいことであれ悪いことであれ――要素を加えていることをしっかり理解して認識することです。きょう考えることとおこなうことによって、人生はより豊かにもより貧しくもなるでしょう。

思考は無限のエネルギーを供給し、そのエネルギーはマインドの求めに応じてどんなかたちにもなります。思考は型であり、あなたが印象づけるかたちに従って、エネルギーを善にも悪にも具象化します。どちらを選ぶかは自由です。しかし、どちらを選んでも確実に結果をもたらします。富、権力、成功についての思考は、その考えに見合った結果しかもたらしません。貧しさや欠乏についての思考は、限界とトラブルしかもたらしません。

「過激な教義だ」と言う人や、わたしのことをあきれた楽観主義者だと思う人もいるでしょう。なぜなら、この世界には富む者も貧しい者も存在し、試練と苦難は定められた運命だと思うようにと、世のなかはつらいものだと、長いこと教えられてきたからです。

ある時代の知識とされるものが、つぎの時代には無知とされることは、民族の歴史が示しています。

『サイエンス・サービス』誌の編集者エドウィン・E・スロソン博士は、新しいアイデアに対して、それが**新しい**というだけの理由で抵抗される一般的な傾向について、「科学の歴史を振り返ってみると、新しい考え方は、それが人類の恩人ではなく、あたかも泥棒であるかのように変装して、人々の心にはいりこまなければならないことがわかる」と語っています。

また、エマソンはつぎのように書いています。「最も求められている美徳は従順さであり、自己信頼はきらわれます。世間が愛するのは、本音や創造ではなく、建前や慣習です」

いつの日にか人間は、何百万人にのぼる現在の貧困と惨めさを振り返り、この豊かさを利用しないとは、なんと愚かだったことかと思うでしょう。自然を見てください。何から何までいかに豊かなことか。その豊かさを創造したマインドが、あなたの限界を定め、倹約し、やりくりしてただ生活させるつもりだと思いますか？

天には何億という星があります。このように惜しみなく、無数に世界を生み出すことができるマインドが、あなたの幸福に必要な、ほんのわずかなものを切り詰めると思いますか？

金銭は、単なるマインドのアイデア、交換の象徴にすぎないのでしょうか。ポケットにはいっている紙幣は、それに相当する金や銀の通貨を表すものとされています。紙幣は何十億枚と流通していますが、世界じゅうの金は合計しても約八〇億ドルしかありません。富は思想のなかにあり、金銭や所有物のなかにはありません。そうしたアイデアを、マインドによってコントロールすることができます。

この世界にあるすべてのものを究極的に――原子や電子にまで――還元すると、マインドのアイデアになります。すべてはマインドを通じてまとめあげられたものです。あなたが望むことをマインドのイメージにさかのぼって変えることができれば、いくらでも増殖させて、好きなだけ手に入れることができます。

持っている人はさらに――

たとえば、算数を例にとって考えてみましょう。数字は金属でできていて、自分で数字を書くことは法律で禁止されているとします。算数で足し算をするたびに、自分で数字を用意し、正しい順序に並べ、それを使って問題を解きます。あまりに難解な問題だと数字が足りなくなり、隣人や銀行から借りなければなりません。

「それはばかげている。数字は物ではない。単なる概念にすぎないのだから、足したり割ったり、掛けたり引いたりはいくらでもできる。だれでも好きなだけ数字を持つことができる」と、あなたは思うでしょう。

たしかにそのとおりです。そして、数字と同じように金銭のことを考えるようになれば、望みどおりの金額を手に入れることができます。

「持っている人は更に与えられて豊かになるが、持っていない人は持っているものまでも取り上げられる。」〔マタイによる福音書13章12節〕。正しい概念を持っている人にはすべてが与えられ、正しい概念を持っていない人からは、持っているものまでもすべて取りあげられます。

思考はみずからにかたちを与えます。自分は何者なのか、それはマインドのなかのイメージに完全に左右されます。わたしたちが考えるたびに、その原因となった思考と同じような条件を作り出す、原因の連鎖がはじまります。いつまでも意識にとどめている思考は、潜在意識に印象づけられ、やがてパターンが作られます。マインドはそのパターンをわたしたちの生活や環境に織りこんでいきます。

すべての力は内側から来るものだから、自分でコントロールできます。思考プロセスを管理できれば、どんな状況でも意識して利用することができます。外側の世界からやってくるものはすべて、すでに内側の世界でイメージしたものだからです。

もっとお金がほしいですか？　それでは、心を落ちつかせて椅子にすわり、お金は単なる概念にすぎないと認識しましょう。あなたのマインドは無限のアイデアであふれていること、超意識の一部であることを理解します。超意識には限界や不足などといったものはありません。その超意識のどこかに、なんらかのかたちでアイデアがあります。正当な目的をもってそれを利用すれば、必要なお金をもたらしてくれます。そのアイデアを見つけるためには、潜在意識に目的を印象づければいいのです。

そのことを理解し、**信じれば**、あなたの欲求は満たされます。「祈り求めるものはすべて既に得られたと信じなさい。そうすれば、そのとおりになる。」〔マルコによる福音書11章24節〕。「既に得られたと信じなさい」ということばを忘れないように。これは、潜在意識でイメージするものが、すでに得られたと信じるということです。そうすれば、それが現実になります。潜在意識でこの信念を明確にイメージできれば、「求めるものが何であれ……そのとおりになる」のです。

あらゆる善の源、あなたが望むすべてのことの源は、超意識です。そして超意識は、潜在意識を通してのみ到達することができます。

超意識は、あなたが信じるどんなものにもなります。イエスが思い描いたような、子供たちの幸福をつねに見守る、やさしく愛情深い父にも、教義を重んじる人々が説く恐ろしい裁き主にもなります。

自分のマインドが超意識の一部であり、善良な願望を成就させるには、望むことを超意識へ運べばいいということを理解すると、心配や恐れの気持ちはすべて消え去り、怯《ひる》むことなく支配できるようになります。どんな問題であろうと、解決に必要なものはすべてマインドのなかにあり、超意識が正しく答えてくれるとわかっているので、あらゆる状況に安心して立ち向かうことができます。

海から採取した一滴の海水は、残りの海水と同じ性質を持ち、塩化ナトリウムの割合も同じです。量がちがうだけです。電気が放つ火花は、雷と同じ性質を持っています。列車を動かしたり工場の巨大な機械を動かしたりする力と同じものです。やはりちがいは量のみです。マインドと超意識も同じです。両者のちがいは量だけです。あなたのマインドは、超意識と同じ性質を持ち、同じく創造の天才であり、全地球を支配する同じ力であり、あらゆる知識に同じようにアクセスできます。そのことを理解し、信じ、使えば、「地とそこに満ちるものは、**あなた**のもの」です。自分が超意識の一部であり、万能の力を共有していると信じれば信じるほど、自分の体とまわりを取りまく世界を支配する力は大きくなります。

すべての成長、すべての供給は、内なる世界から得られます。力がほしいなら、富を手にしたいなら、信念と理解を通して、そのイメージを内なる世界の潜在意識に送るだけでいいのです。

あつれきをなくしたいのなら、不健康や心配ごと、内面の問題といったまちがったイメージを除去しましょう。たいていの人にとって問題なのは、外の世界でしか生活していないことです。わたしたちは、すべての要件を満たし、すべての経験に対して責任を持つ、内なる世界のことをまるで知らず、また「わたしたちの内におられる父」という概念も持ち合わせていません。

内なる世界はわたしたちに、生命と健康、繁栄と幸福――全地球の支配を約束します。内なる世界は、その子孫全体に平和と完璧《かんぺき》を約束します。常軌の目的を達成するための正しく適切な方法を教えてくれます。ビジネスや労働、職業は、主に思考のなかに存在するもので、労働の成果は思考によって統制されます。潜在意識と超意識の無限のエネルギーと比較して、意識している心という限られた能力しか思いのままにできないとしたら、その結果の差を考えてみるといいでしょう。「お金ではなく、思考こそが真のビジネス資本です」と、アメリカの企業家であるハーベイ・S・ファイアストンは述べています。「自分のしていることが正しいと完全に信じ切れるなら、しかるべきときにかならず達成できます」

思考は動的なエネルギーで、その対象をわたしたちのまわりにある目に見えない物質から引き出す力を持っています。物質は不活性で、知性がありません。思考はかたちづくってコントロールすることができます。今日、物質がとるかたちはどれも、なんらかの思考、なんらかの欲求、なんらかのアイデアを表現したものにすぎません。

あなたにはマインドがあり、思考を生み出す能力があります。思考は創意にあふれています。ですから、あなたも望むものを自分で作り出すことができるのです。そのことに気づけば、頭のなかにどんな仕事を思い浮かべていようとも、成功へ向けての大きな一歩を踏み出すことができます。

聖書の預言の半分以上は、人間が地上を所有するときについて、涙と悲しみがなくなり、平和と豊かさがまんべんなく行き渡るときについて言及しています。そのときはかならず訪れます。それも、ほとんどの人が思っているよりも早く。あなたもその実現に力を貸しています。マインドの力を正しく使おうとしている人はみな、この大きな目的へ向けて自分の役割を果たしているのです。というのも、平和と豊かさは、マインドを通してしか得られないからです。地球は、まだ発見されていない宝物であふれています。それらのありかを超意識は知っています。最初にイメージしたのは超意識だからです。そして、超意識の一部であるあなたも知ることができます。

そうでなければ、むかしの預言者たちは何千年も前に、飛行機や大砲やラジオをどうやって予言したのでしょうか。預言者エゼキエルに、陶工のろくろと水車と稲妻から、車輪のなかに車輪があり、電気の力で動き、人の姿をした者が操縦するという空飛ぶ兵車を語らせた天賦の才はなんだったのでしょう。黙示録にある大砲の描写や、福音書の、「部屋のなかで言ったことばが屋根の上で言いひろめられる」という驚くべき言及をどう説明すればいいのでしょうか。

生まれながらに定められ

精神が持つ力について考えている人はほとんどいません。むかしは、人間はあてがわれた世界をそのまま受けとめなければならないと考えられていました。生まれながらに一定の地位をあてがわれ、仲間より上に立とうとすることは、悪趣味の極みであるばかりか冒瀆《ぼうとく》とも非難されました。天の計らいにより、複雑な組織社会で生きるべき場所を定められ、その運命に不満を持ち、より高みへ昇ろうとすれば、天を惑わすに等しいとされました。地獄の門は、そのような粗忽《そこつ》者を迎え入れるべく大きく開かれ、現世で仲間から口汚く罵《ののし》られる程度で済めば幸いである、と。

このような考え方が貴族と封建制を生み出しました。貴族と封建制はこの考え方を永続させようと努めたのです。

新しい考え方――すべての民主主義の基礎――は、人間はどんな制度にも縛られず、あてがわれた世界をそのまま受け入れる必要はない、というものです。人間は自分の考えで世界を作り変えることができます。世界は単なる原材料にすぎません。みずからの意志の力で世界を変えることができるのです。

あらゆる発明や進歩はどれも、この新しい考えに端を発しています。人間は何ごとにも満足しません。つねに自分の世界を作り変えています。自分の望むものになれる力が自分のなかにあることを心理学が教えてくれる現代において、この考えはかつてないほど真実味を増しています。

思考をコントロールすることを学ぶのです。マインドに置きたいものだけをイメージすることを学びましょう。

隣人の欠点ばかりを気にしていては、自分を高めることはけっしてできません。弱さや病気のことを考えていては、完璧な健康や丈夫な体を手に入れることはけっしてできません。ライバルの標的を見ながら満点を出した人はいません。あなたは、強さ、健康、豊かさについて考えないといけません。パスカルのことばを借りれば、「きょうの業績は、きのうの思考の総和にすぎない」のです。

思考はエネルギーで、心に浮かべるイメージは、凝縮されたエネルギーです。そして、明確な目的のために凝縮されたエネルギーが力になります。力の本質と超越性に気づけば、物理的な力は無意味になります。

想像は、思考がとるひとつのかたちにすぎません。ですが、その想像力を使って、発明家や発見家は新世界への道を切り開きました。この力を理解する人は、どんなに慎ましい生まれでも、天賦の才能に恵まれていなくても、わたしたちを指導する人物になります。そのような人は、わたしたちを統治する者であり、最高法律を制定する者であり、神のことばによってつき従う、漂流する群れの案内人です。『アトランティック・マンスリー』誌のグレン・クラークは、こんなふうに言っています。「どの文明も彼らの仕事であり、彼らのみで成された。進歩があったとすれば、成しとげたのは彼らだ。精神の事実が認識されたとすれば、それを見抜いたのは彼らだ。横暴と混沌《こんとん》に正義と秩序がもたらされたとすれば、彼らがその変化をもたらした。大衆によって進歩が達成されることはけっしてない。いまもむかしも、創造はつねに個人の仕事である」

鉄道、電話、自動車、図書館、新聞、その他たくさんの利便性、快適さ、必需品は、人口のわずか二パーセントを占める創造の天才たちによるものです。

そして、その同じ二パーセントが国の富の大きな割合を所有しています。

問題は、その人たちはだれなのかということです。彼らは何者でしょうか。金持ちの息子？　名門校の出身？　いいえ――彼らのうち、早い時期からなんらかの恩恵を受けていた人はほとんどいません。その多くは大学の校内を見たこともありません。彼らを突き動かしたのは厳然たる必要性であり、なんらかの方法で「心の精霊」を引き出す方法を見つけ出し、その内なる力によって成功を手にしました。

つまずいたり、手探りしたりする必要はありません。内なる力は自由に呼び出すことができます。必要なのは、つぎの三つのステップです。

第一に、自分には力があることを自覚する。

第二に、自分が何を望んでいるかを知る。

第三に、その望みに対して一心不乱に思考を集中させる。

このステップを達成するためには、あなたのなかにある力をより深く理解することが必要です。

しかし、その力とはなんでしょう？　どこにあるのでしょうか。それは物、場所、物体なのでしょうか。また、境界線や形状、物質のようなかたちがあるのでしょうか。いいえ、どれもありません。では、どうやって探せばいいのでしょう？

自分のなかに力があることを**理解**し、その力を使いたいと意識しはじめたのであれば、あなたは知恵の道を歩みはじめたということです。その先へ進んで、精神的な鍛錬を積んでこの方法を習得するつもりなら、この世の何ものにも妨げられることなく、あらゆる障害を乗り越えることができます。

きょうからすぐに学んだことを使いはじめましょう。すべての成長は実践することから生じます。生命には、活動、平和、喜び、活力という力があります。使われない才能は衰えます。扉を開きましょう。

「見よ、わたしは戸口に立って、たたいている。だれかわたしの声を聞いて戸を開ける者があれば、わたしは中に入ってその者と共に食事をし、彼もまた、わたしと共に食事をするであろう。」〔ヨハネの黙示録3章20節〕

あなたという発電機を活用しましょう。発電機を動かすのは、あなたの**信念**、理解から生まれた信念です。信念は内なる力を推進するための原動力です。信念とは、自信であり、確信であり、真理を強く主張することです。信念とは、人生に対する正しい考えが、存在の現実をもたらし、万有の力の表れを引き起こすと知ることです。

すべての原因はマインドにあり、マインドはどこにでもあります。そこにはあらゆる知識、知恵、力があり、あなたがどこにいようとも、まわりにあります。あなたのマインドもその一部であり、そこへアクセスすることができます。マインドを利用できなくても、あなたを責める人は自分以外にだれもいません。一滴の海水が、海の特性を共有しているように、あなたもマインドのすべての力と知恵を共有しているのです。もし病気や不調、貧困や苦難に見舞われたとしても、それを「運命」のせいにしないでください。非難すべきは自分自身です。「世界とその地にあるもの、すべてはあなたのもの」です。しかし、まずはそれを**手に入れる**必要があります。力はそこにあります――でも、**あなたが使わないと**いけません。それは呼吸する空気のように、あなたのまわりにあります。自分のために他人が呼吸をしてくれるとは思わないはずです。同様に、自分のために他人があなたのマインドを使用することも期待できません。超意識は、宇宙の創造主のマインドであるだけでなく、人間のマインド、**あなたの**知性、**あなたの**マインドでもあります。「互いにこのことを心がけなさい。それはキリスト・イエスにもみられるものです。」〔フィリピの信徒への手紙2章5節〕

きょうから、やりたいことはなんでもできる、手に入れたいものはなんでも手にはいる、なりたいものには何にでもなれると**理解すること**からはじめましょう。残りはあとからついてきます。

「望むものを何でも願いなさい。そうすればかなえられる。」〔ヨハネによる福音書15章7節〕

IV

願望――獲得の第一法則

壺《つぼ》つくりの仕事場に昨日《きのう》よって見ると、
千も二千もの土器《かわらけ》がならべてあったよ。
そのおのおのが声なき言葉でおれにきくよう――
壺つくり、売り手、買い手は誰なのかと。
――オマル・ハイヤーム『ルバイヤート』(小川亮作訳、岩波書店、一九四九年)

もし、願いを叶《かな》える妖精《ようせい》の指輪を持っていたら、どんなことを願いますか？　富、それとも名誉や名声ですか？　それとも愛でしょうか？　あなたが人生で何よりも望むたったひとつのことはなんでしょう。それがなんであれ、あなたは手に入れることができます。

あなたが真剣に望んでいるもの、それがなんであれ、手に入れることができます。しかし、まず重要なのは、それが何かを知ることです。心からの願望を勝ちとる前に、自分が何を望んでいるのか、マインドの目にしっかりと焼きつけておかなければなりません。

逆説的に聞こえるかもしれませんが、自分が何を求めているのかわかっている人はほとんどいません。ほとんどの人は――そのうちにいいことがあると待ち望んでいる楽天的な下宿屋の主人ミコーバー〔訳注　チャールズ・ディケンズの小説『ディヴィッド・コパフィールド』の作中人物〕のように――何かが見つかることを願いながら、漠然とあがいています。あがくことに夢中になって、自分がなんのために奮闘しているのかを忘れてしまっているのです――そもそも知っていればという話ですが。溺《おぼ》れる人のように、どこかへ向かうエネルギーの何倍も使って、目的のない奮闘にエネルギーを浪費しています。どこへもたどり着かないまま、考えることなく、行く先もなく、自分自身を疲弊させているのです。

自分が何を望んでいるのかを知らなければ、それを手に入れるチャンスはほとんどありません。あなたの心のなかには、「ガルシアへの使者」さながらに、伝えたことをかならず実行する精霊がいますが、**あなた**がそのメッセージを考え出さなければなりません。アラジンが精霊に手に入れてほしいものをはっきりとマインドにイメージしていなければ、精霊から何かを得ることは期待できなかったでしょう。

マインドの領域には、実用的な力があふれていて、ほしいものをすぐに手に入れることができます。あなたはそれを要求し、イメージし、現実にするだけで、あなたのものになります。心の精霊が、状況を支配する力を与えてくれるからです。健康、幸福、繁栄。その実現に必要なのは、切実で熱烈な願望があるだけでいいのです。話がうますぎると思いますか？　では、ちょっと最初にもどってみましょう。あなたは、この世界で成されたすべての偉業の原因である、「現状に対する崇高な不満」に感化されています。そうでなければ、この本をここまで読み進めることはできなかったでしょう。あなたの心はさらによいものを求めているからです。「義に飢え渇く人々は、幸いである、／その人たちは満たされる。」〔マタイによる福音書5章6節〕。あなたは心配ごとやつらい日々に疲れ、どこへも到達しない退屈な日常の生活や仕事に飽き飽きしています。この地上の人間の宿命と思《おぼ》しき、ちょっとした病気や不調にもうんざりしています。

あなたのなかにはつねに、より大きなものへと駆り立てる何かがあり、安らぎも、休息も、怠ける機会も与えてはくれません。それは、コロンブスに海を横断させ、ハンニバルにアルプスを越えさせ、エジソンを鉄道少年から世紀の発明王へ変貌《へんぼう》させ、ヘンリー・フォードを四〇歳で貧しい整備工から六〇歳でおそらく世界一の金持ちにさせたのと同じ「何か」です。

この、自分のなかの「何か」が、「やりたいことはなんでもできる」、「なりたい自分になれる」、「得たいものは得られる」と言いつづけ——それが正しいのかもしれないと、あなたはうすうす感じています。

あなたのなかにある、その「何か」とは、潜在意識、自己、超意識の一部、心のなかの精霊です。それを野心と呼ぶ人もいます。アーサー・ブリスベーンはつぎのように語っています。

野心の悪魔が馬を走らせ、人生を駆け抜けていく人は幸運だ。このすばらしい小さな御者は、全世界と全歴史における最高の運転手である。

彼が**あなたの**運転手なら、あなたは幸運だ。彼は、あなたが何か価値あることをするまで、あなたを動かし、働かせ、走らせ、前へ進ませるだろう。

真の男はこのように駆られなければならない。

頭のなかで働く小さな悪魔が、達成を思えば血を騒がせ、失敗を思えば顔を紅潮させ、やがて蒼白《そうはく》にさせる。

だれの頭のなかにも運転手としての悪魔がいる。**少なくとも若いうちは**。

残念なことに、われわれの多くは、二五歳や三〇歳になるころには、貧弱で期待薄、運転する価値のないものとして見切りをつけられる。

野心を運転手に、人生の荷馬車に乗っていた一〇代のころを、どれだけの人が振り返るだろうか。年月が過ぎるのを待ちきれず、チャンスの訪れをひたすら待ちわびていたあのころを。

野心は運転することが義務であり、野心を生かして走らせつづけることがあなたの義務である。

もし、あなたが何もせず、運転もせず、急がず、働きもしないなら、**なんの成果も得られないと思ったほうがいい。この先、何ひとつ価値のあることはない。**二〇年後、われわれの大方が無名になるころ、この悪魔が、暑い日も寒い日も、早い時間も遅い時間も、執拗《しつよう》に、容赦なく追いこんでいるのが、大物になる運命にある者たちだ。

野望の悪魔に操られているなら、あなたは幸運だ。

あなたが失望や幻滅を味わったとします。あなたの野心のデリケートな部分が鈍化してしまったとします。迂回《うかい》する、乗り越える、通り抜ける、そんな方法が存在しない障害物はないということを覚えておいてください。心の意識している部分に存在する一〇パーセントの能力に頼り切らずに、潜在意識を構成する九〇パーセントにゆだねれば、どんな障害も克服することができます。マインドが救えないほど絶望的な状態や手遅れの人生はないということを覚えておいてください。

不都合な状態はどれも、単に何かが**欠けている**だけです。暗闇は、現実ではなく、単に光が不足しているにすぎません。光をあてれば、闇はなくなります。即座に消え失せます。同じように、貧困は必要な供給が不足しているだけです。供給の道を見つければ、貧困は消え失せます。病気とは、単に健康が欠乏していることです。完全な健康体であれば、病気で傷つくことはありません。医者や看護師は、病人たちのあいだを果敢に行き来しますが、概して、平均的な男女よりも病気で苦しむことがはるかに少ないのです。

ですから、**克服するべきこと**は何もなく、**獲得するべきこと**があるのみです。それに、つねにマインドが道を示してくれます。方法さえ覚えてしまえば、ほしいものはマインドから手に入れることができます。ファーンズワースは『Practical Psychology（実践心理学）』のなかで、「人は確実に、自分が望むことを実際にできるし、そうなることもできるとわたしは考えている」と述べています。この考えを、世界じゅうの心理学者が異口同音に表現しています。

チャールズ・W・ミアーズは「世界を支配しているのは、意志ではなく願望です」と述べています。「でも」とあなたは思うでしょう。「わたしにはこれまでたくさんの願望があった。つねに金持ちになりたいと思っていた。わたしの富や地位や権力と、まわりの金持ちとの差は、どう説明するのですか？」

魔法の秘密

それは単に、さまざまな願望を大きくて圧倒的な願望に集中させたことがないからです。あなたには、ぼんやりした願望がたくさんあります。金持ちになりたい、責任ある地位に就いて影響力を持ちたい、気ままに旅がしたいといった漠然とした願望です。願望があまりに多くて多岐にわたるため、互いに衝突し、結局何も得られないのです。あなたには、ほかのすべてを投げ打ってでも成しとげたい、たったひとつの**強烈な**願望が足りません。

ナポレオンが数的に有利な敵を前にしながらも、戦いに勝利した理由を知っていますか？ それは、実際の**接触地点**に兵を集中させたからです。砲兵隊はしばしば大きく劣勢に立たされましたが、敵よりもはるかに多くの成果をあげることができたのは、砲撃を分散させることなく、**攻撃地点にすべてを集中させた**からです。

目的のない夢や願いごとに費やした時間を、ひとつの明確な目標に集中させれば、驚異的な成果をあげることができます。虫眼鏡を通して太陽の光を何かの物体にあてたことがあるなら、光線が散乱していると効果がなく、光線を一点に集中させれば、たちまち効果が表れることを知っているでしょう。

あなたのマインドも同じです。**一度にひとつのアイデア**に集中する必要があります。

「しかし、どうすれば集中力が身につくのですか？」と、多くの人に尋ねられます。集中力は学ぶべきものではありません。単に、するべきことなのです。何に対してもじゅうぶんに興味を持てば、いつでも集中することができます。球技に夢中になって、思いきり飛び跳ねたり、見知らぬ人の背中を叩《たた》いたり、隣の人と抱き合ったりする——**それ**が集中力です。二時間ぶっとおしで舞台や映画に熱中し、オーケストラの演奏や周囲の人の存在を忘れてしまう——**それ**が集中力です。

集中力とは、ひとつのことに興味を持つあまり、まわりで起こっているそのほかのことに注意を払わなくなることです。

もし、何かを強く望んでいるのなら、それに集中できるかどうかについて心配する必要はありません。思考は——蜂が蜜《みつ》を吸うように——自然にそのことに集中するようになります。

あなたが最も望んでいることをマインドにとどめておきます。それを肯定します。それが現実に存在すると信じます。もう一度、主のことばを引用します。この本のなかでこれ以上に重要なことはないからです。「だから、言っておく。祈り求めるものはすべて**既に得られたと信じなさい**。そうすれば、そのとおりになる。」〔マルコによる福音書11章24節〕

繰り返しますが、最も重要なのは、「既に得られたと信じなさい」という部分です。潜在意識は非常に暗示にかかりやすいのです。祈り求めるものは得られたと、心から信じることができれば、潜在意識にその信念を印象づけ、頼ることができれば、潜在意識はあなたがそれを持っていると理解するでしょう。超意識の一部である潜在意識は、超意識が持つ万有の力を共有しています。「わたしの内におられる父が、その業を行っておられるのである。」〔ヨハネによる福音書14章10節〕。あなたが信じれば、マインドは信じたぶんだけあなたの願望に応《こた》えます。「あなたがたの信じているとおりになるように」〔マタイによる福音書9章29節〕

すてきな家に住み、使えるお金がたくさんあり、ヨットや高級車で旅をする人たちは、ほとんどの場合、最初は**何かひとつ明確なこと**を成しとげようとした人たちです。彼らはある明確な目標を持ち、何をするにしてもその目標を中心に据えていました。

ほとんどの人は、型にはまった日常生活を送りながら、マンネリ化した仕事をこなし、最低限の生活費を稼ぐだけで、はっきりした願望はなく、いつか幸運が転がってくるだろうと、ぼんやりと期待しています。幸運はそれほど都合よくは訪れません。そんな生活を送っていては、死んでいるも同然です。それでは動物の一生と変わりありません。パンを買う金を得るために一日働き、翌日も一日働いてパンを買うための力を得る。食べものや栄養を探すだけの無為な日々。心配と苦闘するほかに時間はなく、死が悲しみを和らげることをひたすら待つだけの一生です。

あなたが望むものは、なんでも手に入れることができます——切実に、強く望みさえすれば。なりたいものになり、望むものを手に入れ、達成するつもりのことを成すことができます——その目標を一心に願いつづけ、自分自身の成しとげる力を理解し、**信じる**のであれば。

あなたが人生で求めるものは、健康でしょうか？　健康を扱う章では、薬も飲まず退屈な運動もせずに、明るく元気になれることを紹介します。足が不自由であろうと、寝たきりであろうと、病弱であろうと関係ありません。体は一か月ごとに完全に生まれ変わります。いまから、完璧《かんぺき》なモデルに沿って再構築しはじめることができます。

あるいは、富を求めますか？　成功を扱う章では、収入を増やす方法、選んだ仕事や職業で躍進する方法を紹介します。

それとも、求めるのは幸福でしょうか？　ここに書かれた法則に従えば、あなたの人生観は一変するでしょう。迷いや不安は消え去り、穏やかな確信と変わることのない平和が訪れます。マインドが望むものを得ることができます。愛情と親しい仲間も手にはいり、満足と幸福を勝ちとることができます。

しかし、願望を達成させるには、まず潜在意識に印象づける必要があります。願望を意識するだけでは、何かを得ることはめったになく、マインドのなかを白昼夢のようにただ通り過ぎていくのみです。願望をイメージし、持続し、集中し、潜在意識に印象づけないといけません。願望を達成する手段については心配無用です――安心して潜在意識にまかせてください。潜在意識は、あなたの体を作ったり修復したりする以外にも、実に多くのことを知っています。ほしいものをイメージして、**すでに得られたと信じ**、その信念を潜在意識に印象づけることができれば、それを得る手段は、潜在意識にまかせることができるのです。超意識を信頼すれば道は示されます。あらゆるものを豊かにしてくれたマインドは、わたしたちがその豊かさを生かすことを喜ぶにちがいありません。「あなたがたが豊かに実を結び、わたしの弟子となるなら、それによって、わたしの父は栄光をお受けになる。」〔ヨハネによる福音書15章8節〕

幸せは、あすや来年や来世まで待たなくていいのです。救われるために死ぬ必要はありません。「神の国はあなたがたの間にあるのだ。」〔ルカによる福音書17章21節〕。これは、神の国は天上やどこかの星の上や来世にあるのではなく、**いまここにある**という意味です。幸福のあらゆる可能性はつねにここにあり、いつでも利用できます。一人ひとりの人生に扉は開かれ、そこに高価な真珠――人間が地球を支配しているという理解――があります。その理解と、前途に待ち受けることをすべてやりとげるという確信があれば、人々を満足させ、自分も幸福になるためにやりとげることができます。God（神）とGood（善）は同義語です。神も善もこの世にないと思っている人にだけ、神も善も存在しないのです。

願望を見つけ出して思考に印象づけることで、チャンスの扉が開きます。そして、わたしが紹介しているこの新しい天と地では、**チャンスの扉はけっして閉ざされない**ことを覚えておいてください。実のところ、あなたはつねに、**得るべきものをすべて得ているのです**。ですから、いつなんどきでも受けとれる状態にしておきます。豊富に、際限なく受けとることが、あなたの仕事です。チャンスの法則はいつでもつねに利用できます。「良い贈り物、完全な賜物はみな、上から、光の源である御父から来るのです。御父には、**移り変わりも、天体の動きにつれて生ずる陰もありません**。」〔ヤコブの手紙1章17節〕

超意識は、すべての人に向かって「開かれた泉へ来るように」と言います。生命の法則を理解すれば、あらゆる不和が是正され、「灰に代えて冠をかぶらせ／嘆きに代えて喜びの香油を／暗い心に代えて賛美の衣を」〔イザヤ書61章3節〕与えてくれます。

その善意と恵み深さを、あなたも分かち合っていると信じましょう。この人生で演じたいと思う役を演じます。健康的に、豊かに、楽しく演じましょう。そのように示すことで、「すべてのよいもの、完璧な贈りものはあなたのもの」と、潜在意識に確信させるようにします。健康、繁栄、幸福を内なる心に銘記すると、ある晴れた朝、目覚めると、あなたは健康で、豊かで、幸せで、人生でいちばん求めているものをすでに**得られた**ことに気づくでしょう。

魂の切なる願い

祈りとは何か知っていますか？　祈りというのは、神――超意識――に訴えて成就を求める熱心な願望のことです。モントゴメリーは、「祈りは魂の**切なる願い**、ことばになってもならなくても」と表現しています。それは心からの願望です。少なく見積もっても、何よりも価値のある唯一の祈りは、本物の願望の成就を請う祈りです。そのような祈りは聞き届けられるでしょう。

単なる口先だけの祈りではどこへもたどり着けません。口から出ることばは重要ではありません。何を心から望み、マインドが何を潜在意識の思考にイメージし、そしてそこから何を超意識へ送るかが重要です。「祈るときにも、あなたがたは偽善者のようであってはならない。偽善者たちは、人に見てもらおうと、会堂や大通りの角に立って祈りたがる。はっきり言っておく。彼らは既に報いを受けている。」〔マタイによる福音書6章5節〕

イエスが語るこの偽善者たちがほんとうに望んでいたことはなんだったのでしょう。それは「人に見てもらうこと」です。祈りは聞き入れられました。切なる願いは叶《かな》えられたのです。人に見てもらうことで「既に報いを受けている」わけです。だから彼らが語っていることについては、神も彼ら自身も、なんの注意も払わなかったのです。

「だから、あなたが祈るときは、奥まった自分の部屋に入って戸を閉め、隠れたところにおられるあなたの父に祈りなさい。そうすれば、隠れたことを見ておられるあなたの父が報いてくださる。」（マタイによる福音書6章6節）。ひとりになれる場所、自分の心の奥底にある切なる願いに考えを集中できる場所、その願いを雑念なく潜在意識に印象づけられる場所へ行くことで、超意識（万物の父）に到達できるのです。

しかし、いくら切なる願いだとしても、それだけでは不十分です。**信じること**も必要です。「祈り求めるものはすべて既に得られたと信じなさい。そうすれば、そのとおりになる。」（マルコによる福音書11章24節）。神はすべてのよいものを与えてくれる力があることを理解しないといけません。神はいつでもそのつもりがあるということを信じるのです。むかしの詩編の作者たちを手本に思考しましょう。彼らはまず自分が望んでいるものを求め、つぎに祈りを叶えてくれる神の力と意志を称《たた》え、すべての疑念と恐れを消し去りました。どの詩編でもいいので、ひとつ読んでみれば、わたしが言っていることがわかるでしょう。ですから、祈るときは、ほしいものを求めます。つぎに、祈りを叶えてくれる神の用意と力を称えます。

このことについて、グレン・クラークは著書『The Soul's Sincere Desire（魂の切なる願い）』のなかで、すばらしく役立つ示唆を与えてくれています。以下に引用します。

お金のことで苦労している場合、天には貧困がないことを理解し、このように称えます。

天の父よ、あなたの愛は空のように無限であり、愛を表す方法は天の星のように説明できないことを、わたしたちは理解しています。

あなたの力は人間の限界よりも大きく、力を表す方法は海の砂粒よりも多い。あなたを信頼しつづければ、あなたはわたしたちの歩みを完全に調和させ、星々を軌道に導くように、いかなる衝突や不和もなく導くことでしょう。あなたを信頼することによって、その心をあなたにとどまらせる者を、完全な平安のうちに保つことを、わたしたちは知っています。どの道を歩んでいても、あなたを認めれば、進むべき方向へ導くことを知っています。あなたは愛の神であり、あらゆる善と完全な贈りものの与え主であり、あなたに並ぶ者はほかにいません。あなたは全知全能であり、遍在し、すべてのなかにあり、すべてを通り、すべての上に存在する唯一の神です。あなたの王国、力、栄光が永遠でありますように。アーメン。

考えることや書くことに助力を求める場合、アイデアが不足することはないことを理解し、このように称えます。

あなたの知恵はどんな秘宝よりも大きい。それなのに足もとの地面のように、必要なときにいつでも使うことができます。

幸福を求める場合、天国には不幸はないのだから、このように称えます。

あなたの喜びは真昼の太陽よりも明るく、喜びを表現する方法は、わたしたちの道を照らす太陽の光のように数えきれません。

これは、むかしの詩編作者たちが困難の時期に頼ったような祈りであり、善良で完全な贈りものをもたらすような祈りです。

まちがえてはいけないのは、**祈りには効力がある**ということです。祈りはなんでも効きます。どんなに些細《ささい》な望みでも、そう望むことが**正しい**のであれば、そのために祈ることは**正しい**のです。

一九二六年五月三日付ユナイテッド・プレスの配信を以下に引用します。

「祈りは、説教壇と同じくらいフットボールフィールドにもなじみがあり、祈るチームは、フィールドで勝利する見こみが大いにあります」ノースウェスタン大学フットボールチームの花形選手ティム・ローリーは、教会に集まったおおぜいの聴衆へ語りかけた。

ティムはつぎのようにつづける。「去年のインディアナ対ノースウェスタン戦の直前のことです。ぼくたちは試合の行方についてとても心配していました。あの大柄で屈強なインディアナ大の選手たちがこっちへ向かってくるのを見て、早く何かしなければと思ったんです。『なあ、みんな』と声をかけて、『ぼくは祈りの力を信じているし、ここは祈ったほうがいいと思うんだ』と言いました。ぼくたちは祈り、そして大勝利を収めました。

つぎの試合でも、チーム全員で祈りました。祈りは、教会だけのものと思う必要はありません」

A・モード・ロイデンは、著書の『Prayer as a Force（力としての祈り）』のなかで、自分の願望を祈りに託す人間を、水に自分を託して泳ぐ人にたとえています。

ごく単純なことにたとえてみれば、おそらくわたしの言いたいことがわかってもらえると思います。海で泳ぐときには、海があなたの体を浮かべてくれると信じないといけません。海に身をゆだねる必要があります。海があり、あなたは海のなかにいます。わたしは、「信念に従えば、泳ぐことができるでしょう」と言います。泳げるかどうかは、文字どおりあなたの信念によります。海と自分自身にほどほどの自信があり、地面から少しジャンプして飛びこめる人は、たしかに水に浮きますが、それほどでもありません。すぐに沈んでしまうでしょう。泳ぎだすことはできるが、それ以上は自信がないという人は、あまり遠くまで泳げません。自信がないので、手足を大慌てで動かしながら、長いこと息を止めて泳ぐので、やがて力尽きてしまうからです。五回か六回、あるいは一五回くらいは水をかいて泳げるでしょうが、自信がないので遠くまで行けません。

あることをすれば、海は自分を運んでくれると確信している人は、落ち着いて、穏やかに、楽しく泳ぎ、頭から波をかぶっても気にしません。「でもそれは、その人が全部していることですよね」と言う人はいるでしょう。でも**その人は、海がなければできないのです**。人を暗示にかけて信じさせることはできるかもしれません。たとえば、「あなたは海に来ていて、断崖《だんがい》絶壁の端に立っています。さあ、ここから泳ぎだしましょう」などと言って。あなたに暗示をかける能力があり、人はあなたをすっかり信頼しているとします。暗示をかけて、泳いでいると信じさせることができそうです。しかし、実際に崖《がけ》の先端から泳ごうとしたら、その人は落下します。海がなければ泳げないのです！　わたしは、「泳ぐか泳がないかは、あなたの信じているとおりになる」と言いますが、海がなければ泳ぐことはできません。わたしの神に対する気持ちは、これとまったく同じです。「あなたがたの信じているとおりになるように」「マタイによる福音書9章29節」。たしかに、神の愛である海を泳ごうとすれば、あなたの信念は報われ、信じているとおりになります。信念と正確に比例して、科学の法則さながらに答えが見つかるでしょう。神に対する信念のうち、答えを受けとらないものは一片たりともありません。

貴重な種子を庭に植えて、一日後か一週間後に芽が出ているだろうかと掘り返すようなことはしないでしょう。そうはせずに、毎朝、水を与えて育てるはずです。祈りも同じです。潜在意識に願望の種を植えておきながら、翌朝出かけて、疑念や恐れの感情で台なしにしてはいけません。願望のことを考え、それを信じ、イメージし、すでに達成した事実と**みなして**育《はぐく》んでいきます。

祈りを成功させることについて、わたしなりの秘訣《ひけつ》を尋ねられたら、こう答えることにしています。

第一に、ほしいものに思考を集中させ、それをイメージすること。願望の心的イメージを作ります。願望の種蒔《たねま》きをするというわけです。しかし、それで満足してはいけません。種を植えるだけでは作物は育ちません。太陽の光であたため、降り注ぐ雨で育む必要があります。あなたの願望の種も同じです。信念であたため、信じつづけることで育んでいきます。

第二に、詩編九一編と二三編を読むこと。神の力と、あなたが必要とするすべてにおいて、神にはあなたを助ける用意があることを思い出すためです。

第三に、過去の恵みに感謝するだけではなく、**いま求めているこの恵みが与えられる**

ことにも忘れずに感謝すること。実際に物質として表れるのに先立って、神に心から感謝できることは、最もすぐれた信念のしるしです。

第四に、**信じること！** ほしいものを明確に思い描き、想像のなかではっきりと鮮明に見ることで、少なくともその瞬間は、実際に**それがすでに得られたと信じることができる**でしょう。

心から確信することによって潜在意識に刻みつけられ、そして潜在意識から超意識に刻みつけられることで、祈りに答えがもたらされます。望むものはすでに**得られた**と潜在意識に確信させれば、そのことは忘れて、つぎの問題に取り組むことができます。マインドが実現に向けて専念します。

第3章

Ⅴ

アラジンとその仲間たち

しかし、か弱き手はなすすべなく、
暗闇をまさぐって、
暗黒のなかで神の右手にふれ、
引き上げられ、力づけられる

――ロングフェロー

世のなかで成功するのは、かならずしもいちばん苦労している人ではありません。進歩するためには、努力する方向とエネルギーが重要です。前進するためには、潮の流れに沿って泳がなければなりません。自然の力に従って働く人は、繁栄と成功を手にします。このような力を利用しながら努力すると、流れに逆らってたくさん努力する場合よりも、さらに速く、遠くへ到達できます。この力に無頓着《むとんちゃく》で、ただやみくもに働く人は、生活が苦しくなり、富もめったに得られません。

賢明な観察者たちの見積もりによると、成功や失敗を生み出す要因の平均九〇パーセントは意識的な努力の外にあり、こまごまとした日課とは別ものだということです。超意識の知恵と力と協力すれば、成功し、健康になり、幸せになります。協力しなければ、成功せず、病気になり、惨めになります。

遠いむかしから、主の恵み深さを味わい、見ることができる人々がいました。愛情あふれる神のやさしさに祝福された預言者や先見者たちは、普遍的な神の善を、「地は主の慈しみに満ちている。」〔詩編33章5節〕、「命の道を教えてくださいます。わたしは御顔を仰いで満ち足り、喜び祝い」〔詩編16章11節〕と賛美しました。

いま、わたしたちは、この限りない善を一部の人だけが多く利用できるわけではないことを知っています。唯一の制限は、わたしたちの受けとる能力だということを理解しています。数学の問題が解けなくて悩んでいるときに、必要な数字を集めて、適切な順序で並ぶまで放っておくことは、まずないでしょう。問題を解決する方法は解明されていても、**あなた**がそれを**実行**しなければならないとわかっているはずです。原理はそこにあります。ですが、**あなた**がそれを**利用**しなければなりません。

第一に必要なのは、原理を理解すること、つまり原理がどのように作用するか、原理をどうやって使うかを学ぶことです。第二に――そしてさらに重要なことは――理解したことを目の前の問題にあてはめてみることです。

同様に、無限のエネルギー――無限の供給――の原理はつねに利用可能です。しかし、そのエネルギーや供給は静的なものです。あなたがそれを動的にするのです。その法則を理解しなければなりません。貧困、不和、病気といった問題を解決するために、その理解を適用します。

科学は、望ましいことはいくらでも達成できることを示しています。しかし、ゴールへ到達する自分の能力を信じ切れず、しばしばためらい、結局は失敗を招くことになります。

その力は、状況や環境などではなく、マインドであると理解してこそ、真の力を発揮することができるのです。

知性が宇宙を支配していることを否定する人はほとんどいません。この知性を超意識と呼ぶか、摂理と呼ぶか、神と呼ぶか、単に自然と呼ぶかは重要ではありません。その指示する力が、善いものや進歩のための力であることは、だれもが認めています。ところが、日光が太陽の一部であるのと同様に、わたしたち自身のマインドが超意識の一部であることを理解している人はあまりいません。

日光が太陽から熱と光を得て地球へもたらすのと同じように、超意識と調和して取り組めば、超意識からすべての力と知性を手に入れることができます。

あなたにその力があることを知っているだけではまだ足りません。一度でも二度でもなく、毎日、毎時間、この力を実践する必要があります。最初はうまくいかなくても落ちこむことはありません。はじめて算数を勉強したとき、問題がいつも正しく解けるとはかぎりませんでした。それでも、数学の原理をうたがわなかったはずです。問題があるのは原理ではなく、自分のやり方だとわかっていたからです。それと同じです。力はそこにあり、正しく使えば、なんでもできます。

この地球に最初に生命の原理をもたらし、地球、木々や植物、動物をイメージしたマインドが全能であることに、だれもが同意するでしょう。どんな問題でも解決するためには、どんな欲求でも満たすためには、その必要があるとマインドが認識しないといけないことに、すべての人が同意するでしょう。わたしたちの多くは、超意識の一部であるわたしたち自身が、これと同じ力を持っていることを理解していないか気づいていません。海から採取した一滴の水が、海水の特性をすべて備えているのと同じように。電気が放つ火花が、稲妻の特性をすべて備えているように。その力を自覚して使うだけで、人生で望む善はいくらでも手にはいります。

この世のはじまりは、まったくの空虚、すなわち無でした。このかたちのない空虚から、超意識はどうやって惑星や天空、地球やそこに息づくあらゆるものを創造したのでしょうか。超意識は、**まずそれらのイメージを作りあげること**からはじめたのです。

あなたも、同じようにする必要があります。自分の運命、幸運、幸福を考え抜き、**イ**

メージし、見ることができれば、そのぶんだけコントロールできるようになり、イメージの完成度が見事であればあるほど、恐怖や心配といった雑念で台なしにすることもなくなります。あなたの思考の質は、あなたの力の尺度です。明確で力強い思考には、その実現に必要なあらゆるものを引き寄せる力があります。W・D・ワトルズは、著書『富を「引き寄せる」科学的法則』（山川紘矢・山川亜希子訳、角川文庫、二〇〇七年）のなかで、つぎのように述べています。

一、この世に存在するすべてのものを作っている「思考する物質」があります。この「思考する物質」は、その原始の状態において、宇宙空間のすみずみにまで広がり、浸透し、宇宙全体に充満しています。
二、この「思考する物質」（宇宙）の中にある思考は、その思考がイメージしたものを作り出します。
三、人間はさまざまなものを思考し、それを〈宇宙〉へと発信して、自分が考えついたものを形あるものとして生み出すことができます。

あなたの意識と超意識をつなぐのは思考であり、進歩と善に調和する思考や、正しいアイデアを運ぶ思考はどれも、超意識まで達することができます。超意識に達すると、超意識の力とともにもどってきて思考は完成します。方法と手段は考える必要はありません。必要な結果をもたらす方法は、超意識が知っています。与えられた問題を解決する正しい方法は、ひとつしかありません。何が正しい方法なのか、人間が判断しかねるときは、超意識に指導を仰いでください。そのアドバイスに耳を傾ければ、まちがえることはないので、結果を恐れる必要は少しもありません。

あなたのマインドは超意識の力を伝える媒体であり、あなた次第でよくも悪くもなります。そのことをつねに覚えておいてください。そして思考がそのあいだを結びつけるエネルギーであることも。導体を使用すれば、伝導力が高まります。たくさん要求すれば、より多く受けとれます。超意識は贈りものを出し惜しみしません。「求めなさい。そうすれば、与えられる。探しなさい。そうすれば、見つかる。門をたたきなさい。そうすれば、開かれる。」〔マタイによる福音書7章7節〕

それが生命の法則です。人間の運命は、貧困や苦難のなかにあるのではなく、超意識と一体となり、宇宙を支配する力を利用して、みずからの理想に従って生きることにあるのです。

貧乏や病気を、神が遣わしたものだから仕方がないと思うのは、弱い者の考え方です。神は、望ましいもの以外を遣わしたことはありません。さらに言えば、神が創造していない状況を克服するための手段を、神が与えなかったことも一度もないのです。病気や貧困は、神が創造したものではありません。それらは美徳のしるしなどではなく、弱さのしるしです。神はわたしたちに、あらゆるものを豊富に与え、わたしたちが豊かさを実現することを期待しています。あなたにとても愛している息子がいるとします。いいものをたくさん用意して、その子が精いっぱい努力すれば届くようなところへ置くとします。もし、その子が努力を怠ったばかりに、いいものに手が届かず、半分飢えた状態で、不潔でぼろを着た姿で現れたら、あなたは残念な気持ちになるでしょう。わたしの考えでは、神も同じです。

人間の一生において第一の仕事とは——わたしが思うに——超意識との接触を確立することです。それは、自分のなかにある力を理解するということです。「これまでに得たものすべてに代えても／理解を獲得せよ。」〔箴言《しんげん》4章7節〕と賢人は言いました。

いかに幸いなことか
知恵に到達した人、英知を獲得した人は。
知恵によって得るものは
銀によって得るものにまさり
彼女によって収穫するものは金にまさる。
真珠よりも貴く
どのような財宝も比べることはできない。
右の手には長寿を
左の手には富と名誉を持っている。

彼女の道は喜ばしく
平和のうちにたどって行くことができる。
彼女をとらえる人には、命の木となり
保つ人は幸いを得る。
〔箴言3章13－18節〕

限られた範囲ではありながらも、超意識と一体となって、必要に応じて自由に超意識を呼び出せることを意識するようになったとき、別のあなたが誕生します。恐怖は去り、心配はなくなります。成功、健康、幸福の度合いは、願望の成就をいかにマインドに印象づけられるか、それのみで判断されます。

労苦や心配事、退屈で単調な仕事や骨の折れる労働は、マインドを使わない者には、それまでと同様に、この先もつづくことでしょう。マインドを使わない人ほど、身を粉にして働くことになります。首から下だけを働かせれば働かせるほど、賃金はさがり、運命は絶望的になります。世界を支配しているのはマインドです。

しかし、マインドを最大限に使うということは、単に心の意識している部分を駆使することではありません。あなたの意識と、あなたのなかの人――ロバート・ルイス・スティーヴンソンが、「心のブラウニー」と呼んだもの――を結びつけて、明確な目的のために協力し合うということです。スティーヴンソンはつぎのように語っています。

わがブラウニーたちよ、そなたたちに神の祝福を！　わたしが眠っているときに仕事の半分を片づけてくれて、目を覚ましているときにも――愚かなことに独力で書いていると思いこんでいるときにも、残りの仕事を片づけてくれる。わたしは長いこと二重人格についての本を書きたいと思っていた。丸二日間、なんらかの筋書きをひねり出そうと頭を悩ませていたところ、二日目の夜に、『ジキル博士とハイド氏』の窓辺の場面を夢で見た。それと、分裂してからの、ハイド氏が追われて粉薬を飲み、追っ手の目の前で変身する場面もしかり。

ほかにも多くの有名な作家が似たようなことを語っているし、解決すべき問題をかかえた人はみな同じような経験をしています。ある問題をあらゆる角度から研究しているうちに、はじめよりもさらに混乱しているように思えたことがありませんか？　しばらく放置しておいて、またその問題へ立ち返ったときに、考えが明確になり、推論が進み、気がついたら問題が解決していることがあります。小さな「心のブラウニー」が、あなたのために仕事をしてくれたというわけです。

天才的なひらめきは、あなた自身の脳から生まれるのではありません。極度の集中によって潜在意識を通じて超意識との回路が確立し、インスピレーションはそこからやってきます。すべての天才、すべての進歩は、みな同じところからやってきます。必要なときに呼び出せるように、この回路を自分の意志で確立する方法を学ぶこと、それだけがあなたにかかっています。それは実現可能です。

セロン・Q・デュモンの著書『The Master Mind（マスター・マインド）』から引用します。

わたしたち一人ひとりの内なる意識には、小さな心のブラウニーやヘルパーと同じような無数の働く力があり、その力を頼りにして信用しさえすれば、精神的な仕事を案じて喜んで助けてくれます。古いおとぎ話に出てくるような話ですが、心理学上の真実です。内部意識に潜むヘルパーをサービスに呼び出すプロセスは、忘れてしまった事実や名前を思い出す手順と似ています。ある事実や日付、または名前を思い出すことができず、一生懸命に頭を働かせる代わりに、（秘密を習得している場合は）内部意識にこの問題を渡します。「わたしのためにこの名前を思い出すように」という無言の命令とともに。そのあとは、ふだんの作業にもどります。数分後、あるいは数時間後、突然、忘れていた名前や事実が脳裏に浮かびます――内部意識から突然に、親切な作業者、すなわち「ブラウニー」の助けを借りて。この経験はありふれているので、だれも不思議だと思っていませんが、これは内部意識が見事に働いてくれたおかげです。少し考えてみれば、思い出せないことばが偶然に、理由なく出てくるわけがないとわかるでしょう。精神には、あなたの利益のために働くプロセスがあり、問題が解決すると、大喜びで外側の意識へ答えを押し出して、あなたが使えるようにしてくれるのです。

「心のブラウニー」と呼ばれる空想的な象徴と「潜在意識の倉庫」の例証を結びつけて説明する以上に、この問題を説明するうまい方法が見つかりません。この潜在意識のブラウニーの働きを活用するつもりなら、まずは潜在意識の倉庫をマインドにイメージするようにします。その倉庫には、生涯のあいだにあなたがそこへ置いた、さまざまな種類の知識だけでなく、人類による継承――人類の記憶――によって獲得した印象も保管されています。しまっておく情報は、しばしば体系的な記憶や配置を無視して倉庫に置かれます。以前にしまった何かを見つけようとするとき、正確な場所は忘れているので、「わたしのために思い出すように」という心の命令を忠実に実行する、小さな心のブラウニーを呼ばざるをえなくなるのです。このブラウニーたちは、明朝に早い電車に乗りたいときに四時に起こしてくれる、心の目覚まし時計としてあなたによく仕えてくれる妖精たちと同じです。この同じ妖精たちが、「二時にジョーンズと約束がある」と意識のなかにひらめかせてくれ、そこで時計を見ると、ちょうど約束の時間の一五分前というわけです。

あなたが習得したいテーマを丹念に調べて、観察結果を潜在意識のブラウニーに渡すと、比較的短時間で思考の原材料をかたちにしてくれることがわかります。渡した情報のさまざまな詳細を分析し、体系化し、照合し、順番に配置し、記憶の奥深くにしまわれている同じような情報を見つけ、そこへ追加します。こんなふうにして、ブラウニーたちは、あなたが忘れてしまったさまざまな知識の断片をひとまとめにしておきます。ここで言っておきたいのは、いったんそこへ置いた情報は、けっして忘れることはないということです。特定の事柄を思い出せなくても、それは失われたわけではありません。いつの日か、ほかの事実となんらかの関連づけがなされ、忘れていたアイデアが、より大きなアイデアのなかにうまくはめこまれていることに気づくでしょう——小さなブラウニーの為《な》せるわざです。作家のトンプソンは、「この無意識のプロセスが出す結果を待つことを見越して、あらかじめ材料をまとめておき、執筆する準備が整うまで、それが自然と消化するまで放置するくせがついた」と言っています。この無意識の「消化」が、実は小さな心のブラウニーの仕事なのです。

ブラウニーを働かせる方法はたくさんあります。ほぼすべての人が、多かれ少なかれ、似たような経験をしていますが、多くの場合、ほぼ意識せずに、目的も意図もなく生み出されたものです。平均的な人——というより、大多数の人——が、望ましい結果を得るための最良の方法は、自分がほんとうに知りたいことをできるだけ明確に思い浮かべること、つまり、自分が答えてほしい質問のアイデアやイメージを明確にすることでしょう。そして、それを心のなかで吟味して、いわば精神的に咀嚼《そしやく》して自然と注意力が高まってくるようにしてから、「**わたしのためにこれに**

注目し、答えを導き出すように」と、心の命令とともに潜在意識へ渡します。この命令は、口に出しても出さなくてもかまいません。どちらでも効果があります。潜在意識の精神——つまり、小さな作業者たち——には、従業員に話すのと同じように、丁寧ながらもしっかりとした調子で語りかけてください。小さな作業者たちに話しかけ、仕事をするようにしっかりと命じるのです。そのあとは、すべて忘れて意識から消し去り、ほかのことに専念します。やがて時が来れば、突然、意識に答えが浮かぶでしょう。おそらく、その問題について決断を迫られるときまで、あるいは情報を必要とするときまで、まさにその瞬間まで答えは出てこないでしょう。全員がよく訓練されているのであれば、何時何分に報告せよと命じてもいいでしょう。ちょうど、朝の早い電車に間に合うように、決まった時間に起こしてほしいときや、約束の時間を知らせてほしいときに言うのと同じように。

リチャード・ハーディング・デイヴィスが書いた『The Man Who Could Not Lose（負けなかった男）』という小説があります。主人公は競馬に入れあげていて、記録と競馬予想紙を研究し、すべての馬の歴史を完全に把握しています。

大きなレースの前日、彼は安楽椅子に寝そべり、翌日のレースのことを考えながら、そのまま眠ってしまいます。当然ながら、潜在意識はその思考を受けとめ、レースの結果がそのまま夢に現れます。

もちろん、これは架空の話ですが、もし勝負が馬のスピードとスタミナだけで決まるなら、その方法で結果をもたらすことはじゅうぶん可能です。しかし、残念ながら、賭《か》けごとにはその他の要素が複雑にからみます。

とはいえ、この小説の背景にある考え方――潜在意識と接触する方法や、どんな問題でも解決するために「あなたのなかの人」の力を借りること――は、正しいアプローチです。

まず、その問題について、ありったけの情報をマインドに詰めこみます。

つぎに、背もたれを倒せるすわりごこちのよい椅子やソファ、またはベッドに横たわって全身をゆだねます。

そして、マインドをしばらくその問題に集中させ、心配せず、悩まず、穏やかに、その問題を「あなたのなかの人」へ引き渡します。その人にこう言います――「これはあなたの問題です。あなたはなんでもできる。あなたはすべての答えを知っている。わたしのためにこれを解決するように」。そのあとは完全にリラックスします。できれば、眠ってしまいましょう。少なくとも、ほかの考えがあなたの意識の邪魔にならないように、半分眠り、半分目を覚ましたような瞑想《めいそう》にはいります。アラジンがしたように、精霊を召喚し、命令を与え、あとは精霊が世話してくれると知っているので、安心して問題を忘れてしまうことができます。目覚めたときに、**答えが出ているでしょう**。

どんな思考でも、どんな問題でも、眠りにつく瞬間に潜在意識に伝えることができれば、心の精霊である「あなたのなかの人」が解決してくれます。

もちろん、だれもが一度や二度の挑戦で、正しい考えを首尾よく潜在意識に伝えられるわけではありません。理解と信念が必要です。数学の問題を解くのに数学の原理に対する理解と信念が必要であるように。しかし、努力を重ねれば、かならずできるようになります。そうすれば、**確実に結果は出ます**。

もしそれが願望であれば、まずマインドの目でそれを**イメージ**し、可能なかぎり細部まで見て、その願いが実現したときに、あなたが経験する必要がある一挙一動を経験する自分の姿を想像します。まるで演じているかのように、一歩一歩、完全なストーリーを構築します。そこからありったけの喜びと満足を得ましょう。あなたに訪れたこの贈りものに**感謝**します。そのあとはリラックスして、眠れるなら眠ります。「あなたのなかの人」に、邪魔がはいることなく願望を実現させるチャンスを与えます。

目が覚めたら、またしばらく気持ちよく思いをめぐらせます。うたがいや恐怖が忍びこむことなく、願いがうまくいくことがわかっているので、安心して自信を持って進んでいけます。このことを理解し、信じ、それが有害なものでなければ、**それはうまくいきます**。

超意識のどこかに、あらゆる問題の正解が存在します。問題がどれほど途方もなく複雑だとしても、どれほど単純に思えようとも関係ありません。超意識にはつねに正しい解決策が存在します。そして、解決策が存在するからこそ、その解決策が何かを確認し、証明する能力も存在するのです。あなたは、すべての正しいことを知ることも、それを実行することもできます。あなたにとって知る必要があること、実行する必要があることがなんであれ、超意識の助けを求め、その提案にまかせれば、知ることも、実行することも可能です。

この方法を毎晩少しずつ試せば、解決できない問題はなくなります。

VI

それをしている自分を見る

大会社の組織が
人を抑圧すると言う。
追い立てられ、辱められ、餓《う》えさせられもする
ただ眉《まゆ》をひそめただけなのに。
わたしが彼らを是認しないのは明らかだ。
だが、きょういっしょに来てみるとよい
あの太った監督たちと会うわたしと。
彼らの言いぶんはこうだ。

「計画した新しい仕事を
引き受ける者がだれもいない！
千人も雇ったというのに、
できる者はひとりもいやしない」

――Ｓ Ｔ・クレア・アダムズ

人は、首から下に一日二ドルの価値がある、とよく言われます。首から上にどれだけの価値があるかは、その人がどれだけ**見る**ことができるかによります。

「幻がなければ民は堕落する。」〔箴言《しんげん》29章18節〕というのは、実際に見えるものについて話しているわけではありません。いまもむかしも、重要なのはマインドの目です。マインドの目がなければ、馬や牛が駆られるように、あなたは駆られるだけの「蹄《ひづめ》の上」の力にすぎません。あなたの価値は馬や牛より少しだけましであるにすぎないのです。しかし、ひと月先、一年先の状況や物事をイメージできるビジョン、想像力、マインドの目があれば、あなたの価値や能力に限界はありません。

機関車、蒸気船、自動車、飛行機、これらはすべて、実現する前に、ある人の想像のなかに完全な姿で存在していました。裕福な人、大物、成功した人はみな、世間から成功を勝ちとる前に、マインドの目でその成功を見ていました。

太古のむかしから、最初にマインドにイメージすることなく、物質的なかたちをとったものはありません。彫刻家と石工職人の唯一のちがいは、それぞれの仕事に対するマインドのイメージの差です。ロダンは職人を雇って、大理石をこれから作ろうとする像の大体のかたちに切り出させました。それはただの手仕事にすぎません。粗削りの石塊はロダンの手にかかり、そこから「考える人」という驚くべき彫像が生まれました。これぞ芸術です！

彫刻家と石工職人のちがいは、槌《つち》や鑿《のみ》を振るう手の背後にある想像力の差にあります。「考える人」ができあがると、一般の職人たちはそれを何千と模倣しました。ロダンの作品は莫大《ばくだい》な金額をもたらし、模倣品は日銭をもたらしました。彫刻の世界では――どの世界でも同じですが――アイデアを思いつくこと、何かを創造することが報酬となります。単なる手仕事には、そのぶんの価値しかありません。

グレン・クラークは『The Soul's Sincere Desire（魂の切なる願い）』のなかでつぎのように述べています。

想像力は、人間のあらゆる資質のなかで最も神に近いものであり、人間を神と最も密接に結びつけるものです。聖書で人間について最初に言及されているのは、人間が神の「イメージ」として語られている箇所です。「我々にかたどり、我々に似せて、人を造ろう。」（創世記1章26節）。イメージを浮かべることができる唯一の場所は、想像のなかです。ですから、神の最高の創造物である人間は、神の想像力による産物だったのです。人間の創意の源であり中心でもあり、何よりも人間を獣レベルの創造物から引きあげ、人間に支配権を与える力は、イメージを作りあげる力、すなわち想像する力です。想像とは、そうではないものをそうであるように見せかけるものだと考えてきた人たちがいます。それは空想であって想像ではありません。空想は、実在するものを見せかけやまやかしに変えます。想像は、あるものの外見を通して、そのほんとうの姿を見抜くことができます。

夢見る人の夢を実現させる、きわめて現実的な因果関係の法則があります。それはビジョンの法則で、外側の物質世界に、内なる世界の現実をすべて呼び起こす法則です。想像は、望むことを心に描きます。**ビジョン**は、それを理想化します。ビジョンは、現状を超えて何ができるか構想を描きます。想像は、あなたに絵を与えます。ビジョンは、その絵を自分のものにするための衝動を与えます。

心のイメージをじゅうぶんに明確にして、細部まで鮮明に思い描けば、心の精霊はそれを日常的な現実としてすみやかに実現してくれるでしょう。

ビジョンの法則は、人生のあらゆることにあてはまります。あなたが正当に望みうるもので、この法則で実現できないものはありません。

たとえば、あなたが会社の重役ポストを望んでいるとします。いまの自分が重役の椅子にすわっている姿を想像してください。ドアに自分の名前が書かれている光景を想像し、重役の業務を担当する自分を思い描きます。そのイメージを潜在意識に刻みつけます。それを見て、**信じます**。心の精霊が、実現する方法を見つけ出してくれるでしょう。

ビジョンをうまく見るために重要なことは、物事をありのままにではなく、こうあってほしいと思いながら見ることです。目を閉じて、はっきりとしたイメージをマインドのなかに描きます。現実の生活で見たり行動したりするのと同じように。要するに、白昼夢を見るのです。ただし、目的を持った白昼夢です。ほかのすべての考えを追い出してひとつに集中し、それが達成されるまで集中しつづけます。

ほしいものは自動車ですか？　それとも家、あるいは工場でしょうか？　どれも同じ方法で手に入れることができます。それに、本質的にはどれもマインドのアイデアからできたものです。まずはマインドのなかで、石をひとつずつ積みあげるように細部まで完全に作りあげれば、心の精霊が物質界で同じように作りあげてくれるでしょう。

C・W・チェンバレンは、著書『The Uncommon Sense of Applied Psychology（応用心理学の非常識）』のなかで、つぎのように述べています。

心的イメージから大陸横断鉄道を建設することは、平均的な一般人に、それは一大事業であるという考えを与えます。実際のところ、完璧《かんぺき》な心的イメージと同様に、その成果は何百万もの小さな仕事の積み重ねでできており、それぞれが適切な場所におさまって全体を構成するのに役立っています。

超高層ビルは一つひとつのブロックから建設されます。ブロックを積むという行為は、つぎのブロックを積む前に完了しなければならない仕事です。どんな仕事でも、どんな研究でも同じことが言えます。ウィリアム・ジェームズ教授のことばを引用します。


何度も酒を飲むうちに大酒飲みとなるように、何度も行動し、何時間も働くうちに道徳に高潔な人となり、実用と科学の分野で権威となり専門家になるのです。若いうちは、どんな分野であれ、教育がもたらす結果について不安になることはありません。一日を一時間ずつまじめに働いていれば、最終的な結果はおのずと決定します。何を追い求めることにしたにせよ、ある晴れた朝に目覚めると、自分がその世代を代表する有能な人物になっていることに、すっかり確信していることに気づくでしょう。若者たちはこの真実をあらかじめ知っておくべきです。この真実を知らないことが、おそらくほかのあらゆる原因を合わせたよりも、困難な道を歩みだした若者を落胆させ、臆病《おくびょう》にさせるのです。

あなたの能力の唯一の限界は、あなたがそう決めるからということを忘れないでください。制限の法則というものはなく、あるのは供給の法則のみです。潜在意識を通して、願望への普遍的な供給を利用することができます。超意識のアイデアは海岸の砂のように無数です。それを利用しましょう。与えられているのと同じくらい惜しみなく使いましょう。ジェシー・B・リッテンハウスの短い詩に、ほぼすべての人が自分に課している制限がとてもうまく表現されているので、ここに紹介します。

人生と一ペニーを交渉した。
人生はそれ以上払ってくれない。
どんなに頼んでも
夕方、わずかな蓄えを数えているときに。
人生は公正な雇い主。
求めるものを与えてくれるが、
いったん賃金を決めたら
その仕事をしないといけない。
つまらない仕事をした。
どんな賃金を要求したとしても、
人生は支払ってくれたのに。
そう気づいて、落ちこんだ。

望みは高く定めましょう。月をはずしても、星にあたるかもしれません。この世界と広大な天空は、超意識の力によって、何もない空虚から創造されたにちがいないと、だれもが認めています。この同じ超意識が、今日を支配しています。生命のあらゆる形態に、完璧な成長を遂げるのに必要なものを引き寄せる力を与えています。木も、植物も、動物も、それぞれが必要なものを見つけ出しています。

あなたは、知的で理性のある生きものです。あなたのマインドは超意識の一部です。あなたには、完璧な成長を遂げるために必要なものをことばにする力があります。自分を出し惜しみする必要はありません。一ペニーのために自分を安売りしないでください。自分自身にどんな価格を設定しても、人生は与えてくれるでしょう。ですから、高みをめざしましょう。大いに要求しましょう。何を望んでいるのか、はっきりとしたイメージをマインドに描き、思考のなかにとどめます。それをビジョンにし、見て、信じます。願望を満たす方法と手段は、あとからついてきます。供給はつねに需要のあとにやって来るものだからです。

そうすれば、自分の運命を偶然の手から取りもどし、人生で経験することを自分でコントロールできるようになります。ただし、かならず望むものだけをイメージするように。この法則はよくも悪くもどちらにもあてはまります。もし心配ごとや恐怖をイメージすれば、それらは現実になります。思考をコントロールすれば、状況をコントロールできます。状況は、あなたが作るものです。

わたしたちの多くは、三分の二の機械が休止している工場のようなものです。従業員たちは無気力に、物憂げにあたりをうろつき、工場長が監視し指示すれば、その一〇倍は働けるはずです。それなのに、工場長はぼんやりと夢を見たり、何かが起こるのを待っていたりしています。そんな工場長に必要なのは、やる気のない従業員や休止中の機械を指摘し、フルタイムで稼働させて時間外まで働かせる方法を教えてくれる人です。そしてそれは、**あなた**にも必要なことです。あなたは能力の一〇分の一しか働いていません。できることの一〇分の一しかできていないのです。ぼんやりと願ったり悩んだりしている時間を、潜在意識に働きかけて、望みをかなえるのに役立つことをもたらすために使うことができます。

アレクサンドロスの父、マケドニアのフィリッポスは、敵陣の一点に攻撃の全重量を集中させることを可能にする三角形の陣形、「ファランクス」を完成させました。ファランクスは敵対するものすべてを打ち砕きました。その時代において、ファランクスは無敵でした。現代でも、この考え方は同じく無敵です。

ひとつの考えを持ちつづけ、それが一歩一歩実行されていくのを見る。そうすれば、どんな労働者の集団も、ひとつの考えを中心にした均一の全体にまとめあげることができます。どんなことでも達成できます。どんな考えでも明確に伝えることができます。そのイメージをつねにマインドにとどめておけば、古《いにしえ》のファランクスと同じように無敵になれるはずです。

銃や兵装ではなく
支払える金でもなく
親密な協力関係こそが
勝利につながる。
個人ではなく
軍全体でもなく
輝く魂による不朽のチームワークで。

――J・メイソン・ノックス

時代の過ちとは、人類が、マインドの持つ力や必要なときに助けようとする意思を制限するときに示す傾向のことです。

パウロは言いました。「あなたがたは、自分が神の神殿であり、神の霊が自分たちの内に住んでいることを知らないのですか。」〔コリントの信徒への手紙一 3章16節〕

わたしたちのほとんどは知りません。たとえ知っていたとしても、チェロキー族の保留地に住むアメリカ先住民の家族のようなものです。その家族が暮らしている土地で石油が発見され、大金が舞いこんできました。世界には、いままで知っていたよりも、もっと多くのお金がありました。ある人が彼らに大きな屋敷を建てるようにと、美しい家具と豪華な装飾を施すようにと説得しました。完成した屋敷は、土地の名所のひとつになりました。しかし、その家族は、立派な屋敷をとても誇りに思いながらも、**古い草ぶきの小屋に住みつづけたのです**。

わたしたちの多くもこの家族と同じです。自分が「神の神殿」であることを知っていて、さらに、その事実を誇りに思っているかもしれません。しかし、それを利用して、神殿に住み、物事や状況を支配していることを宣言することはありません。自分の力を自分で利用することがないのです。

むかしの偉大な預言者たちは、先見の明を持っていました。希望と期待の時代に生き、人を「神の子」とする啓示の到来を待ち望んでいました。「喜びと楽しみを得/嘆きと悲しみは消え去る。」〔イザヤ書51章11節〕

イエスはその啓示を実現するために来られたのです。「願いなさい。そうすれば与えられ、あなたがたは喜びで満たされる。」〔ヨハネによる福音書16章24節〕

世界は、苦悩から解放されようとして物質と唯物論的な哲学に頼りましたが、これは無駄に終わりました。将来的には、実際の進歩は精神の領域のみで進行していくでしょう。その進歩は、人間による思索や理論づけといった方法ではなく、無限のマインドである超意識が実際に示す方法で進行するでしょう。

今日の世界が位置しているのは、神の知性の広大な領域のほんの入り口です。その領域には、万物を支配するマインドの、実用的で超越した力が存在します。

「目が見もせず、耳が聞きもせず、／人の心に思い浮かびもしなかったことを、／神は御自分を愛する者たちに準備された」〔コリントの信徒への手紙一 2章9節〕

VII

その欲望が示すとおりの人間

天も私たちに
自由に動く余地を与えている。

——シェイクスピア

わたしの曾祖《そうそ》父《ふ》の時代は、夜な夜な魔女が飛びまわり、運悪くすれちがった人々に魔法をかけたと信じられ、病気や健康、幸運や不運をもたらす力は、自分の外側にあると考えられていました。

今日、わたしたちはそのような未開の迷信を笑いとばしています。しかし、現代でさえも、目で**見る**ものは**結果**にすぎないことを理解している人はほとんどいません。どんな**原因**があって、その結果がもたらされたのかを理解する人は、さらに少数です。

人間の経験はすべて結果です。笑ったり、泣いたり、喜んだり、悲しんだり、苦しんだり、満足したり。これらはすべて結果であり、その原因は簡単にたどることができます。

しかし、人生で経験することの主な原因をすべてたどろうとしても、そう簡単にはいきません。老後に備えて貯金するつもりで、銀行に預けたり安全な債券に投資したりしても、銀行が倒産し、鉄道や企業が管財人の手に渡ることがあります。事故の危険を避けるために休日を自宅で過ごしても、脚立から落ちたり、階段で足を滑らせて手足を折ったりすることがあります。安全第一でゆっくり運転していても、背後からスピード違反の車にぶつけられ、側溝へ突き落とされることがあります。ナイアガラの滝を樽《たる》にはいって無傷で乗り越えた男が、バナナの皮で滑って足を骨折し、それがもとで死んでしまうこともあります。

すべての原因の背後には何があるのでしょう。それを見つけ、コントロールできれば、結果をコントロールできます。そうなれば、もう運命にもてあそばれることはなくなります。物質主義の人生という概念を捨て去ることができます。答えはひとつしかありません。外側の世界は、内側の世界を反映したものです。潜在意識に災いの思考を送れば、心の精霊はそれを実行に移す手段を見つけ出します――たとえ自宅にいようとも、たとえ細心の注意を払っていても。よくも悪くもマインドに描くイメージが重要なのです。わたしたちが選択したとおりに、破壊的にも有益にもなります。ウィリアム・サッカレーのことばを借りれば、「世間というのは鏡のようなもので、だれもがそこに映った自分自身の顔を見る」

物質は、**ほんとうの**実体ではありません。現代の材料科学は、物質は天然の不変な存在ではないことを示しています。ウィリス・R・ホイットニー博士は、一九二五年八月八日にアメリカ化学会の会員の前で、つぎのように論じました。「物質──そのなかに何かあるのでしょうか。物質についてわたしたちが知っているのは、それがほぼ完全に**空間**だということです。天の空と同じくらい何もありません。完全な真空と同じくらい空っぽです。ですが、通常は大量のエネルギーを含んでいます」。思考が唯一の力です。極性が電子を、重力が惑星を、対流が植物と単純な動物をコントロールするように、思考は人間の行動と環境をコントロールします。そして、思考は完全にマインドの支配下にあります。マインドの指針はわたしたちが決めます。

ウォルト・ホイットマンは、「わたしの外部にあるものに、わたしを支配する力はない」と言いましたが、まさにそのとおりです。

物質界に起こる出来事は、それ自体は楽しくも悲しくもありません。色を観察する目の外側では、緑も赤もないのと同じことです。思考がそうさせるのです。わたしたちは、そうした思考を自分の空想で彩ることができます。外側の世界に内側の世界を反映させることができます。物質をマインドのコントロールに完全に従う力にすることができます。物質は、超意識が正しく見ているものを、わたしたちが誤って見ているにすぎないのです。

過去の経験を変えることはできませんが、この先の経験をどうするかは決められます。わたしたちは、これから訪れる日々を自分の思いどおりにすることができます。きょう考えたものに、あす成ることができます。思考が原因で、状況が結果です。

人生において、大半の失敗の理由とはなんでしょうか？　最初に失敗を考えたという事実――競争、困難な時期、恐れや心配が、自信を喪失させました。積極的に前へ進み出て、より多く稼ぐためにお金を使おうとはせずに、あらゆる出費を控え、「安全策をとり」ながらも、ほかのひとたちは自分にお金を使いつづけてくれると期待したわけです。「攻撃は最大の防御なり」というのは、戦争だけの話ではありません。

報酬の法則はつねに作用しています。人間は運命の気まぐれに左右されることはありません。自分の運命は自分で決めるのです。「彼はその欲望が示すとおりの人間だ。」〔箴言《しんげん》23章7節〕。わたしたちは自分自身の過去の思考であり、その思考が引き寄せたものが上乗せされていきます。

成功した人は、失敗を考える暇がありません。成功するための方法を新たに考えるのに忙しいからです。すでにいっぱいの容器に水を注ぐことはできません。

あなたのまわりには電子のエネルギーが満ちていて、それは固体の物質を構成しているものとまったく同じものです。唯一のちがいは、まわりにあるエネルギーは自由で、特定の用途に利用されていないということです。それは、まだだれも手をつけていない金脈——未発見で、だれからも要求されていないものです。あなたはそれを、金にも不純物にも、健康にも病気にも、強さにも弱さにも、成功にも失敗にも、思いどおりに変えることができます。どちらにしますか？　シェイクスピアは、「よい悪いは考え方ひとつ。どうにでもなる」と言いました。この法則を理解すれば、そのほかのあらゆる法則もコントロールできるようになります。あらゆる病気に効く万能薬が見つかり、あらゆる欲求や願望が満たされます。創造力あるマインド自身が、人間の自由のために備えているのです。

バジル・キングの『The Conquest of Fear（恐怖の征服）』を読んだことがありますか？　もし読んでいないなら、ぜひ読んでみてください。キングが未来をイメージする方法が書かれています。

彼（イエス）を基準とすると、わたしたちはつぎのような進歩のポイントに到達するだろうと、あえて考えてみます。

a．食べものや飲みものの供給において、イエスが水をぶどう酒へ変え、パンと魚で多くの人を養ったように、現在採用している方法よりもっと直接的な手段で物質をコントロールする。

b．病気、視覚障害、虚弱、四肢の不自由を、今日よりも確実で直接的な方法で自分たちから遠ざけることで物質をコントロールする。

c. イエスが大気を静めたように、大気の状態を調節することで物質をコントロールする。

d. イエスが三人の若者を「死者」から「よみがえらせ」、ペテロとパウロがその模範に従ったように、その時前にこの世を去った者、あるいはそこから助かることのできない者を、この世によみがえらせることで物質をコントロールする。

e. 死と復活においてイエスがそうしたように、みずからの意志によってつけたりはずしたりすることで物質をコントロールする。

f. いわゆるキリストの昇天のように、イエスが物質から完全に離れることで物質をコントロールする。

人間は、健康か病気か、強いか弱いかと考える割合で、健康にも不健康にも、幸せにも不幸にも、強くも弱くもなり、生きも死にもします。あなたの体には——ほかのすべての物質と同様に——マインドが信じることにしたものだけが表れます。一般に、あなた自身がよくこのことに気づいているはずです。醜い気質の人（精神状態のことを指しています）は、厳しく、愛想のない顔をしています。やさしい性格の人は、にこやかで穏やかな表情をしています。人体のどの器官も、同様に思考に反応します。怒りで顔が赤くなったり、恐怖で顔が白くなったりするのを見たことがない人はいますか？　激しいかんしゃくを起こして、ひどく気分が悪くなった人を知らない人は？　医師は、恐怖、短気、憎しみが顔をゆがませるのと同じように、心臓、胃、肝臓もゆがませると断言しています。

餌を食べた直後の猫で実験したところ、猫が満足げに鳴いているときは、消化器官は完全に機能していることがわかりました。ところが、犬を部屋へ入れると、猫は恐怖と怒りで奥へ引っこんでしまいました。猫をレントゲンに撮ると、消化器官はほとんど結び目ができるくらいにゆがんでいたそうです。

わたしたちはそれぞれ自分の世界を作っています。その世界はマインドを通じて作られたものです。ふたりの人間が同じものを見ることはないというのは、あたりまえの事実です。「川辺に咲くサクラソウ。彼にとっては黄色いサクラソウ。それだけのこと」

思考は原因です。状況は単なる結果です。マインドにある目標に思考を断固として向けることで、周囲と自分自身をかたちづくることができます。

通常の動物の生命は、気温、気候、季節の状況によって、きわめて明確にコントロールされています。人間だけが、どんな気温や状況にも、無理のない範囲であれば、自分を合わせることができます。人間だけが、因果関係を理解することによって、みずからを自然の力の支配から大きく解放することができたのです。そしていま、人間は、物質的な原因から解放される最終的な自由をつかもうとしています。それは、マインドが唯一の原因であること、そして結果は自分が目にするものであることを完全に理解したときに訪れます。

ある有能な作家は、つぎのように語りました。

われわれ現代人は、自分の内なる考えや感情を支配することに慣れていません。人間は、自分のマインドを支配しようとするあらゆる思考の餌食《えじき》になることは避けられないと考えるのがふつうです。明日の訴訟の行方を気にしてひと晩じゅう眠れないのは後悔することかもしれませんが、眠れないかどうかを決める力を持つべきだというのは、贅沢《ぜいたく》な要求のように思えます。差し迫った災難のイメージは、たしかにいやなものですが、いやなものだからこそ、執拗《しつよう》に心につきまとうのであって、それを追い出そうとするのは無駄なことだと、人は言います。しかし、これはあらゆる時代の相続人である人間にとって不条理な立場です。自分の脳という薄っぺらな生きものによる悪夢に悩まされているわけですから。靴にはいった小石が邪魔なら、それを取りのぞきます。靴を脱いで振り落とせばいいのです。そして、このことについての理解がかなり進めば、侵入してきた不愉快な考えをマインドから追い出すのは同じくらい簡単です。これについては、まちがいも、意見がふたつあってもなりません。これは明白であり、明確であり、まちがえようのないことです。不快な考えをマインドから追い出すのは、靴から石を振り落とすのと同じくらい簡単なはずです。それができるようになるまでは、自然をはじめ、あらゆるものより人間のほうが優位だと語るのはナンセンスです。人は単なるしもべであり、脳の回廊を飛びまわるコウモリの翼を持つ幻影の餌食です。しかし、文明的に豊かな階級のなかにも、疲れてやつれた顔は何千と見受けられるので、この支配がめったに獲得できないことは、はっきり証明されています。**人間**を見つけることが、いかに稀有《けう》なことか。むしろ、暴君のような思考（あるいは心配ごとや欲望）に追いまわされ、鞭打《むちう》ちの下でうずくまる生きものを発見することが、いかにふつうであるか。

東洋の実践的な心理学には、思考を追い出す力を――必要であればその場で抹殺する力を――**習得しなければならない**という傑出した教義を持つ流派があります。当然ながら、この技能を習得するには練習が必要ですが、そのほかの技能と同様に、一度身につければ、なんの謎も困難もありません。練習してみる価値はあります。この技能を身につけて、はじめて人生がはじまると言ってもいいくらいです。個々の思考に支配されず、膨大な数と多様性と能力を持った群れ全体が自分のものとなり、望むところへ指示し、派遣し、使用できるようになれば、人生は、以前の状態に比べて、広大で壮大になり、以前の状態は、ほとんど生まれる前のことのように思えるかもしれません。ある思考を、当面のあいだ殺すことができれば、その時間を使ってなんでも好きなことをできるようになります。それゆえ、この力は非常に価値があります。さらには、精神的な苦悩から解放されるだけでなく（人生の苦悩の少なくとも一〇分の九は、これが占めています）、それまでまったく知らなかった精神的な仕事をする集中力を与えてくれます。このふたつは互いに関連しています。

物質には知性はありません。電子のエネルギーによって構成された石や鉄、木や果実も同じです。すべてはエネルギーで構成され、エネルギーは普遍的な物質で、そこからマインドはあらゆる物質をかたちづくります。マインドは唯一の知性です。マインドだけが永遠であり、この宇宙で至高の存在です。

その理解に達すれば、もう恐れることはありません。なぜなら、超意識は**生命**だけの創造主であると理解できるからです。死は現実のものではなく、単に生命が**不在**にしているだけで、生命自体はつねに存在しつづけます。太陽についての古いおとぎ話を知っていますか？　太陽は、地上に住む生きものたちが、ものすごく暗い場所を見つけたと話しているのを聞いていました。地獄のように暗い場所です。生きものたちは、そこがいかに暗くて恐ろしかったか口々に言いました。そこで、太陽はその場所を探しに出かけることにしました。生きものたちが言っていたとおりの場所へ行き、すみずみまで探しました。ところが、ほんのわずかな暗がりさえも見つけられなかったのです。太陽はもどってくると、地球の生きものたちに言いました――暗い場所なんてひとつも見あたりませんでしたよ。

理解という太陽が人生の暗がりをすみずみまで照らすとき、わたしたちは、善よりほかの原因も、創造主も、力も存在しないことに気づくでしょう。悪は実体ではなく、単に**善が不在にしている**状態です。そして、悪の原因がなければ、不幸な結果もありえません。悪の原因がないのですから、善だけが現実であり、力を持つことができるのです。善にははじまりも終わりもありません。そこから生じるのは、全人類への祝福だけです。善のなかには悩みも問題もありません。もし神（または善――このふたつは同義語です）が唯一の原因であるなら、唯一の結果は原因と同じでなければなりません。「万物は言によって成った。成ったもので、言によらずに成ったものは何一つなかった。」〔ヨハネによる福音書1章3節〕

この本を読むだけで満足してはいけません。使いましょう！　実践しましょう！　練習は、身体面よりも精神面の発達にはるかに重要です。正しい考え方をするための「日課の体操」を実践しましょう。あなたのマインドがどれほど遠くまで到達できるのか、どれほど無限のイメージを持つことができるのか、それを理解するためにマインドの手を伸ばしてください。病気、落胆、失敗、心配、恐怖といった古い考えをすべて吐き出しましょう。そして、無限の健康と強さ、無限の幸福と成功という息（思考）を、深く、長々と吸いこみます。健やかな体、立派な体格、輝かしい幸福、大きな成功など、よりよいものをつねに前方に見据えて練習します。この精神的な呼吸の練習を毎日つづけます。自分の思考をいかにたやすくコントロールできるかわかるようになるでしょう。どれだけ早くよい効果が表れるか気づくことでしょう。つねに考えなければなりません。いずれにしても、マインドが考えてくれます。思考は、よかれ悪しかれ、つねに構築されています。ですから、あなたを悩ませている恐れや心配、病気や欠乏などの思考をすべて吐き出し、実現してほしいと思うものだけを吸いこむようにしましょう。

Ⅷ

供給の法則

もう来ないと言う人はわたしを誤解している
ノックして、あなたが見つからなければ
毎日家のドアの前に立ち
覚醒《かくせい》と戦いと勝利の到来を告げる。
過ぎ去った貴重な機会を嘆くなかれ
衰えた黄金の時代を嘆くなかれ
毎晩、わたしはその日の記録を燃やす――
日がのぼれば、すべての魂は生まれ変わる！

――ウォルター・マローン

競争したり、全力で長時間働いたり、長距離を泳いだりした経験はありますか？　走りはじめてすぐに、疲れを感じだしたことを覚えていますか？　長距離を走る前に、もう限界だと思いませんでしたか？　しかし、走りつづけているうちに第二の風が吹き、疲れが消え、筋肉がエネルギーで鼓動し、文字どおりスピードと持久力がチャージされたようにも感じませんでしたか？

人間のなかには、平均的な一般人がまったく知らない大きなエネルギーが蓄えられています。ほとんどの人は、低速ギアで車を運転する人のようなもので、レバーを動かすだけで高速ギアにセットできることも、単に車のスピードをあげるだけでなく、はるかに少ない電力消費で運転できることも知りません。

宇宙の法則は、供給の法則です。その法則はいたるところで見ることができます。自然はすべてにおいて出し惜しみすることはありません。

夜に天を見あげてください。そこには無数の星があり、何億という世界があり、何百万という太陽があります。これらすべてをイメージしたマインドは、たしかに富や豊かさに不足はないでしょう。そこに制限がはいりこむ余地はありません。まわりに生えている植物を見てください。自然は、低木や樹木がその成長と栄養のために必要とするものをすべて供給します。鳥や野生動物、爬虫類《はちゅうるい》や昆虫、海の魚など、さまざまな動物の生態を見てください。

自然は必要なものをすべて気前よく供給します。自然が惜しげもなく差し出すものを、あなたは利用するだけでよいのです。石炭、鉄、石油、あらゆる金属など、世界のすべての天然資源を考えてみてください。どれもふんだんにあります。石炭や石油の枯渇が叫ばれていますが、使用できる石炭は人類が何千年も暮らせるほどありますし、ほとんど手つかずのままの広大な油田があり、おそらくまだ発見されていない油田もあるでしょう。また、それらがすべて枯渇しても、頁岩《シェール》から抽出される石油が、はるかに長い年月にわたって世界へ供給されることでしょう。

豊かさはすべての人へまんべんなく行き渡るほどあります。しかし、「第二の風」の資源に到達するためには、精いっぱい励まないといけないように、自然のなかの供給の法則を実現するためには、努力する必要があります。

世界はあなたのもの

それはあなたの財産ですから、単に生きていくためだけでなく、あなたが望むあらゆる善良なものを援助してもらうのは当然のことです。ただし、**要求**しなければなりません。何も恐れず、何も心配せず、立ちどまる必要もありません。コロンブスのような信念を持たないといけません。コロンブスは未知の海を渡り、反乱を起こした乗組員が、自分のこともコロンブスのことも信じられなくなったあとも任務を遂行し、**もう一方の半球を発見しました**。ワシントンのような信念を持たないといけません。敗北し、信用を失い、支持者たちからほとんど見捨てられてもなお揺るがず、**アメリカに新しい自由をもたらしました**。あなたは支配しなければならず、萎縮《いしゅく》してはならず、供給の法則を適用しなければなりません。

「野原の花がどのように育つかを考えてみなさい。」〔ルカによる福音書12章27節〕。花も鳥も、すべての創造物は絶え間なく活動しています。木や花は成長し、鳥や野生生物は巣を作り、栄養を得るためにつねに作業しているのですが、**けっして心配しません。**「あなたがたの天の父は、これらのものがみなあなたがたに必要なことをご存じである。」〔マタイによる福音書6章32節〕。「そうすれば、これらのものはみな加えて与えられる。」〔マタイによる福音書6章33節〕

もし、すべての人が心配することをやめ、勤勉でありながら、けっして結果を心配しないことに同意するなら、それは人類の進歩における新しい時代のはじまりを意味し、自由の時代、束縛からの解放の時代となるでしょう。イエスは、つぎのように普遍的な供給の法則を示しました。「だから、言っておく。自分の命のことで何を食べようか何を飲もうかと、また自分の体のことで何を着ようかと思い悩むな。……何よりもまず、神の国と神の義を求めなさい。**そうすれば、これらのものはみな加えて与えられる。**」〔マタイによる福音書6章25、33節〕

この「神の国」とはなんでしょうか？

イエスは、「神の国はあなたがたの間にある」〔ルカによる福音書17章21節〕と言いました。それは、イエスが折にふれて口にした「あなたのなかの父」です。それは、マインド――超意識のあなたの部分です。「何よりもまず、神の国と神の義を求めなさい」。まず、あなたのなかにあるこの力を理解することを求め、それと接触することを学び、それを使うことを学ぶのです。「そうすれば、これらのものはみな加えて与えられる」すべての富はマインドに由来します。富はアイデアにあり、お金にあるのではありません。お金はアイデアの物質的な交換媒体にすぎません。ポケットのなかの紙幣は、それ自体では大量のロシア・ルーブルほどの価値もありません。その背後にあるアイデアが価値を生むのです。工場の建物も、機械も、材料も、その背後にある製造や販売のアイデアがなければ、それ自体に価値はありません。工場が崩壊し、機械が錆《さ》びていくことがありますが、それは、背後にあるアイデアがなくなったからです。工場や機械は単なる商売道具にすぎません。それを動かすのは、背後にあるアイデアです。

ですから、外側に豊かさを求めてはいけません。自分のなかにあるものを探しましょう。「神の国はあなたがたの間にある」。それを使うのです——**意図的に！**　建設的に**考える**ために使うのです。記憶力を鍛えているだけなのに、**考えている**などと言わないように。デュモンが著書の『The Master Mind（マスター・マインド）』のなかで述べているように、「記憶の流れが意識のフィールドを流れるのを許しているだけで、自我は土手の上に立って、過ぎ去る記憶の水をぼんやりながめています。これを〝思考〟と呼ぶ人もいますが、実際には思考のプロセスは進行していません」。

それはまるで、山小屋のそばの木陰にすわっている老登山家のようです。長い時間をどう過ごすか尋ねられると、「いいかい、ときにはすわって考え、ときにはただすわっているんだよ」と言いました。

デュモンは、別の作家のことばを引用して、つぎのように言っています。

わたしが「考える」ということばを使うとき、それは**目的を持って考えること、つまり問題を解決するために考えること**という意味です。若いころ、数学の問題解決に追われたり、大学で心理学に取り組んだりしたときのような思考です。ここでいう「考える」とは、断片的に考えることでもなければ、あれこれと小むずかしい意見を言うことでもありません。狭い個人的な利益の範囲にとどまらない、重要な問題について考えることです。これこそいま、きわめて希少で、とても必要とされている思考なのです。

神の王国は、思考や達成、健康や幸福、そして繁栄の王国でもあります。「わたしが来たのは、羊が命を受けるため、しかも豊かに受けるためである。」〔ヨハネによる福音書10章10節〕

しかし、それを**得よう**としなければなりません。熟考するだけではいけません。どうすれば新しい世界、新しい方法、新しいニーズを発見できるか、建設的に**考える**必要があります。偉大な発見というものは、だれもが**見たことがある**が、たったひとりだけ**気づいた**ものから生まれます。最大の富は、多くの人にめぐってきたが、たったひとりが**つかんだ**機会から生まれます。

何百万人もの男女が、貧困と悲惨さ、病気と絶望のなかで人生を過ごしているのはなぜでしょう？　それは主に、貧困を恐れるから現実になるのです。イメージした貧困、悲惨さ、病気が、現実にもたらされます。第二に、多くの人が最初に取り組む代数の問題を解くことができないのと同じ理由で、供給の法則を実証できないからです。解き方は簡単ですが、その方法を示されたことがないので、法則を理解していません。

　この法則の本質は、豊かさを**考え**、**見て**、**感じ**、**信じる**必要があるということです。マインドに制限の思考をはいりこませないように。あなたの願望が正当であれば、マインドに関するかぎり、豊かな満足が得られないものはありません。マインドにイメージすることができれば、日常生活で実現することができます。

「いかに幸いなことか／神に逆らう者の計らいに従って歩まず／罪ある者の道にとどまらず／傲慢な者と共に座らず……その人は流れのほとりに植えられた木。ときが巡り来れば実を結び／葉もしおれることがない。その人のすることはすべて、繁栄をもたらす。」〔詩編1章1、3節〕

　心配せず、うたがわず、芽が出たかどうかたしかめようと、繁栄と成功の種を掘り返さないように。信じましょう！　新たな願望で種に栄養を与えましょう。マインドのなかに願望のイメージをとどめます。それを信じます。たとえ不幸に見舞われようとも、未来が暗澹《あんたん》たるものに見えようとも、恐怖心は捨て去ります。未来は自分で切り開くものです。自分を抑えつける力は自分以外にありません。目標を定めましょう。あいだにある障害は忘れましょう。途中の困難のことは考えません。マインドの目が見据える目標だけを持ちつづければ、勝ちとることができます。

トロワード判事は、著書の『Edinburgh Lectures on Mental Science（精神科学に関するエディンバラ講義）』のなかで、その方法を示しています。

そこで最初のステップは、超意識を、自分に対しても他人に対しても、そうあってほしいと望むすべての理想像として思い描くようにすること、そしてその理想像を、たとえ不完全であっても、自分自身の生活のなかで再現する努力をすることです。そうすれば、超意識のことを、あらゆる善を与えてくれ、すべての危険から守ってくれ、さまざまな助言で導いてくれる、つねにそばにいる友としてとらえられるようになります。同様に、すべてのニーズを満たす献身的な力として超意識をとらえるならば、その特性も印象づけるべきです。主観的なマインドの法則によって、超意識はわたしたちが信用したとおりに、特別な摂理の一部を実行するようになるでしょう。一般的な関心ごとに加えて、特別な利益を自分に引き寄せたい場合も、超意識に願望を印象づけるときと同じルールが通用します。このように、哲学の最も深遠な問題はわたしたちを、「求めなさい。そうすれば、与えられる。探しなさい。そうすれば、見つかる。門をたたきなさい。そうすれば、開かれる。」〔マタイによる福音書7章7節〕という古い法則に立ちもどらせます。これは、神とわたしたちとの関係における自然法則を要約したものです。このように、みずからの意志で人生を作りあげることを精神科学が可能にすることは、ひとりよがりの自慢ではありません。さらには、この法則に限界はありません。きょうできることは、あすもできます。そして永遠というおぼろげな展望のなかで見えない未来においても。**限界を信じることが、限界を引き起こす唯一無二のものです**。そう信じることで創造の原理に限界を印象づけるからです。その思いを捨て去れば、境界は拡大し、豊かな人生とあり余るほどの祝福を得られるでしょう。

あなたは、どこかの会社からわずかな報酬をもらうためだけに働いているのではありません。あなたは大きな計画の一部です。そして、あなたがすることは、最終的な結果に関係しています。その場合、あなたは超意識のために働いていると言え、そして超意識は、最も寛大な主計官です。すべてのよいことのために超意識に頼れることを思い出してください。あなたがいる**場所**に、あなたが必要とする**もの**が供給されます。

ある状況を望んでいますか？　目を閉じて、どこかに、すべての人のなかであなたが最も適任で、あなたの能力に最も適したポジションがあることを実感します。そのポジションで最大限の善を尽くすと、こんどは人生から最大限のものが提供されます。このポジションがどこにあるかを超意識が正確に知っていること、そして潜在意識を通してあなたも知ることができることを実感します。それが**あなたの**ポジションであること、あなたを**必要としている**こと、あなたに属していること、あなたがそれを持つことが正しいこと、あなたにその権利があることを実感します。毎晩、ほんの一瞬でもいいので、この考えをマインドにイメージします。このポジションがどこにあり、どうやって接触すればいいのか、潜在意識が必要な情報をすでに**得られた**と理解しながら眠りにつきましょう。いいですか、**得られる**ではなく、**得られた**です。本気で実感すれば、あすという日が太陽をもたらすように、あなたにそのポジションを――そのポジションにあなたを――確実にもたらすでしょう。供給の法則を作動させれば、得ようとしているものが、向こうからあなたを探しにくることがわかります。

自分がやりたいと強く思うことは、なんでもできるという確信を、自分のマインドのなかにしっかりと刻みつけます。機会が不足することはありません。たった一度の機会などというものはないからです。限りも終わりもない機会の法則のもと、自分のためにその法則を必要なだけ広く行使することができます。機会は無限であり、つねに存在しています。

バートン・ブレイリーは、「機会」に関する詩のなかで、そのことをうまく表現しています。

最高の詩は、まだ韻も踏まれていない
最高の家は、まだ図面も引かれていない

最高の頂は、まだ踏破されていない
最強の川には、まだ橋は架けられていない。
だから、気弱な人よ、心配も悩みもしなくていい
チャンスははじまったばかり
最高の仕事はまだはじまっていない
最高の作品はまだ完成していないのだから。

知性を求め、知ろうとする意志を阻むものは何もありません。はじめることが肝心です。ローマ帝政末期の詩人アウソニウスは言いました。「仕事をはじめよ。はじめるということは前半を完成させることだ。後半が残っている。もう一度はじめれば、仕事は完了する」。取り組む仕事がどんなに小さくても、あるいは重要でないように思えても問題ではありません。それは超意識のなかで大きな位置を占めるかもしれません。あなたの隣人の、世界の目で見るととても大きく思えるポジションよりも。うまくすれば、超意識はあなたと協力して取り組みます。

とはいえ、ひとつの仕事、ひとつの業種に限定される必要はありません。人は全地球を支配する力を与えられました。「神は言われた。『我々にかたどり、我々に似せて、人を造ろう。そして海の魚、空の鳥、家畜、地の獣、地を這《は》うものすべてを支配させよう。』」〔創世記1章26節〕

すべてのエネルギー、すべての力、あなたの人生に影響を及ぼしうるすべてのものは、思考の力を通じてあなたの手のなかにあります。神──善──が唯一の力です。あなたのマインドは、神のマインドの一部です。「わたしの内におられる父が、その業を行っておられるのである。」〔ヨハネによる福音書14章10節〕

ですから、自分の能力を制限しようとして、その力に制限を加えてはいけません。あなたは何にも束縛されることはありません。希望や夢はすべて叶《かな》えることができるのです。あなたには、全地球を支配する力を与えられていないのですか？　ほかのだれかがこの支配権を奪うことができるのですか？

このところよく耳にする謎めいた超能力は、どれもごく自然なものです。超能力は、わたしにもあなたにもあります。ただ、その力を発揮し、あなたの忠実な召使いであることを証明することが許されるときを待っているのです。

「恐れることはない。」〔マタイによる福音書14章27節〕。あなたが受け継いだものを要求するのです。すべての知恵と力を供給する超意識はあなたのマインドです。限りのない供給の法則という理解に従っているかぎり、じゅうぶんに実証することができます。「あなたがたの信じているとおりになるように」〔マタイによる福音書9章29節〕

『アドバタイジング・アンド・セリング・フォートナイトリー』誌に、つぎのような一節があります。

アメリカにおける、前世代の莫大《ばくだい》な富のほとんどを分析すれば、それらが偉大な信念の上に成り立っていることがわかります。ある人は石油を、別の人は土地を、また別の人は鉱物を信奉していました。

今日築かれている富もまた、偉大な信念の上に成り立っています。しかし、そこにはちがいがあります。それは、信念の重点が変わったという点です。製品や機会に対する信念が必要なのは、いまもむかしも変わりありませんが、それに加えて、大衆に対する信念が必要です。ヘンリー・フォードやH・J・ハインツが持っていたような、大衆に対する最大の信念を持ち、その信念を明確にした者が、最大の富を築くことができるのです。

求められている人

多くの人を悩ませる問題があります。いまの仕事にこだわるべきか、それとももっといい条件を求めてすぐにでも動き出すべきか。その答えは、あなたが何をめざしているかによってまるでちがってきます。まずは目標を設定することです。あなたがほしいものはなんですか？　専門職？　政治的な官職？　重役のポスト？　自分のビジネス？

どのポジションでも、つぎの三つのことを得られるはずです。

1. 当面のあいだのまずまずな給料。
2. 将来的に利益を生むような知識、訓練、経験。

3．目標達成をあと押しする名声や知人。

この三つの基準で働き口を判断してください。しかし、低い給料だからといって、貴重な訓練のチャンスを見逃さないように。とはいえ、最新の技術に関係していれば、学ぶという利益をもたらし、それに見合った給料も得られると考えてまちがいないでしょう。

一つひとつの仕事を長くつづけて、そのなかにある情報を残らず取得します。その先の仕事を学ぶのにじゅうぶんな期間、仕事をつづけましょう。その先の仕事にすぐに空きができそうになければ、どこかほかの場所でそれに対応する仕事を見つけることです。

前進あるのみ！　前へ前へと進みましょう。たまに昇給する程度で満足してはいけません。毎日何かを学びます。仕事において、自分の知識や能力の貯蔵庫にそれ以上追加できなくなったら、それは後退であり、移動するべきときです。可能であれば、所属する組織のなかで上へ上へと移動していきます。とにかく移動しましょう。

実際の給料は、マインドに加える知識と能力に比べれば、その重要性は取るに足りません。充実した貯蔵庫があれば、給料や富はすぐにあとからついてきます。しかし、いくら給料が高くても、それを支える知識が自分のなかになければ、長つづきはしません。

それは、妙齢の女性が結婚相手を探すときに似ています。大金持ちで頭が空っぽな人を選ぶことも、お金はないがたくさんの能力を持っている人を選ぶこともできます。前者の場合、楽しい時間は少しのあいだだけ、最後は離婚裁判になるか、価値のない若い

「遊び人」に入れあげて、生活に不自由することになります。もう一方は、スタートは厳しいが、まじめで勤勉で、「到達した」夫とともに家庭を築き、幸せを手に入れることができそうです。

お金は結婚の際に考慮するべきことですが、けっしてそれだけを考慮してはいけません。もちろん、お金も頭脳もない相手を選ぶのは簡単なことです。しかし、お金か頭脳かどちらかを選ぶのであれば、つねに頭脳を選ぶことです。財産はマインドに比べれば取るに足りないことです。探究心や機敏なマインドがあれば、財産はいくらでも手にはいります。しかし、マインドのない財産は無に等しいものです。若いカップルに最もいいことが起こるのは、十中八九、ほぼ何もないところから出発して、ともに力を合わせて救済策を講じていく場合です。

あなたが人生でいちばんほしいものはなんですか？　それは富でしょうか？　自然がいたるところに惜しみなく差し出している豊かなものを、使えるだけ持っている自分を想像してみてください。それを使って何をしますか？

しばしのあいだ白昼夢を見ましょう。その豊かさを**いま**、自分が**持っている**と信じるのです。マインドのなかでお金持ちになる練習をします。憧《あこが》れの高級車を運転し、夢見ていた家に住み、身なりもよく、価値ある生活に欠かせない品々に囲まれている自分を思い浮かべてください。マインドの豊かさには限りがないことがわかっているので、自分のものであるお金を、どこからさらに出てくるのか心配することなく、贅沢《ぜいたく》に使っている自分を思い浮かべてください。成したいことをすべて成し、生きたいと思う人生を生き、たいせつな人たちを自分が面倒見たいと思うとおりに養っている自分を思い浮かべてください。マインドの目でこれらすべてを**見る**のです。その瞬間は、それが真実であると**信じる**のです。そう遠くない未来に、すべてが真実になることを**知る**のです。そこからありったけの喜びと楽しみを得ましょう。

それが、夢を実現するための**第一歩**です。マインドのなかでモデルを作ります。恐れや心配で壊してしまわなければ、マインドは日々の生活のなかにそのモデルを再創造するでしょう。

「父が持っておられるものはすべて、わたしのものである。」〔ヨハネによる福音書16章15節〕とイエスは言いました。そして、天と地を一瞥《いちべつ》すれば、神がすべての富をふんだんに持っていることがわかるでしょう。精神の手を伸ばして、これらの善の贈りものを自分自身にふさわしいものにするのです。それを物理的に楽しむ前に、精神的にそれをおこなう必要があります。シェイクスピアは、「体を豊かにするのは精神」と説いています。

ほしいものを、**すでに自分のもの**として見るのです。それらは必要なときにやってくると理解します。そして、自分のほうへ向かってくるようにします。悩んだり心配したりせず、それが**欠けている**ことを考えてもいけません。それは**自分のもの**だと、自分に**属するもの**だと、すでに得られたものだと考えます。

お金は、マインドのなかの水車を動かす水だと思ってみましょう。あなたはつねに、世界が必要とするアイデアを引き出しています。あなたの考えや計画は、大きな計画にとって必要なものです。お金は力を与えてくれます。しかも、お金は**あなた**を必要としています。お金が世のなかの役に立つ前に、あなたのアイデアを必要としています。ナイアガラの滝は、川岸に並ぶ発電所なしにはなんの役にも立ちません。ナイアガラの滝は、力を利用するために発電所を必要としています。それと同じように、お金が世のなかの役に立つためには、あなたのアイデアが必要です。

ですから、お金が必要だと考えるのではなく、お金のほうがあなたを必要としていることに気づいてください。お金というのは、使いみちがなければただの無駄なエネルギーです。あなたのアイデアが出口となり、お金が何かを成すための手段となります。お金はそのような出口をいつも探しているので、安心して自分のアイデアを開発してください。アイデアが完成すれば、意識して努力しなくても、疑念と恐怖で経路を塞《ふさ》がなければ、お金はあなたのほうへ引き寄せられるでしょう。

ホレス・グリーリーは、「まず何かいいものを手に入れ、そして宣伝せよ！」と言いました。まず、世界が必要とする何かを手に入れることです。それが唯一の忠実な、関心のあるサービスであっても——それから願望の経路を開けば、お金はあなたのもとへ流れこんできます。

そして、提供するものが多ければ多いほど、それに応じて富があなたへ流れこんでくることを忘れないでください。お金は使われる以外に価値はありません。

お金持ちが攻撃されるのを新聞や雑誌で何度も見たことがあるでしょう。お金持ちに反対する記事や社説、お金持ちを批判する煽動《せんどう》家たちの長広舌を読んだり聞いたりしたことがあると思います。しかし、なかでもいちばん裕福な人物であるヘンリー・フォードに対して、ひと言でも反論する声を聞いたことがありますか？　わたしはありません。なぜでしょう？　ヘンリー・フォードが考えるお金とは、より多くの仕事を提供し、より多くの快適さや楽しさを、より多くの人々の生活にもたらすもの、つまり**使われるべきもの**だからです。

だからフォードのところにはお金が自由に流れこんでくるのです。だからフォードは人生から多くのものを得ることができるのです。そしてそれは、あなたも無限の供給とふれあうことができる方法でもあります。あなたが求めるべきはお金ではなく、お金を世のなかの役に立つように使う方法であることを理解してください。必要なものを見つけましょう！　あらゆることを、「これはどうしたら改善できるだろう。これはどんな新しい使い方ができるだろう」と考えながらながめます。そして、その方法を見つけたとき、お金はあなたのほうへ、あなたを通して自由に流れてくるとすっかり確信して、必要なものを供給することに着手します。自分の役目を果たせば、あとは手段を提供する超意識に安心して頼ることができます。

「自分がやりたいと思うことは、どんなことでも正しくできる」という明確な信念を、マインドにしっかりと刻みつけます。それから目標を設定し、すべての仕事、すべての学習、すべての付き合いを、その目標への一歩にすることです。ふたたびバートン・ブレイリーの詩を引用します。

ほしくてたまらないものがあるのなら
そのために戦いに出向き
そのために昼も夜も働き
時間や平安や眠りをあきらめ
もしほんとうに望むのなら
夢中になり
けっして飽きることなく
ほかのものはすべて卑しく取るに足らなくなり
それなしでは人生が空虚で無意味に思えるならば
計画し、夢見るのは、すべてそのことで
そのために喜んで汗をかくならば
そのために気をもみ、計画し
そのために神や人間への恐れを一切失くし
求めるものをただひたすら追い求めるのであれば

能力、体力、賢さ
信仰、希望、自信、断固たる執念を貫き
冷たい貧しさも、飢えや衰えもなく
体や頭の病気や痛みもなく
ほしいものから遠ざけるものがないのであれば
根気強く頑強に、包囲し襲撃すれば
それを手にすることができる！

第4章

IX

成功の方程式

ある船は東へ、ある船は西へ
まったく同じ風が吹いていても。
進むべき道を決めるのは、
帆の向きであって、風ではない。
海の波が運命の道のように
わたしたちは人生を航海していく。
その目標を決めるのは、魂の向き。
凪《なぎ》でも嵐でもなく。

――エラ・ウィーラー・ウィルコックス

永遠の問いとは何か、考えたことはありますか？　その問いは、毎朝立ちあがり、あなたのような誠実な人の目を真っ向から見据えます。「どうしたらいまの状況を改善できるのか？」。これを現実問題として突きつけられ、解決するまで毎日あなたにつきまとうでしょう。

この章を注意深く読めば、人生の重要な問いに対する答えが見つかるでしょう。その問いは、給料日後の朝に、いまよりもっと多くの収入を得られたらと思う、あなたやすべての人が解決しなければならないものです。

第一に、すべての富は、マインド――思考――が唯一の創造主であるという事実をはっきりと理解することにかかっています。人生の一大仕事は、思考することです。自分の思考をコントロールすれば、状況をコントロールすることができます。

獲得の第一の法則が願望であるように、成功の方程式は**信じること**です。すでにそれは得られたと信じる――実際の事実として見る――ことで、あなたが望むものは、なんでもあなたのものになります。信じることは、「望んでいる事柄を確信し、見えない事実を確認すること」［ヘブライ人への手紙11章1節］です。

能力のうえで自分とさほど変わらないと、ひそかに思っている人が、一見不可能に思えることを成しとげるのを見たことがありませんか？　何年も絶望的な闘いをつづけてきた人が、突然、最もたいせつな夢を叶《かな》えるのを見たことがあるでしょう。そして、こんなふうに考えはしませんでしたか？「消えゆく野望に新しい命を与え、色あせた願望に新たな推進力を与え、成功の道へと新たなスタートを切らせた力はなんだったのだろう」

その力とは、信じること——信念です。だれかが、何かが、その人たち自身への信念と、勝つための力への信念を新たに与え、彼らは前へ向かって跳躍し、確実だと思われた敗北から成功をもぎ取ったのです。

サイレント映画の喜劇スター、ハロルド・ロイド主演の映画に、自分の影をこわがる田舎の少年の物語があります。土地の子供たちは、寄ってたかって少年をいじめていました。ある日、少年の祖母は、祖父が南北戦争のときに持っていたお守りを渡し、そのお守りは持ち主を無敵にしてくれるのだと言いました。このお守りを身につけているあいだは、何もおまえを傷つけることはできない、だれもおまえに立ち向かうことはできない、と祖母は言いました。少年は祖母を信じました。そして、町のいじめっ子が殴りかかってきたとき、少年はいじめっ子を地面に叩《たた》きのめしました。それはほんのはじまりにすぎませんでした。その年が終わる前に、少年は地域で最も大胆な精神の持ち主として評判になったのです。

やがて、祖母はもうだいじょうぶだと思い、少年に真実を告げました——実は「お守り」は道端で拾ったガラクタにすぎませんでした。必要なのは**自分を信じること**、自分はできるという信念だったのです。

ナポレオンのお守り

このような話はよくあります。自分ができると思うことしかできないというのは、確立された真実であり、作家が好んで使うテーマでもあります。何年か前に、ある芸術家の物語を読みました。主人公はいわゆる月並みな芸術家で、ウォータールーの野原を訪れたとき、偶然、地面に半分埋まったふしぎな金属の物体を見つけました。とても心を惹《ひ》かれたので、それを拾いあげてポケットに入れました。それから間もなく、その芸術家は急に自信がつき、自分が選んだ仕事についてだけでなく、どんな状況にも対応できる絶対的な信頼が生まれたことに気づきました。試しに、自分が**できること**を示そうと絵を描いてみると、すばらしい傑作が描けました。それに満足することなく、メキシコを基礎とする帝国を構想し、実際に反乱を起こし、すべてを巻きこんでいったのですが——ある日、彼はお守りをなくしてしまいました。**すると、たちまち何もかもが泡と消えてしまいました。**

この例は、**自分自身を信じることが重要である**ということを示すために紹介しました。自分のなかにある圧倒的な力を意識することで、あらゆることが達成可能になります。**自分ができると思っていることはなんでもできるのです**。この知識は文字どおり神からの贈りものであり、これによって人間のあらゆる問題を解決することができます。この知識によって、あなたは筋金入りの楽観主義者になることでしょう。これは幸福への開かれた扉です。正しいことはすべて得られると期待して、**この扉を開いておきましょう。**あなたには、あらゆる望ましいものを手に入れる権利があります。ですから、いいことばかり期待してください。勝利のあとに敗北がつづく**必要はありません。**物事がうまくいっていることを自画自賛するたびに、木にふれて災難よけのおまじないをする必要はありません。勝利のあとに勝利がつづくのは当然であるべきで、もしあなたが「キリスト・イエスにもみられるこのことを心がけ」〔フィリピの信徒への手紙2章5節〕れば、かならずそうなります。このマインドこそ、健康と命と無限の機会と報酬を意味します。あなたには限界はありません。ですから、いかなる制限も人生にはいりこませないように。マインドがあなたのためにしてくれることを忘れないでください。あなたのために山でさえも取りのぞいてくれるでしょう。

「十分の一の献げ物をすべて倉に運び／わたしの家に食物があるようにせよ。これによって、わたしを試してみよと／万軍の主は言われる。必ず、わたしはあなたたちのために／天の窓を開き／祝福を限りなく注ぐであろう。」〔マラキ書3章10節〕

あなたの思考、願望、目標、才能をすべて、倉——善の意識、無限の供給の法則——に入れれば、祝福を受けられます。じゅうぶんな供給を受ける権利があることを知るための理由はいくらでもあります。供給に関係するものは、どれも思考によるものです。手を伸ばし、マインドをひろげ、**無限の思考**、**無限の供給**を理解するよう努めましょう。供給は、ひとつかふたつの経路を通じてやってくるだろうと考えてはいけません。超意識が贈りものを送る手段をあなたが指示することはありません。あなたへ通じる道は何百万とあります。あなたの役割は、あなたが求めていること、切実な願望、自分の資源に対する限りない信念、そしてあなたの力になりたいという超意識の意思をマインドに印象づけることです。願望の種を植えましょう。熟した果実を明確にイメージしながら栄養を与えましょう。偽らぬ信念で水をやりましょう。しかし、手段は超意識にまかせます。

マインドを開きましょう。思考の道筋をクリアにします。みずからを受容の状態に保ち、つねに**いいことを期待する**心がまえを身につけます。知ってのとおり、あなたにはすべての善を得る基本的な権利があります。「あなたがたの信じているとおりになるように」〔マタイによる福音書9章29節〕

多くの人にとって問題なのは、楽なほうへ流れがちだということです。自分自身で道を切り開くより、群衆に従うほうがずっと簡単です。しかし、偉大な発見者、偉大な発明家、あらゆる分野の偉大な天才は、伝統を打ち破る勇気を持ち、前例を無視し、マインドができることには限界がないと信じ、知ったかぶりをする人々や、「できっこない」と頭ごなしに否定する人々から嘲笑《ちょうしょう》されながらも、目標を勝ちとるまで信念を貫いた人たちです。

しかも、一度の成功で満足しませんでした。最初の成功は、瓶から転がり出た最初のオリーブのようなものだと知っていたのです。一度成功すれば、そのあとはもっと簡単に成功できます。彼らは、自分たちが宇宙の創造的知性の一部であること、その一部は全体のすべての特性を共有していることを理解していました。そう認識することで、どんな正しいことでも努力する信念と、自分の能力の唯一の限界は自分の願望の限界であるという理解を得たのです。だからこそ、ふつうの成功で満足することはできませんでした。さらに成功するために進みつづけたのです。

エジソンは、電話や電灯を発明したとき、腰をおろしてひと休みしたりはしませんでした。数々のすばらしい業績は、新しい分野への道を開いたにすぎません。

あなたのマインドと超意識のあいだの経路が開けば、流れてくる富に制限はありません。いちばん興味のある特別なことに思考を集中させると、豊富なアイデアがなだれこんできて、目標を獲得するための道がいくつも開かれるでしょう。

しかし、どんなにすばらしい成功でも、一度で満足してはいけません。創造の法則は、成長の法則です。立ち止まるべからず。前へ進みましょう。さもなければ追い越されるだけです。自己満足は、達成の最大の敵です。つねに前を見据えていなければなりません。アレクサンドロス大王のように、つねに新しい世界を求めて征服しなければなりません。頼もしいことに、必要を満たす援軍がやってきます。供給源をマインドに求めれば、この力が失敗することはありえません。マインドが唯一失敗するとすれば、心配や恐れ、あるいは使われなくなることが原因です。

心理学者として有名なウィリアム・ジェームズは、「マインドは、やればやるほどできるようになる」と説いています。アイデアがエネルギーを放出するため、あなたはいまよりもっと、さらにいい仕事を**する**ことができます。いまよりもっと多くのことを**知る**ことができます。喜びや熱意といった正しい精神状態にあると、疲れを感じずにふだんの三、四倍の仕事をこなせたといった経験がありませんか？　疲れるというのは、肉体的な疲労よりも、むしろ退屈している状態です。仕事が楽しいと思えば、ほとんど無限に働けます。

一時間ほどの軽作業で疲れてしまうはずの病気がちの人や体の弱い人が、重責を担ったとき、突然仕事に本腰を入れ、その責任によって、強く、たくましくなっていく様子を見たことがありませんか？　危機は、予備の力を引き出すだけでなく、新しい力を生み出すことにも役立ちます。

できっこない

自分は役立たずだという考えに惑わされていませんか？　できっこないと何度も言われたので、できないと思いこんでしまっているのかもしれません。成功も失敗も、単なる心の持ちようだということを忘れないでください。できないと思いこめば、できません。**できる**と思えば、できるように**なります**。**それをしている自分の姿をイメージ**しなければなりません。

やられると思えば、やられる。
意気地がないと思えば、ない。
勝ちたいのに、勝てないと思えば
ほぼまちがいなく勝たない。
負けると思ったら、もう負けている。
世へ出ればわかるだろう
成功は、だれかの意志からはじまる
すべては心の持ちようだ。
多くの競争が失われる
競争がはじまりもしないうちに。
臆病《おくびょう》者は多く失敗する
仕事がはじまりもしないうちに。
大きく考えれば、行動が大きくなる。
小さく考えれば、後れをとる。
できると思えば、できるようになる。
すべては心の持ちようだ。
群を抜いていると思えば、抜いている。
上昇するには、高い志を持たねばならない。

褒美を得ようとするなら
まずは自分に自信を持つことだ。
人生の戦いは、かならずしも
強い者、速い者が勝つとはかぎらない。
しかし、遅かれ早かれ、勝つのは
勝てると思っている者だ。

自分の能力を正しく理解し、それを最大限に生かそうとすることと、攻撃的なエゴイズムとのあいだには、大きなちがいがあります。だれにとっても、自分を生かすために、自分を信じることが不可欠です。わたしたちはみな、何かしら売るものを持っています。それは商品かもしれないし、能力やサービスかもしれません。自分を信じなければ、買い手に額面と利息で買いとらせることはできません。失った顧客に対しては、脱落者に対する信仰復興論者《リバイバリスト》のように個人的に気にかけ、顧客を取りもどすために特別サービスを提供しなければなりません。夜に満足して眠るつもりなら、毎朝決意して起きあがらなければなりません。

世界じゅうのだれもが気分を高揚させてくれるものが大好きです。成功を勝ちとるために必要なものはただひとつ、マインドです。マインドが最高の能力を発揮するためには、元気と楽観主義で満たされなければなりません。ネガティブな気持ちのまま、いい仕事をした人はいません。最高の仕事をするのは、つねに明るく楽観的な気持ちのときです。

幸せな気質は、幸せで明るい思考の**結果**であって、**原因**ではありません。健康や繁栄は、主に楽観的な思考の**結果**です。パターンを作るのは**あなた**です。もし、あなたが周囲の世界に残した印象が、かすかで弱々しいものだとしたら、責めるべきは運命ではなく、自分の思考パターンです。臆病な考え方をしていては、勇敢で勇気のある態度はけっして育ちません。アザミからイチジクを集めることはできません。うたがったり恐れたりして妨げていては、けっして夢は実現しません。空中楼閣の基盤に、**理解**と**信念**を敷く必要があります。どんな仕事でも、成功の可能性はつねに自分自身への**信念**によって測ることができます。

あなたのまわりの環境は、がっかりするようなものですか？　別の場所だったらもっと簡単に成功できるのに、と思っていませんか？　あなたのほんとうの環境は、あなたのなかにあることを心にとどめておいてください。成功や失敗の要因はすべて、あなたの内側にあります。内なる世界を作るのは自分であり、それを通して外の世界を作るのも自分です。内なる世界を作る材料は、自分で選ぶことができます。過去に賢明な選択をしなかったとしても、いまふたたび構築しなおすための材料を選ぶことができます。人生の豊かさは、あなたのなかにあります。ふたたびはじめることができるかぎり、だれも失敗したことはないのです。

いますぐはじめて、自分ができると思うことをすべて**する**のです。だれの許可もいりません。どんなに立派な仕事でも、思考を集中させれば、達成することは可能です。自分はできるという確信が、思考に力を与えてくれます。幸運の女神があなたを待っています。大胆になってつかまえましょう。そうすれば、幸運は正真正銘あなたのものです。しかし、幸運の女神に対して萎縮《いしゅく》し、うたぐり、びくびくしながら近づいていけば、女神は軽蔑《けいべつ》しながらあなたを素通りするでしょう。幸運の女神は気まぐれな性分で、大胆さを好み、自信を称賛します。見極めが重要です。

あるローマ人は、一歩踏み出すだけで軍団が現れると自慢していました。そして、その大胆さゆえに、敵対する者たちを屈服させました。あなたのマインドも同じです。最初の一歩を踏み出せば、マインドは力を総動員してあなたを助けてくれるでしょう。しかし、まず肝心なのは、あなたが**はじめる**ことです。ひとたび戦いがはじまれば、真剣に攻撃し、一つひとつの障害に毅然《きぜん》と立ち向かえば、あなたの内と外のすべての力が手を差し伸べてくれるでしょう。しかし、まずは**あなた**がはじめなければならないのです。

「天はみずから助くる者を助く」というのは、人類と同じくらい古い真理です。実は、これはごくあたりまえのことなのです。潜在意識にはあらゆる力がありますが、意識は門の番人です。**意識**が扉をあけて、無限のエネルギーを放出するレバーを引かなければなりません。自分の力を理解し、それを適切な方法で根気よく使おうとするなら、人生における正しい目的の達成に失敗はありえません。

この世に名を残した人たちには、ある共通点があります。それは、**自分を信じていた**ことです。「でも」と、あなたは言うかもしれません。「価値のあることをまだ何も成しとげていないのに、手を出したものはことごとく失敗するように思えるのに、どうして自分を信じることができるのか」と。もちろん、信じることはできません。つまり、心の意識している部分だけに頼るのであれば、無理な話です。しかし、あなたよりはるかに偉大な人が言ったことを思い出してください。「わたしは自分では何もできない。ただ、父から聞くままに裁く。」〔ヨハネによる福音書5章30節〕

その同じ「父」があなたのなかにいます。父があなたのなかにいること、父を通じて正しいことをなんでもできると理解することで、必要な自分自身への確信を得ることができます。地球とそこにあるすべてのものには、すべての知恵と力と豊かさがあります。このマインドを呼び起こせば、あなたにとってむずかしすぎる問題はないことがわかります。そのことを**知ること**が、最初のステップです。信じることとです。しかし、聖ヤコブはこう言っています。「行いが伴わないなら、信仰はそれだけでは死んだものです。」〔ヤコブの手紙2章17節〕。ですから、つぎのステップへ進みましょう。人生でいちばん望むものをひとつ決めます。それがなんであろうと、マインドには——知ってのとおり——制限はありません。あなたが望むことをイメージします。それを見て、感じて、**信じるのです**。マインドの図面を作って**構築しはじめましょう**。

あなたのアイデアを笑う人がいたとします。理性が「そんなことできっこない！」と言ったとします。人々はガリレオを笑いました。ヘンリー・フォードを笑いました。理性は、数えきれないほどの年月、地球が平らであると主張してきました。理性は——あるいは多くの自動車技師が主張したように——フォードの自動車は走らないと言いました。しかし、地球は丸く、一億二〇〇〇万台目、一億五〇〇〇万台目のフォードは車道を走っています。

いますぐ、学んだ真理を実践してみましょう。あなたがいま、人生でいちばん望んでいることはなんですか？　その願望を思い浮かべ、集中し、潜在意識に印象づけます。

心理学者たちは、潜在意識に暗示をかけるには、五感が落ち着いて注意力が弛緩《しかん》している、眠る直前が最適であることを発見しました。そこで今夜、あなたの願望を潜在意識に提案してみましょう。前提条件は、切実な**願望**と、知的で理解力のある**信念**のふたつです。ある人が言いました。教育とは四分の三の励ましであり、励ましとはそれができるという暗示である、と。

あなたは、ほしいものを得られると知っています。あとはじゅうぶんに強く望み、それを真剣に信じればいいのです。ですから今夜、眠りにつく直前に、人生でいちばん望んでいることに思いを集中させてください。それはすでに得られたと**信じます**。すでに得られた自分の姿を**イメージします**。それを使っている自分の姿を**感じます**。

望んでいるものはすでに得られたと、**実際に信じる**まで、毎晩それを実行します。実際に信じることができたときに、**それは得られます**。

X　この自由

あなたたちは真理を知り、
真理はあなたたちを自由にする。

〔ヨハネによる福音書8章32節〕

このことばは、わたしが幼いころから耳にしていることばです。多くの人にとってもそうかもしれません。しかし、わたしにとってこれは、数年前までは単なる引用句にすぎませんでした。わたしがこのことばのほんとうの意味を理解しはじめたのは、ここ数年のことです。あなたにとっても、このことばは単なる耳ざわりのいいことばでしかないかもしれません。もしそうなら、わたしがこのことばから何を得てきたのか、興味を持ってもらえるでしょう。

そもそも、宗教の教えのなかでよく言われる「真理」とはなんでしょう。何についての真理なのでしょうか。そして、それは何からわたしたちを解放するのでしょう。

わたしがいま見ている真理は、わたしたちが人生で出会うすべてのものの根底にある現実です。たとえば、数学の問題には正解がひとつだけあります。その正解が、その問題に関するかぎり、真理です。正解を知ることで、あらゆる疑念や無駄な想像や誤りから解放されます。誤った方法で解くことで生じうる問題から解放されるのです。

それと同じように、あなたが直面するあらゆる状況を解決する**最良の**方法はたったひとつです。その最良の方法が、真理です。真理を知ることは、その状況に関連するすべての心配やトラブルからあなたを解放することです。というのも、真理が**正しい**方法で満たされると、いいことだけがもたらされるからです。

体についても同じです。体のなかのすべての有機体には、たったひとつの**正しい**アイデアがあります。それぞれにひとつの**正しい**方法です。そして、超意識がその**正しい**アイデア、その**正しい**方法を持っています。体の器官や、細胞と組織の再構築は、潜在意識の仕事です。そのモデルは完璧《かんぺき》であり、弱さや病気や変形は、単に完璧が**不在**にしているだけ——それ自体は現実ではない——という考えを潜在意識に持ちつづければ、つまり、あなたが自分の体に関する**真理**に気づけば、潜在意識はあなたをすみやかに自由にして、あらゆる病気から解放してくれるでしょう。

現在、どんな悩みをかかえているのかは重要ではありません。どんなふうに思えようと、それは真理のアイデアが不在にしているだけと**知る**ことができれば、超意識があなたの体について知っている真理だけが重要なのだと理解すれば、その真理はかたちとなって表れます。

善である真理を認めれば、悪は消滅します。それは、明かりをつけることと似ていて、暗闇はたちまち消え失《う》せます。闇には実体がなく、光が不在にしているだけだからです。病気や悪にも実体はなく、健康や善が不在にしているにすぎません。

それがイエスの精神であり、パウロの言う「キリスト・イエスにもみられるもの」〔フィリピの信徒への手紙2章5節〕です。

イエスは、「あなたたちは真理を知り、真理はあなたたちを自由にする。」〔ヨハネによる福音書8章32節〕と言明しました。その真理とは力であり、イエスはその力を行使しました。イエスは真理を完全に理解していたので、悪に対して絶対的な支配力を持ち、あらゆる性質の病気を癒《いや》し、死者さえもよみがえらせることができたのです。そのときイエスが行使した力は、イエスが生きた時代に限るものではなく、また直接の信者だけに制限されるものでもありませんでした。イエスは、「わたしは世の終わりまで、いつもあなたがたと共にいる。」〔マタイによる福音書28章20節〕と言いました。そして、イエスの力は、二〇〇〇年前に弟子たちが受けとったのと同じように、いまもわたしたちが受けとることができます。

「蛇やさそりを踏みつけ、敵のあらゆる力に打ち勝つ権威を、わたしはあなたがたに授けた。だから、あなたがたに害を加えるものは何一つない。」〔ルカによる福音書10章19節〕

その贈りものは、自分の弟子たちやどんなグループにも限定するものではありませんでした。神は、だれかへ特別に一時的な贈りものを与えたことは一度もありません。神は、**すべての**人に、受けとめるすべての人に、理解する心を持つすべての人に、贈りものを与えてくれます。

病気、貧困、悲しみはどれも、神の贈りものを正しくない用法で使った結果であり、贈りもの自体は本来いいものであったはずです。それはちょうど、問題を解決するために与えられた数字を正しくない場所に配置したようなものです。その結果は、不正確で調和がとれないものになるでしょう。これでは真実を表現しているとは言えません。しかし、数字を正しく並べ替えた途端に調和がとれ、正解が、**真実**が得られるのです。数学の原理にはなんの問題もなく、悪いのはわたしたちであり、数字を誤って配置したことが原因です。

数学の原理について言えることは、あらゆる原理についても言えることです。原理は不変であり、不滅です。原理に対する理解が深まるにつれて、その表現が変化するだけです。電気をコントロールできるようになるまで、雷は人間にとって恐怖でしかありませんでした。蒸気は、人間が利用することを学ぶまで、ただただ無駄でしかありませんでした。火と水の威力はすさまじいものですが、適切に利用すれば、人間にとって最大の助力者になります。神からの贈りものには、問題は何もありません――わたしたちが使い方を見つけ出すことができれば。真理は、その背後にある原理を見つけ出すことができれば、つねにそこにあります。数学の数字はけっして悪くありません。ただ、わたしたちがまちがって配置したにすぎないのです。

特に必要なのは、マインドを開くこと、そして理解したいという強い思いです。もし、二足す二は五という先入観を持って数学の研究に取り組み、何を聞いても信念を曲げないとしたら、数学の分野でどれだけの成果をあげることができるでしょう。「はっきり言っておく。心を入れ替えて子供のようにならなければ、決して天の国に入ることはできない。」〔マタイによる福音書18章３節〕。先入観や偏見は捨てなければなりません。「ああ、それはどうもいまひとつだ。そんなのはいらない」などと言ってはいけません。どんなにすばらしい運動でも、その背後に少なくともひと粒の真理がなければ、けっして大きくはなりません。そのひと粒の真理を求めるのです。マインドを開いて、真理のために目と耳を開いておきます。そうすれば、新しいことばや異なる解釈は、外側の殻にすぎないことがわかるでしょう。その下にある真理、「アブラハムが生まれる前から『わたしはある。』」〔ヨハネによる福音書８章58節〕キリストを見ることができるのです。

唯一の力

知恵、力、永続的な成功を求める者は、内面のみでそれらを見出《みいだ》すことができます。マインドが唯一の原因です。体は、潜在意識に印象づける思考のイメージによって、健康にも病気にもなります。病気の代わりに健康の思考を持ち、病気や腐敗の思考をすべて追い払えば、完璧な体を作りあげることができます。ニューヨークのウィリアム・

S・パッテン博士は、「マインドの組織を知り、理解し、マインドの働きを認識することが、健全な肉体の第一の条件であり、唯一の条件です」と述べています。

すべての病気はマインドからはじまります。疫病の記事を読んだり、病気をもたらすと教わった状況に遭遇したりしたときに、病気は意識のなかにはいりこむことがあります。また、幼い子供によく起こるように、周囲の人たちの恐怖や心配、伝染に関する考えが、潜在意識に暗示されることもあります。

しかし、いずれにせよ、そのはじまりは**恐怖**です。意識的にせよ無意識にせよ、自分が恐れている病気をイメージし、それが思考の前に置かれているため、そのモデルに従って体が作られるようになるのです。あなたは、病気は必然であり、ある程度は覚悟しておかなければならないと信じています。毎日、病気のことを耳にし、少なくとも無意識のうちに、つねに病気に対する恐怖を感じています。同じ時間を**健康**の必然性を信じることに費やせば、病気のことを知る必要はなくなるのに、恐れることで病気を作り出しているのです。

神は病気を与えません。摂理の訪れではありません。もしそうだとしたら、病気を治療することになんの意味がありますか？　神の力には逆らえません。

神はわたしたちに、望ましいもの以外はけっして与えたことがありません。病気を与えたこともありません。わたしたちが病気にかかってしまうのは、神との接触を失ったからです。神がマインドにいだいている人間の完璧なモデルを失ったからです。わたしたちが努力しなければならないのは、その完璧なモデルに対する信念を取りもどすこと、思考のなかにある病気のイメージを忘れることです。

アレクサンドロス大王と名馬ブケパロスの物語を知っていますか？　その馬に乗れる者はだれもいませんでした。馬が自分の影におびえていたからです。しかし、アレクサンドロスは馬を太陽のほうへ向け、問題なく馬に乗ることができました。太陽のほうを向いていれば、影は後方へ伸びていきます。わたしたちの体の器官についても、完璧なイメージのほうへ顔を向けていれば、病気の影をけっして見ることはないのです。

わたしたちに風邪を引かせる菌は、すきま風にはいません。風雨にさらされたところで、熱や肺炎を引き起こす細菌は存在しません。それらを自分にもたらすのは、あなた自身です。すきま風は、このことを理論的に考えることはできません。あなたの体もそうです。どちらも物質がとった状態のひとつにすぎず、知性はありません。すきま風にさらされたから風邪を引くのだと教わってきたあなたの意識が、潜在意識にそう暗示して風邪を引かせるのです。

風邪を引いたと判断する前に、この風邪を引いているのはだれなのか、みずからに問いかけてみてください。鼻であるはずがありません。鼻には知性がないですから。潜在意識が指令したことをするだけです。それに、首元にすきま風が吹きこんでくることを、どうやって鼻が知るのでしょう。鼻でないとしたら、何が風邪を引いたと決めるのでしょう。唯一可能性があるのは、マインドです。では、マインドが風邪を引いたと決めるのなら、風邪を引くことも止められるはずです。プロセスを逆向きにしてみましょう。風邪や熱のイメージを潜在意識の前に掲げるのではなく、健康や生命や強さだけを考えるようにします。どうやって風邪を引いたのかを思い返し、風邪を引いたという確信を強めるのではなく、風邪の存在を否定して、風邪を生じさせる創造的能力の基盤を取り払いましょう。潜在意識には、超意識のなかにある鼻と頭と喉《のど》の完璧《かんぺき》なアイデアだけを送りこみます。意識が持つ幻想のアイデアの代わりに、そのパターンに真理を使えるようにしましょう。

あらゆる種類の病気や疾患は、もっぱらまちがった考え方がもたらした結果です。存在することの第一の法則は、健康と生命の法則です。このことを認識し、マインドの目の前に完璧な身体、完璧に機能する器官だけを置けば、みずからを自由にする真理が実現するでしょう。

ファーンズワースの『Practical Psychology（実践心理学）』に、ある医師が何年も自宅では食事制限をして生活していたことが書かれています。その医師は年に一度、一週間ほどニューヨークを訪れます。そのあいだは、好きなものをなんでも食べますが、少しも不都合を感じることはありません。家へ帰ると、また元の食生活にもどります。その医師は、食事制限をしないと病気になると思っていて、そして実際に、**病気になります**。「彼はその欲望が示すとおりの人間だ。」〔箴言《しんげん》23章7節〕。人は思ったとおりのものになり、これは特に健康にかかわる場合にあてはまります。物質には感覚はありません。

意識が痛みを生じさせ、感じ、行動したり行動を妨げたりするのです。

機能障害は、ある種の暗示が潜在意識にはいりこみ、そこにとどまることで起こります。肉体的な原因ではなく、精神的な原因、つまり、まちがった考えによるものです。機能障害は、消化不良、うつ病、心臓の動悸《どうき》など、一〇〇種類以上の症状が現れますが、こうした不調の根本はマインドにあります。体には機能的な問題は何もありません。マインドのイメージがおかしくなっているのです。イメージを変えれば、体も治ります。

運動が盛んで日課としている人も多いこの時代に、体ではなくマインドにこそケアが必要だというのは、現実的ではないように思えるかもしれません。しかし、わたしよりはるか前に、それを提案した人がいます。

ロンドンで大成功をおさめているある医師が、体操は益よりも害が多いと説いています。その説によると、体の健全な発育に必要な運動は、あくびとストレッチだけだそうです。

そこからさらに踏みこんで、わたしは、体の健全な発育に、**運動は不可欠ではない**と提案します。唯一の原因はマインドですから、運動の主な利点は、運動をするときに、潜在意識に自分の理想とする姿のイメージを印象づけることです。その精神的なイメージが結果をもたらします。

運動しなくても、なりたい自分の姿をマインドに思い描き、それを強く望み、それを得られたと**信じる**ことで、同じ結果が得られます。

体のすべての器官に対して、超意識にひとつの正しい考えがあると知ることで、完全な健康を勝ちとることができます。この正しい考えは完全で不死であること、それを潜在意識にイメージするだけで、体に表れるのを見ることができます。**これはあなたを自由にする真理です。**

XI

引き寄せの法則

人生は王と奴隷の鏡なのだから。
重要なのは、自分がどうあるべきか、どうするのか。
あなたの持っている最高のものを与えると
世界から最高のものが返ってくる。

――マデリン・ブリッジズ

「最もよく奉仕する者、最も多く報いられる」という古い格言は、単なる利他主義ではありません。
あなたのまわりを見てください。どんなビジネスが流行《はや》っていますか？ どんな人が大成功をおさめていますか？　たまたま大金をつかんで、そのお返しに提供するものを気にかけない人たちでしょうか？　それとも、報酬よりも少しだけ大きな価値を、少しだけ多い仕事を提供しようとつねに努力している人たちでしょうか？

秤《はかり》が均等に釣り合っている場合、どちらかにほんの少しの重さを加えても、もう一方に一トンの重さがかかるのと同じくらいバランスが崩れます。

同じように、ほんの少しいい価値、ほんの少し余分な努力は、その人やビジネスを、群衆のなかの大男のように、おおぜいの平凡な人々から目立たせ、ほんの少し追加した努力とはまるで釣り合わない結果をもたらします。

単に利他的にというだけでなく、善良でたしかな、かなりの大金が、必要以上に価値を与え、報酬よりも少し懸命に働くことで支払われるのです。そのほんのわずかな価値が重要です。

引き寄せの法則は、奉仕です。差し出したぶんだけ受けとります。それどころか、通常は、はるかに大きな割合で受けとります。「あなたのパンを水に浮かべて流すがよい。月日がたってから、それを見いだすだろう。」〔伝道の書／コヘレトの言葉11章1節〕

あらゆるものの背後には、宇宙の不変の法則――あなたは結果にすぎないというもの――があります。思考は原因です。結果を変えうる方法はただひとつ、最初に原因を変えることです。

貧困と欠乏のなかで生きている人々は、苦しみにばかりとらわれていて、欠乏と悲しみだけの思考が外へ表れているからです。そうした人たちは欠乏を期待して、マインドの扉を苦難や病気や貧しさだけに開いているのです。たしかに、よりよいものを望んでいるのですが、その希望は恐怖にかき消され、チャンスがめぐってくる余地がありません。

悪を期待しながら善を受けとることはできません。貧しさを探し求めながら、豊かさを実現することはできません。「多くを期待する者は幸いである。その魂はまさしく満たされるであろうから」。賢人は、その法則をつぎのようにまとめています。

散らしてなお、加えられる人もあり
締めすぎて欠乏する者もある。
気前のよい人は自分も太り
他を潤す人は自分も潤う。

〔箴言11章24－25節〕

超意識は、主に個人を通して自己を表現しています。絶えず出口を求めています。それはまるで、山の湧き水によって絶えず補充される広大な貯水池のようなものです。水路を開けば、水はますます大量に流れます。同じように、超意識があなたを通して自己表現できる奉仕の経路を一度開けば、その贈りものはますます大量に流れ、その過程であなたも豊かになるでしょう。

これが、偉大な銀行家を生み出す発想です。ある国が、発展のために何百万ドルもの資金を必要としています。その国の人々は勤勉ですが、仕事を生産的にするために必要な手段がありません。どうやって資金を調達するのでしょう。

そこで、銀行家のところへ行き、自分たちの問題を訴えます。銀行家は自分ではお金を持っていませんが、どこでどうやって資金を調達するかは知っています。外国の支払い約束（すなわち、その国の債券）を、投資するお金を持っている人々に売るのです。これは単なる奉仕です。しかし、非常に貴重な奉仕なので、両者は喜んでたっぷりと報酬を支払います。

同じように、普遍的な供給と人間のニーズとのあいだに経路を開くことによって、あなたの隣人や友人、または顧客に奉仕することによって、あなた自身がかならず利益を得るのです。経路をひろげればひろげるほど、つまり、より大きな奉仕や、よりよい価値を提供すればするほど、あなたの経路を通してより多くのものが流れるようになり、それによって、より多くの利益を得られるようになります。

しかし、自分の才能を生かそうと思ったら、**使う**必要があります。たとえ奉仕が小さなものでも、使うことで大きくなります。独房に閉じこもって祈る必要はありません。それは利己的な方法です。自分の魂のために、その他すべてのものを排除する利己的な関心です。単なる自己否定や禁欲主義は、だれの役にも立ちません。神から与えられた才能を**使って**、あなたがこの世にいることで、世のなかがよりよくなるように、何かを**する必要があります**。

聖書に、「タラントンのたとえ」という話が出てきます。主人から預かったタラントンを使わずに隠しておいた者は、タラントンを取りあげられ、預かったタラントンを元手に商売をして倍に増やした者は、多くの仕事をまかされることになりました。

このたとえ話は人生のすべての法則を表現していると、わたしはつねづね思っています。唯一の正しいことは、善の力をすべて利用することです。唯一の誤りは、それを無視したり乱用したりすることです。

「あなたの神である主を愛しなさい。これが最も重要な第一の掟《おきて》である。」〔マタイによる福音書22章37－38節〕。主があなたの手に置いた、いいもの（たとえ話の「タラントン」）を最大限に活用することで、あなたの愛を示さなければなりません。「第二も、これと同じように重要である。『隣人を自分のように愛しなさい。』」〔マタイによる福音書22章39節〕。あなたに惜しみなく与えられたいいものを、隣人に対して悪用してはなりません。むしろ、隣人があなたを扱うように隣人を扱う（愛する）べきです。あなたに関するいいものを、万人の利益のために使うべきです。

銀行家であれば、より多くのお金を稼ぐために、持っているお金を使わなければなりません。商人であれば、より多くの品物を買うために、持っている品物を売る必要があります。医者であれば、より多くの患者を受け入れるために、受け持ちの患者を助けなければなりません。事務員であれば、まわりの人よりも多く稼ぎたければ、人よりうまく仕事をしなければなりません。そして、普遍の供給からより多くを得たいと思うのであれば、自分が持っているものを、周囲の人々により大きな奉仕をするように使わなければなりません。

「あなたがたの中で偉くなりたい者は、皆に仕える者になり、いちばん上になりたい者は、皆の僕《しもべ》になりなさい。」〔マタイによる福音書20章26－27節〕と、イエスは言いました。つまり、偉大になりたいのなら、仕えなければならないのです。そして、最もよく仕える人は、すべての人のなかで最も偉大になるでしょう。

もっとお金を稼ぎたいと思うなら、自分のためにお金を求めるのではなく、どうしたらほかの人のためにもっと稼ぐことができるかを考えてみてください。その過程で、必然的に自分も多く稼ぐことができます。わたしたちは、与えることで得ることができます。ただし、最初に与える必要があります。

どこからスタートするかは問題ではありません。アルバイトからはじめてもかまいません。もらう給料よりほんの少し多く、エネルギーや仕事や思考を提供します。「だれかが、一ミリオン行くように強いるなら、一緒に二ミリオン行きなさい。」〔マタイによる福音書5章41節〕とイエスは言いました。自分の仕事に少し余分なスキルを使ってみてください。マインドを使って、あなたのために準備された仕事がなんであれ、それをもっとうまく成しとげるための方法を見つけます。一般的な労働階級から抜け出すのにそう時間はかからないでしょう。

思考によって改善されない仕事も方法もありません。ですから、自分の仕事には惜しみなく思考を注ぎましょう。もっと簡単に、もっと早く、もっとうまくできる方法はないだろうかと、つねに考えながら仕事をします。空いている時間は、自分の仕事や目の前の仕事に関係する資料にすべて目を通します。雑誌も本も図書館もあるこの時代、くわしく研究されていない職業はほとんどないと言っていいでしょう。

ロリマーの著作『この世で一番大切なことを言っておこう――ある商人の父より息子への20通の手紙』（小林薫《こばやしかおる》・小林豊《ゆたか》訳、麗澤《れいたく》大学出版会、二〇〇六年）のなかで、会社を経営するジョン・グラハムが自身の良識に反して雇い、なるべく早く追い出そうとして「樽転《たるころ》がし」の仕事に就かせた若者が登場します。ひと月も経たないうちに、その若者は上司を説得して、半分のコストと三分の一の人員で同様の仕事ができる機械を買い入れ、その作業から解放されました。グラハムは給料をあげ、彼をもっと高い地位に就かせました。しかし、若者はその地位にとどまることはありませんでした。どんな仕事でも、もっとうまく、もっと少ない人数でできる方法があるはずだと、つねに考え、梯子《はしご》を登っていったのです。

そういう人は現実にたくさんいます。落ちこんでいる暇がないのです。猫と戯れる小さな男の子と、そのあとを追いかける犬のように活気に満ちています。高い窓から放り投げられた犬は、落下しながらもつぎの跳躍に備えます。犬がジャンプするときには、猫は向かいの木に登っています。

真のビジネス精神とは、気骨あるデンマークの海の軍師、ペーター・トルデンスクホルドの精神です。スウェーデンのフリゲート艦に襲われたとき、ひとりを残して乗組員が全員死亡し、大砲の玉も尽きたにもかかわらず、ペーターは果敢に戦いつづけ、残ったひとつの砲から白鑞《しろめ》のディナー皿やマグカップを発射しました。白鑞のマグカップのひとつがスウェーデン軍の大尉に命中し、大尉は死亡し、ペーターは凱旋《がいせん》航海に出ました。

いま、**あなた**のまわりを見てください。どうしたら、自分が手に入れたいものに対してより大きな価値を与えることができるでしょう。どうすれば、よりよいサービスを提供できるでしょう。どうすれば、雇用者のためにもっと利益を出せるか、あるいは顧客のためにもっと節約できるでしょう。その考えをつねに頭の片隅に入れておけば、**自分のためにもっと稼ぐことを心配する必要はなくなるはずです。**

白紙の小切手

最近発行された『クリスチャン・ビジネス』誌に、ガードナー・ハンティングの手記が掲載されました。すばらしい内容なのでここに全文転載します。

わたしはこれまでずっと、お金を得るということは、それを稼いだことの結果だと漠然と考えてきました。しかし、その真理の完全なビジョンを得たのはつい最近のことです。いまこうして、楽しいことも不快なことも含めて、これまで経験してきたことの結果をまとめてみると、人は自分が放出したとおりのものが、ただ倍になって返ってくるのを受け取っているのだということがわかりました。

もしわたしがだれかに、その人が望むような奉仕を提供すれば、わたしはその利益を自分で取りもどすでしょう。より多くの奉仕をすればより多くの利益を、たくさんの奉仕をすればたくさんの利益を、といった具合に。しかも、自分が与えた以上のものが返ってきます。ちょうど、ひと袋のジャガイモを植えるときのように。そこから三〇～四〇袋が収穫でき、丹精こめて世話をすれば、さらに多く収穫できます。もしわたしが、雇い主が期待している以上のものを与えれば、雇い主はわたしを昇給させるでしょう――ほかの条件はつけずに。しかも、昇給させるのは、雇い主が公平な心の持ち主だからというわけではありません。わたしのことを評価しないなら、ほかのだれかが評価するので、雇い主はわたしを昇給させざるをえないのです。

とはいえ、これはほんの一部にすぎません。わたしのデスクの隣にすわっている人に力を貸せば、たとえその人がライバルだったとしても、何倍にもなって返ってきます。わたしが同僚に与えるものは、会社に与えるということであり、会社はそれを評価します。なぜなら、会社が主に求めているのは組織のチームワークであって、個人の輝かしい業績ではないからです。組織に敵がいたとしても、同じ法則が成り立ちます。敵であるその人を助ける目的で、純粋にその人に役立つものを提供すれば、わたしは組織に奉仕していることになるわけです。大企業は仲裁役を高く評価します。大企業の成功には、従業員間の調和が不可欠だからです。もし上司が感謝知らずであっても、同じ法則が成り立ちます。わたしが——感謝されるより前に——上司に多くのものを与えれば、上司はわたしに感謝をせずに自分の仕事をつづけることはできなくなります。

この法則について考えれば考えるほど、それがより深いものであることがわかるでしょう。それは文字どおり、白紙の小切手を渡すようなもので、そこには普遍的な法則である創造主の署名がはいっています。あなたは望みの金額と支払い方法を記入できます。平凡な成功はこの法則に少しは従っていて、つまり小切手に少額を記入しているわけです。しかし、そのなかに大きなビジョンを見出《みいだ》すまでには至っていません。もし、すべての従業員がこの法則の概念を、気分の変動などで揺らぐことのない原理として、自分のなかにしっかりと定着させれば、組織は奇跡的な大成功をおさめるでしょう。わたしが気にかけていることのひとつは、仲間の成功を促進することで、自分の成功が棚あげになると思われるのではということです。しかし、真実はまるで反対です。

もし、すべての従業員が、会社の仕事とまったく同じように、自分自身のことへ目を向けるとしたらどうでしょう。会社は、人々から得たお金に対して何を提供しますか？　サービスです。前渡しのサービスです！　サービスがいいものであればあるほど、たくさんのお金がもどってきます。会社は、そのサービスに世間の注目を集めるために、広告を出します。それもサービスの一部です。さて、わたしが従業員だと仮定して、報酬をあてにして、前渡しで会社にサービスを提供しはじめるとします。自分のサービスの広告を出すとします。わたしは何をどうすればいいのでしょう？　わたしは、会社の事務所／店舗／工場／敷地内で、手紙を正確にファイリングしたり、フェンスを修理したり顧客を喜ばせたり、速記者のために単語を調べたり、自分で調べるように促したり、顧客に機械を実演したり、自分で実演するように促したり、最も身近なライバルの昇給を助けたり、シーズン全体の生産物を売ったりなど、こうしたサービスを提供するほかに建設的なことは何もできません。宣伝については、毎朝、事務所／店舗／仕事場にはいった瞬間から、わたしは自分を宣伝しています——そうせずにいられません。わたしを見る人はみな、わたしの広告を見ているのですから。まわりにいる人はみな、一日じゅうわたしの広告を目にしています。上司もそうです。直属の上司でも、会社の社長でも。そして、宣伝どおりのことをしていれば、わたしが商品を売ることを——サービスを提供することを——止められる人はいません。ある人がわたしを非難するとします。非難すればするほど、その人はわたしを宣伝しているのです。なぜなら、非難によってわたしに注目が集まり、わたしはその人が言うよりもいいものを提供するからです。利害関係者──わたしの雇い主たち──は、わたしの仕事ぶりを見るでしょうし、非難が影響を及ぼすことはありません。

仕事の関係者だけでなく、妻をはじめ、靴磨きの職人、兄弟、宿敵まで、わたしが接するすべての人に提供する必要があります。笑顔を見せろと言われることもありますが、わたしが見せる笑顔は、宣伝に負けないような本物の笑顔でなければなりません。もしわたしがチェシャ猫のようにニヤニヤしていたら、チェシャ猫のようなニヤニヤが何倍にもなって返ってくるでしょう。本物を与えれば、本物が倍になって返ってくるでしょう。それは自分本位の考え方だと異を唱える人がいるなら、わたしはその人に、これまでどんな目的で提供されたものであれ、だれかによる何かしらの救済の法則は、どれも自分本位の考え方であると答えます。これまで実際に教えられてきた唯一の無私とは、より大きなものを受けとることを望んで、より小さなものを与えるというものです。

なぜわたしはこの法則に確信を持っているのでしょう。どうして確信が持てるのでしょうか。わたしはこの法則が機能するのを見てきました。あらゆるところで。あなたはただそれを試してみるだけでいいのです。そして、試しつづければ、これがあなたにとって真実であることが証明されるでしょう。真実は、わたしがそう言うからでもなく、ほかのだれかがそう言うからでもありません。神智論者たちはこれを「カルマの法則」と呼び、人道主義者たちは「奉仕の法則」と呼び、ビジネスマンたちは「常識の法則」と呼び、イエス・キリストは「愛の法則」と呼びました。わたしが知っていようといまいと、信じようと信じまいと、逆らおうと逆らうまいと、この法則が支配しているのです。わたしはその法則を破ることが**できません**。ナザレのイエスは——あなたがどんな宗教的考えをもっていようと、イエスが神であろうとなかろうと関係なく——彼ほど優秀なビジネスマンはほかにいません。イエスはつぎのように言いました。「与えなさい。そうすれば、あなたがたにも与えられる。押し入れ、揺すり入れ、あふれるほどに量りをよくして」〔ルカによる福音書6章38節〕。これは、イエスが言ったからではなく、真理だからそうなっているのです。わたしたちは全員——認めるかどうかは別として——真理を神として崇拝しています。真理を至高のものとしないと、嘘偽りなく言える人はいません。与えることと受けとることの原則は真理です。ただ、それを限界まで追究する人はあまりいません。しかし、限界に挑戦することが、無限の見返りを得るための方法なのです。

何を与えればいいのでしょう。もちろん、自分が持っているものです。もしあなたがこのアイデアを信じていて、このアイデアそのものを、機転を利かせて、賢明に、そして組織のなかでみずから実践して配りはじめたとしましょう。あなたが組織のなかで力を発揮し、認められ、報酬をもらうようになるには、どれだけの時間がかかると思いますか？　それは、あなたがこのアイデアなしで持ちうる賢明さや特別な情報を合わせたよりも価値があります。あなたが持っているものを全員に与えます。アイデアがあれば、自分だけのものにせずに与えましょう。それは、あなたが与えなければならない最良のものであり、ゆえに与える最良のものであり——それゆえに、あなたに最良のものをもたらしてくれます。この原則に従って与える人は、たとえそれが商売上の秘策だとしても、自分だけのものにしておくよりも確実に利益を増やしつづけていくだろうと、わたしは信じています。その人は、基本的な法則にもとづいて仕事をしているので、自分のことを心配する必要はありません。法則はけっして失敗しません。そして、何が法則であるか、あるいは法則でないかを発見することは容易です。法則が部分的にでも使う価値があるのなら、いつでも使う価値があります。

真理を見きわめようとする目でまず自分のまわりを見て、それからこの原則を試してみましょう。両方の調査方法を通じて、額面に「わたしが望むものすべて」と記入されることを待っている白紙の小切手と、祈るための新しい方法と、祈ったものを得るための方法を見つけるでしょう。

XII

三つの条件

失われた年月の
滲《にじ》んだ記録の上に、涙は落とさない。
ページを裏返すと、微笑みが、思わず浮かぶ。
あなたのために残されている真っ白なページ。
悔恨を誇示するなかれ。あなたのなかには
神聖な火花が宿っていると信じ、それを成長させる。
高揚する精神が達成できることは
壮大で、創意あふれるすべての力が知っている。
それらは援助し、強化するだろう
ドングリを樫《かし》の木の高さまで成長させる日光のように。
あなたはただ決意するのみ、そして見よ！
神の完全なる大宇宙があなたの魂を強化する。

――エラ・ウィーラー・ウィルコックス

きょうかあす、あるいは来月か、全国のオフィスや工場で、ある重役が椅子に深々と腰かけ、目の前の白い紙に書かれた名前のリストに目を通します。あなたの名前が載っているかもしれません。

責任あるポストが空いていて、その重役は、古くからある問題に直面しています。

「適任な人物はどこにいるのだ?」

さまざまな人の顔、ことば、仕事、印象が、重役の頭のなかをすばやく通り過ぎていきます。それぞれの人物について、この重役はまずどんな問いを立てるでしょう。

「主導する意志が最も強いのはだれか、いちばん責任感があるのはだれか」

そのほかの条件が同じであれば、**それに該当する**人物が仕事を得るでしょう。社会生活と同様に、ビジネスでも第一に必要なのは、自分に対する自信——**自分の力を知ること**です。そうであれば、第二の条件は簡単です——**物事をはじめるための主導する意志または勇気**です。多くの人がアイデアを持っていますが、自分に対する自信や何かをはじめる勇気を持っている人は、そうはいません。

信念と主導する意志があれば、三つ目の条件はほとんど当然のようについてきます。それは、**先へ進み、どんな困難にも立ち向かう信念**です。

「ああ、神よ。あなたは努力の代償にすべてを与えてくださる」と、レオナルド・ダ・ヴィンチは言いました。

たしかに、ダ・ヴィンチほどそのことを知りうる人はいません。非嫡出子で、父親の家族のもとで育ったダ・ヴィンチは、不運な出自から、つねに嘲笑《ちょうしょう》の的となっていました。そのため、何かを成しとげて、群れから抜きん出る必要がありました。そして実際にそうなりました。イタリアが多くの芸術家でひしめいていた時代、ダ・ヴィンチは「努力の代償」として、イタリア随一の芸術家——おそらく世界最高の芸術家——になりました。王や王子たちは、この非嫡出子の青年と関わることを名誉に感じていました。ダ・ヴィンチは、権利がないはずの名声を自分の作品だけで得たのです。

パウロは「自分の救いを達成するように努めなさい。」〔フィリピの信徒への手紙2章12節〕と言いました。そのために必要な第一の条件は、自分の力を知ることです。「わたしたちはみな、すべての世紀を自分のなかに持っている」とモーリーは言いました。あなたの背後にあるすべての時代は、あなたが潜伏させたままにしている能力の倉庫を伝えるものです。その能力は潜在意識に蓄積されています。それらを呼び出して使うのです。ホイッティアはつぎのように表現しています。

過去が持っていたすべての善は、
われわれの時代を喜ばせるために残っている。

あなたは芸術家ですか？　ダ・ヴィンチの抜け目のなさ、レンブラントの技術、レノルズの構想力が、あなたの指に伝わっています。心の精霊を使って、それらを呼び出してください。

あなたは外科医ですか？　弁護士、牧師でしょうか。それともエンジニア、ビジネスマンですか？　あなたが現在していることを成しとげた偉大な人たちを、マインドの目で見ましょう。そうした人たちをあなたのモデルとして、ただあなたのモデルとしてだけではなく、着想の源として使うのです。彼らがやり残したところからはじめます。潜在意識の奥底にある、彼らの技術、判断力、主導する意志を呼び起こします。それが自分のなかにあり、自分も同じように偉大になれることを認識します。偉大な人たちが成しとげたこと、学んだこと、獲得したすべてのスキルは、すべて超意識のなかに安全にしまわれてあり、あなたは潜在意識を通じて**それにいつでもアクセスできる**ことを理解します。

あなたのなかにあるマインドは、過去の偉大な征服者、偉大な発明家、偉大な芸術家、政治家、指導者、ビジネスマンを動かしてきたマインドと同じものです。彼らが成しとげたことは、あなたの時代、そしてつぎの世代の人々が成すべきことのほんのひと握りにすぎません。あなたはその一端を担うことができます。あなたのなかには、すべての人が持っている力が潜んでいます。その力は、あなたの呼びかけを待っています。

『Thoughts on Business（ビジネスに関する思考）』でつぎのように述べられています。

自分自身を発見しはじめるときは、人生で最高の一日です。潜在的な能力はだれにでもあり、それは本人が思っている以上に大きく、熱心に探せば見つかるでしょう。ある人は、長年その価値を知らずに土地を所有し、単なる牧草地としか思っていないかもしれません。しかしある日、自分の土地に石炭の痕跡《こんせき》を発見し、地面の下に豊かな鉱脈を見つけます。石炭を採掘しているうちに、こんどは花崗岩《かこうがん》の鉱脈を発見します。水を求めて井戸を掘っていたら、石油にあたりました。その後、銅鉱脈を発見し、さらに銀や金も発見します。これらは、土地の所有者がそこを単なる牧草地としか思っていなかったときから、ずっとそこにありました。発見されて利用されることで、はじめて価値を持つのです。

すべての牧草地に銀や金が埋まっているわけではないし、石油も花崗岩も石炭さえないでしょう。しかし、すべての人の奥には、当然のことながら、すでに発見されたものよりもさらに大きな能力が眠っているにちがいありません。ひとつの発見がつぎの発見へつながり、やがて深層にひろがる可能性という富へ行きつきます。

歴史は、自分の能力を多少なりとも発見した人々の行為に満ちています。しかし、歴史には、そこにあるすべての可能性を完全に発見した人はまだ記録されていません。

これまでに成されたこと、考えられたこと、得られたこと、起こされたことは、すべて超意識にあります。あなたは超意識の一部であり、それにアクセスすることができます。自分のファイルを取りにいったり図書館へ情報を探しにいったりするのと同じように、必要なものがあれば超意識を呼び出すことができます。この事実を理解すれば、あらゆる状況をコントロールでき、あらゆる問題を解決でき、あらゆる正当な願望を満たせる鍵《かぎ》が見つかります。

しかし、その鍵を使うには、自分の力を信じること、主導する意志、はじめる勇気という三つの条件を心にとどめておく必要があります。『Science and Health（科学と健康）』には、「黒板の前に立って、数学の原理で問題を解決できますようにと祈る人がいるでしょうか。法則はすでに確立されているのだから、解決するのがわたしたちの仕事です」とあります。同じように、必要な知識はすべて超意識のなかにありますが、それを利用するのは、**あなた**次第です。

そして、三つの条件が揃わなければ、成しとげることはできないでしょう。けっして落胆に足をすくわれないでください。落胆は最も危険な感情です。というのも、最も陰湿だからです。一般に、落胆は無害に思われがちですが、だからこそ余計に邪悪なのです。なぜなら、失敗と成功はしばしば、「落胆」というひと言によって隔てられているからです。

むかし話に、悪魔がかつてセールを開き、代価を払う者には商売道具をすべて差し出したというものがあります。だれもがよく知っている武器——憎しみ、悪意、嫉妬《しっと》、絶望、病気、官能——がテーブルにひろげられ、それぞれにラベルがついています。

しかし、それとは別に、少し離れたところに、「落胆」と書かれた、なんの害もなそうな、くさび形の道具が置かれていました。古くてくたびれた外見にもかかわらず、ほかのものよりもはるかに高い値段がつけられています。その理由を尋ねると、悪魔はこう答えました。

「これはほかのものよりずっと簡単に使えるからだ。だれもわたしのものだとは知らないから、これさえあれば、ほかの道具では歯が立たないような固く閉じた扉もあけられる。いったん中へはいってしまえば、あとはどんな道具でも使える」

失敗と成功の差がどれほど小さいか、だれも知りません。しばしば、このふたつは、「落胆」という、たったひとつのことばの差によってのみ隔てられています。フォードに尋ねても、エジソンに尋ねても、どんな成功者に尋ねても、成功と失敗を分ける溝がどれほど狭いか、忍耐と信念がいかにその溝を埋めてくれるか教えてくれるでしょう。

自分に対する自信を育《はぐく》み、自分は成功しているという感覚を養います。正しいことを成す無限の力を持っていることを理解します。超意識に頼れば、どんな地位に就くことも、どんな問題もむずかしくないことを理解します。「わたしを信じる者は、わたしが行う業を行い、また、もっと大きな業を行うようになる。」〔ヨハネによる福音書14章12節〕。自分自身を制限するとき、どんな状況にも対応できる自分の能力をうたがうとき、あなたは超意識の力を制限しているのです。「わたしの内におられる父が、その業を行

っておられるのである。」〔ヨハネによる福音書14章10節〕

自分の力を知り、超意識の限りない資源に自信を持てば、主導する意志を発揮するのは簡単で、物事をはじめる勇気を見出《みいだ》すのもたやすいことです。

あなたには、自分の体、環境、仕事、健康、すべてのことを支配する権利があります。この三つの条件を発展させれば、その支配権を獲得できるでしょう。

あなたは超意識の一部であり、その部分は全体の特性をすべて共有することを心にとどめましょう。超意識とあなたのマインドは、雷と火花の関係と同じであることを忘れないでください。あなたが人生で望むどんなことも、どんな資格も、どんな地位も、一心に、自信を持って、たったひとつの目的へ向かって、ただひたすら取り組めばいいのです。**そうすれば、手にはいります。**

XIII

老いた魔女――不運

毎日どのように仕事に取り組むのか。
見つけた仕事がこわくはないだろうか。
降りかかってくる課題に

自信と余裕をもって取り組んでいるだろうか。
目の前の仕事にすぐさま立ち向かうのか
それとも、おののき立ち止まってながめるのか。
恐る恐る仕事にとりかかるのか
それとも、やってやるぞという気になるのか。
頭のなかにはどんな思考があるのか。
恐怖が駆けめぐったことはないだろうか。
もしあれば、つぎに見つけたときは
やってやるぞと思って組みつけばいい。

――エドガー・A・ゲスト

年老いた魔女――不運――があなたの前に立ちはだかったことはありませんか？　不健康や不幸、心配事が足元をかすめていったことは？

そのトラブルの元凶は**あなた**だと言ったら、興味を覚えますか？　恐怖とは、創造的な思考が負のかたちをとったものにすぎません。

一九二〇年は、ビジネスの幸先《さいさき》はよく、すべてはバラ色に見え、人生は歌のように流れていました。一〇〇億ドル相当の農作物がありました。大規模な公共事業、立派な鉄道、無限とも思える工場の生産力がありました。だれもが忙しく、政府には一〇億ドルほどの現金がありました。銀行も健全でした。国民の雇用率は上々で、賃金もよく、総体的に繁栄していました。**そして、何かが起こりました**。恐怖の波が国じゅうに押し寄せ、繁栄は長つづきせず、人々は高い料金を払い渋るようになりました。インフレになりすぎたのです。これはどういうことでしょう。

むかし、ヨブが言ったように、「恐れていたことが起こった／危惧《きぐ》していたことが襲いかかった。」〔ヨブ記3章25節〕のです。

繁栄は、ほぼ一夜にして消え去りました。あちこちで破産が起こり、何十万という人が仕事を失いました。すべてはパニックと恐怖のせいです。

たしかに再調整が必要でした。価格は高すぎ、在庫をかかえすぎ、総じて価値が吊《つ》りあがったことは事実です。とはいえ、ガスを抜くために風船を破裂させる必要はありません。だれにも極力害を及ぼさずに物事を適切なレベルへもどす、秩序ある自然の再調整プロセスというものがあります。

しかし、恐怖――パニック――に理由はいりません。恐怖は、それを恐れるものを一夜にして出現させます。恐怖は人類の最大の苦悩であり、地獄のすべてです。**要するに、恐怖は悪魔です**。世界の罪、災難、病気、不幸の大部分は恐怖が原因です。ビジネスへ投入しても、楽しさもドルも配当されない唯一のものです。正しく推測しても、なんの満足感も得られません。

すべての病気の真の原因は、恐怖心です。思考のなかでなんらかの病気をイメージすると、体は、あなたがイメージしたモデルにもとづいて構築されます。恐怖によって、顔色が真っ白になり、心臓の動きが一瞬止まり、すぐに息もつかせぬ速さで鼓動を打ったりする経験が、あなたにもあるはずです。恐怖は分泌物を変化させ、消化を停止させます。恐怖は顔に皺《しわ》を作らせ、髪を白くします。

マインドは人体のあらゆる働きを支配しています。風邪やカタル、熱や消化不良といった病気に対する恐れを潜在意識に持っていれば、潜在意識はそのイメージを体に取り入れようとします。人体そのものは単なる物質であり、陽子と電子の集合体にすぎません。目の前にあるテーブルとは密度が異なるだけで、同じ力が集合してできたものです。マインドを取り去れば、体はテーブルと同じように不活性で、生命もなく、感覚もなくなります。心臓の鼓動から分泌《ぶんぴ》腺《せん》に至るまで、身体のあらゆる働きはマインドが管理しています。食べものの消化は、指の動きと同じように、マインドの働きによるものです。ですから、どんな食べものを胃に入れるのかではなく、その食べものがマインドにどう扱われるかが重要です。もし、あるものを食べると病気になるとマインドが判断すれば、それを食べると病気になるでしょう。一方、その食べものに栄養価はなく、知性のない物質で病気になる理由もないとマインドが判断すれば、それはあなたに害も不快も与えることなく排除されるでしょう。

あなたの体は、陶工の手にかかる粘土のようなものです。マインドはそれを好きなように造形することができます。粘土は、どんなかたちになっても何も言いません。あなたの頭や心臓、肺や消化器官も、状況がどんな影響を及ぼしても何も言いません。めまいや病気や足の不自由を決めることはありません。それを決定するのはマインドです。体の器官は、マインドが決定した**あとに**、従うだけです。物質は、マインドによって適切に保たれているときに、ありとあらゆる状況を害なく経験しました。そして、一度成したことは、ふたたび成すことができます。

筋肉も、神経も、骨も、それ自体にはなんの感情も知性もなく、ただマインドが指示したとおりに反応することを理解すれば、どの器官についても、不完全とか、弱いとか、病んでいるとか、考えたり話したりすることはもう二度とないでしょう。体の疲労や、筋肉痛や、神経の消耗を訴えることはなくなるでしょう。それどころか、シェイクスピアが言ったように、「よい悪いは考え方ひとつ。どうにでもなる」ことを知っているので、尽きることのない強さ、あり余るほどの生命力という考えを堅持するようになります。

災難を恐れてはなりません。恐れることが災難を招くからです。恐怖は鮮明なので、潜在意識にたやすく印象づけられてしまいます。そのように印象づけることで、恐れているものを出現させるのです。それは、だれもがときどきは作り出してしまうフランケンシュタインの怪物であり、作り出された怪物は、創造者に牙《きば》をむきます。とてもたいせつなものを失うという恐れ、あなたが感じる恐怖が、まさにそれを失う手段を作り出すというわけです。

恐怖は悪魔です。悪魔は、むさぼり食うべき者を求めて地上を徘徊《はいかい》する貪欲《どんよく》なライオンです。恐怖から逃れるたったひとつの方法は、それを否定することです。唯一の避難所は、あなたが与える力以外に、恐怖に力はないと理解することです。

夢に憑《つ》かれた人

あなたは借金を恐れています。だから、あなたのマインドはそれに集中し、より大きな負債をもたらします。あなたは損失を恐れています。そして、その損失をイメージすることで、それをもたらしているのです。

恐怖に対する解決策はただひとつ、悪には力がないことを知ることです。悪には実体がなく、単に何かが欠けているにすぎないと理解することです。あなたは不健康を恐れていますが、同じぶんだけの思考を健康に集中させれば、失うことを恐れている状態そのものを保証することになるでしょう。機能障害は、まちがった考えを通じて、マインドによってのみ引き起こされます。機能障害に対する治療法は、薬物ではなく正しい思考法です。問題は、器官ではなくマインドのなかにあるからです。ファーンズワースの『Practical Psychology（実践心理学）』には、少年のころサクランボと牛乳をいっしょに食べると病気になると思いこんでいた男の話が紹介されています。その人は牛乳もサクランボも大好物だったのですが、いっしょに食べないようにつねづね気をつけていました。同時に食べてしまうといつも気分が悪くなったからです。ファーンズワースは、そのような病気には原因はない、牛乳は胃にはいるとすぐに胃酸によって固まるから悪さのしようがないと説明しました。牛乳は、胃のなかで固まらないと消化されないのです。ファーンズワースは、このまちがって結びついた考えを精神的に治療しました。するとその人は、四五年間も苦しんでいたにもかかわらず、一度治療しただけで、そのあとは二度と悩まされなくなりました。

もしあなたが振戦せん妄にかかり、自分のまわりにピンクの象や緑のワニ、黄色のヘビが見えたとしたら、ヘビのことを治療しようとするのは愚かな医者です。あるいは、あなたが見ている動物は心のなかの歪《ゆが》んだ幻影にすぎないと知っていながら、眼鏡を処方する医者も同様です。

あなたが苦しんでいる消化不良、あなたを悩ませている風邪、要するに病気の一つひとつは、振戦せん妄のヘビと同じように、マインドの歪んだ思考です。その思考を追い出せば、そのかたちの表れも追い出すことができます。

聖書には、恐怖を追い出すための懇願が一貫して書かれています。最初から最後まで、「恐れるな」という戒めが一貫しています。恐れは、体のあらゆる障害の第一の原因です。イエスはこのことを理解し、恐怖をなくすことができると知っていました。それゆえ、「恐れることはない、恐れるな」と再三にわたり懇願したのです。

もちろん、奮闘はあります。奮闘はつねにあるものです。しかし、奮闘は試練と格闘しているにすぎません。わたしたちには、克服するために困難が必要です。ただし、何も恐れることはありません。すべてはマインドの働きです。あなたの思考の力は、何かに集中することで、それがかたちとなって表れます。ですから、望ましいことだけに、実現したいと願う状況だけに思考を集中させましょう。健康、力、豊かさ、幸福のことを**考えます**。貧困や病気、恐れや心配の念を、あなたの家から汚れたものを追い出すのと同じように、あなたのマインドから追い出してください。恐怖と心配は、あらゆるトラブルを引き起こし、あらゆる病気をもたらすマインドの汚物だからです。追放しましょう。人生に対して否定的な考えを持つ人を、あなたのまわりから追い出します。ペストと同じように遠ざけるのです。人の欠点をあげつらってばかりいる人が何かを勝ちとることを想像できますか？ そんな人は、はじまる前から終わっています。そんな人に引きずられてはいけません。詩編の作者は、「自分も悪事を謀ろうと、いら立ってはならない。」〔詩編37章8節〕と言っています。

賢明な詩編の作者は、これを現代のわたしたちへ向けて書いたのかもしれません。ビジネスでも社会生活でも、悩んだり、心配したり、あせったり、むやみに行動を起こそうとすること以上に、確実にまちがったことをする方法はないのです。主がイスラエルの人々に言った、「**力を捨てよ**、知れ／わたしは神。」〔詩編46章11節〕ということばを思い出してください。

穏やかで静かな湖のほとりに立って、湖に映るものをながめたことがありますか？木々、山々、雲、空、あらゆるものが実物さながらに、完璧《かんぺき》に、美しく、鏡のように映し出されています。しかし、海の場合はいかがでしょう。海は、風や波や潮の満ち引きで絶えず揺れ動いているので、風景を映しません。

あなたのマインドも同じです。つねに心配し、恐怖の波、怒りの風、労苦と努力の潮流にかき乱されつづけていれば、超意識の豊かさとすばらしさを反映できず、平和と健康、幸福を映し出すこともできません。ときどきはリラックスする必要があります。マインドにチャンスを与えます。ベストを尽くしたとき、自信を持って気長に構え、あとは超意識にまかせればいいと認識しないといけません。

まちがった考え方が体に不調和をもたらすように、商売の領域でも病的な状態をもたらします。外側にあるいわゆる悪影響よりも、内側にある恐れやまちがった考えから自分を守るべきだということを、わたしたちは経験から知っています。他人の過ち、他人の貪欲《どんよく》、不正、強欲、利己的な野心のために悩む必要はありません。しかし、悩まないといけないのだと恐怖にとらわれ、その恐怖を思考に取りこみ、心をかき乱せば、自分自身を罰することになります。どんなことがあろうと、どんなことをされても、わたしたちはあらゆる不和の暗示を自由に拒絶でき、調和して抑制することができます。

老兵が、三〇歳や四〇歳の壮年の兵士よりも、一八歳や二〇歳の兵士を部下にしたがる理由を知っていますか？　より遠くまで行進できるからでも、より多く荷物を運べるからでもありません。夜眠るときにぐっすり眠り、**過去をきれいさっぱり忘れるからです**。若者は、朝に目覚めると、新しい一日と新しい世界を迎える準備ができています。

しかし、年配になると、その日の緊張を翌日へ持ち越し、心配します。その結果、数か月の過酷な軍事活動の末、神経をすり減らしてしまうのです。

これが、ビジネスにおけるほとんどの人の問題点です。**きれいさっぱり忘れることがけっしてありません。**心配し、日々の心配ごとを翌日へ持ち越し、その結果、ある日突然、手に余る負担をかかえていることに気づくのです。

運命という柵《さく》

恐怖は、この世に善と悪というふたつの力が実際に存在すると信じることから生まれます。光と闇のように。しかし実のところ、悪は現実ではありません。暗闇が現実ではないのと同じように。たしかに、ときには善との接触を失うことがあります。恐怖や心配の雲が善なる陽光を覆い隠し、すべてが暗く見えてしまいます。しかし、太陽は雲の向こう側で燦然《さんぜん》と輝いているので、雲を追い払えば、また日光を見ることができます。

このことを理解し、必要なときに善はいつでも利用できると信じて頼れば、何を恐れることがあるでしょうか？　「小さな群れよ、恐れるな。あなたがたの父は喜んで神の国をくださる。」〔ルカによる福音書12章32節〕とイエスは言いました。また、このようにも言いました。「子よ、お前はいつもわたしと一緒にいる。わたしのものは全部お前のものだ。」〔ルカによる福音書15章31節〕

もしこれが何かを意味するならば、父なる神はわたしたち全員に手を差し伸べ、正しい方法で呼びかけさえすれば、必要を満たしてくれるということです。何が必要なのかは問題ではありません。

超意識がすべての創造主であり、宇宙のすべてがそれに属しているならば、あなたのビジネス、あなたの仕事は、実はあなたのものではなく、「神のもの」です。あなたが神の計画に従って働いているかぎり、神はあなたが成功することに、あなたと同じくらい関心を示します。

超意識はあらゆる善を成すことができると、だれもが認めるでしょう。超意識が関心を持てば、どんな事業でも成功裏に完結させることができると、だれもが認めるでしょう。もし超意識があなたのビジネスを創造し、あなたの仕事にインスピレーションを与えたのであれば、超意識はそれが成功裏に完結することに関心を持つでしょう。

ですから、あらゆる手を尽くしたものの、成功には遠く及ばないように思えるとき、マインドに呼びかけてみてはどうでしょう。マインドは、あなたが望むどんな正しいものも与えることができ、また与えるつもりがあるのだと確信して、問題をぶつけてみてはどうでしょう。多くの人が物質的なものを得るために祈ることをためらう気持ちはわかりますが、超意識が創造したのであれば、いい目的のために創造したはずです。いいことに使うつもりであれば、ぜひ求めることです。

自分のビジネスや仕事が、いい仕事だと感じることができれば、それがものごとの大きな計画を少しでも前進させていると確信できれば、あなたは二度と借金や不足、制限に怯《おび》えることはないでしょう。なぜなら、「地とそこに満ちるもの／世界とそこに住むものは、主のもの。」〔詩編24章1節〕だからです。超意識は、その仕事をするための手段をけっして欠かすことはありません。イエスが魚とパンを必要としたとき、魚とパンはたっぷりと提供されたので、おおぜいの人が食べることができました。イエスがお金を必要としたとき、魚の口のなかに金貨が現れました。あなたがいるところにはマインドがあり、マインドがあるところには宇宙のすべての力が、すべての供給があるのです。

あなたは、周囲の家庭や工場に光と熱と電力を供給する発電所のオーナーのようなものです。あなたのまわりには無限の電気がありますが、それを実用化する前に、発電機を動かして空気中から電気を引きこみ、電線に接続しなければなりません。

同じように、あなたのまわりには無限の富がありますが、それをあなた自身や世界に役立つようなかたちにするために、マインドの発電機を働かせないといけません。

ですから、いまお金が不足していたり、物がなかったりしても心配いりません。他人が持っているものを勝ちとろうとせずに、お金があるところへ向かいます。目に見える物質的な富は、マインドの正しい使い方によって得られる富と比べればごくわずかで、比較にならないほど小さなものです。莫大《ばくだい》な報酬は開拓者のためにあります。カーネギーやウールワース、フォードを見てください。毎年、何か新しい開発分野が開かれ、新しい世界が発見されています。蒸気、ガス、電気、電信、無線、自動車、飛行機、それぞれが来たるべき新たな世界の可能性を切り開いています。

一〇〇年前の人々はおそらく、発見される可能性のあるものは発見し尽くされ、すでに発見された知識は今後も一般常識として通用すると思っていたでしょう。あなたがいま感じているように。ですが、この一〇〇年間に人類が成しとげた大きな進歩を見てください。その進歩も、人間が潜在意識の無限の力を利用することを学べば、この先待ち受けている未来に比べたら、なんでもないことなのです。

地球の表面一キロ四方に、何十億ドルもの宝物が眠っています。この古い世界をより住みやすい場所にする方法は、何百万通りもあります。この宝物を探し出し、その方法を見つけようと決心するのです。だれかが道を切り開くのを待つ必要はありません。サンタマリア号にほかにだれが乗っていたのか覚えている人はいませんが、コロンブスの名前は永遠に記憶されることでしょう。カーネギーは百万長者を一〇〇人生み出したと言われていますが、カーネギーひとりでほぼ億万長者になりました。

キップリングの「探求者」という詩を知っていますか？

これ以上進んでも無駄だ——ここは耕作地の果て
そう言われ、それを信じた——自分の土地を切り開き、作物を植えた——
納屋を建て、柵を張りめぐらせた
小道が途絶えた丘の下、小さな国境の駐屯地に
やがて声が、うしろめたい心とともに、果てしない変化を高らかに告げた

昼夜の別なく、繰り返し永遠にささやいてくる
「何かが隠されている。それを見つけに行こう。あの山の連なりの向こう側を見よ――あの奥で何かがなくされている。なくしたものがおまえを待っている。さあ行こう！」

あなたのマインドは超意識に欠かせない部分です。あなたは、すべての時代の知恵を頼りにできます。それを使いましょう。仕事をするために、いまだかつて使われたことがない方法で使います。ビジネスの新しい出口、人々を動かす新たな方法、人々の役に立つ新しくてよりよい方法を見つけるために、あるいは、新しい富を発見し、より住みやすい世界にする方法を習得するために、その知恵を使いましょう。

思考を集中させましょう。あなたの背後には超意識の広大な貯蔵庫があり、これらはすべて、**すでに**超意識の知ることであり、あなたが知るためには、こちらから接点を持ちさえすればいいということを理解します。

このような認識にもとづく楽観的な見方は、けっして自信過剰などではありません。それは、**絶対的な信念**に、喜びとともに自信を持っているということです。ウィルソンを一時期、世界の卓越した指導者にしたのも、この自信があったからです。南北戦争の暗黒の時代にリンカーンを勇気づけたのも、この自信があったからです。ハンニバルや

ナポレオンをアルプス越えに導き、アレクサンドロス大王にもっと征服すべき世界があると嘆息させ、コルテスとその小さな一団に一国を征服させたのも、この自信があったからです。

超意識があなたの日々の必要を満たすという考えを理解すれば、視野はひろがり、能力は増大します。自分の限界は、自分自身に課したものだけと理解するようになります。その理解を得たとき、あなたの道を阻む困難や反対は存在しなくなります。

運動

あなたは毎日、体に栄養を与えています。しかし、もっと重要な部分のはずのマインドに栄養を与えようと思う人はほとんどいません。ですから、毎日、数分の時間を割いて、マインドにごちそうを与えるようにしましょう。

まず、マインドを**リラックス**することです。長椅子や安楽椅子でゆったりと体を伸ばし、すべての筋肉を解放し、あらゆる緊張をほぐし、恐怖や心配の念をすべて忘れます。精神的にも肉体的にもリラックスします。

完全にリラックスする方法を知っている人はほとんどいません。わたしたちの多くはつねに緊張状態にあり、その緊張が体の障害を引き起こしています——実際にどんな仕事をするわけでもないというのに。ここで、完全にリラックスするためのちょっとしたエクササイズを紹介しましょう。

長椅子やベッドでゆったりとくつろぎます。まずはじゅうぶんにストレッチをして、落ち着いたら、右足を三〇～六〇センチほど持ちあげます。そのまま力を抜いて、ぐったりと落とします。これをゆっくり二回繰り返します。左足も同じように。右腕、左腕も同様に。すると、すべての筋肉がリラックスしていることがわかるでしょう。体のことを忘れて、思考をほかのことへ向けることができます。

自分のなかにある無限の力を実感します。超意識が最初に無から天と地を造り、そこから万物を生み出した、創造の夜明けに思いを馳《は》せてみてください。超意識にとってあなたのマインドは、海に対する一滴の雫《しずく》のようなものですが、その一滴には、大海の特性がすべて備わっていること、量ではなく質において同じだということ、あなたのマインドには超意識の創造力がすべて備わっていることを忘れないでください。

「神は御自分にかたどって人を創造された。」〔創世記1章27節〕。神は無限の豊かさ、無限の供給以外のものを表したことはありません。あなたが神に似せて造られたのなら、あなたが善いものを欠く理由は何もありません。あなたも豊かさを表すことができるのです。

あなたのまわりには、超意識が天と地を形成したのと同じエネルギーがあります。あなたはそこから何を作りますか？　あなたが人生から最も望むものはなんですか？　思考のなかにそれを置き、イメージし、**見る**ことです。モデルをはっきりと明確にします。

1. まず必要なのは、一心不乱にひとつのことに思いを集中させる、切なる願望であることを忘れないでください。
2. ふたつ目は、ビジョンとして思い描くこと――**自分がそうしているところを見ること**――です。超意識があらゆる創造物をイメージしたのと同じ方法で、対象をイメージします。
3. つぎは、信じることです。望んでいるものがすでに**得られた**と**信じる**ことです。得るつもりではなく、すでに**得られた**と信じることが肝心です。
4. 最後は、感謝することです。受けとったものへの感謝、それを生み出すことを可能にした力への感謝、マインドがあなたの足元に置いてくれたすべての贈りものへ感謝することです。

「主に信頼し……信仰を糧とせよ。」〔詩編37章3節〕
「主に自らをゆだねよ／主はあなたの心の願いをかなえてくださる。」〔詩編37章4節〕
「あなたの道を主にまかせよ。信頼せよ、主は計らい」〔詩編37章5節〕

第5章

XIV

必要は満たされる

立ち上がれ、魂よ、新たに身を固めよ
たとえ黒いラクダがこの門に跪《ひざまず》こうとも
施しを請う物乞《ものご》いではなく
自分自身の運命を担う誇り高き隊長であれ

――ケニオン

ある老人が、自分の枕元に子供たちを呼び、今際《いまわ》の際に助言を述べたという話がありました。それは、つぎのようなものでした。

「子供たちよ」老人は言いました。「わたしの人生には多くの悩みごとがあった――実に多くな——だが、**そのほとんどは起こらなかったのだ**」

わたしたちはみな、この老人のようなものです。悩みごとは——それを予期して——心に重くのしかかります。しかし、いざ必要に迫られると、摂理がそれを満たす方法を考案してくれていたことに気づくのです。

ロックフェラー研究所のジャック・ローブ博士による、植物に寄生する寄生虫を使った一連の実験で、ごく単純な生物でも、異変に対応できる資源を普遍的な供給から呼び出す力を持っていることがわかりました。テストの報告書を引用します。

> 素材を得るために、バラの鉢植えを室内に持ちこみ、窓際に置く。バラが枯れると、それまで翅《はね》のなかったアブラムシ（寄生虫）が、翅のある虫に変身する。変身すると、アブラムシは植物から離れ、窓まで飛んでいき、ガラスを這《は》いあがる。
> この小さな昆虫が、それまで元気だった植物が枯れ、この供給源からもはや食べものも飲みものも確保できないと気づいたことは明らかである。飢えから身を守る唯一の方法は、一時的に翅を生やして飛ぶことで、実際にそうしたのである。

つまり、生活の糧を絶たれ、移住するか滅びるかの選択を迫られたとき、普遍的な供給が、移住の手段を提供したわけです。

このように、創造物のなかでもごく単純な生物に与えられるなら、創造の最高の産物であるわたしたちが、超意識に呼びかけて、少しの信念を持ったとしたら、さらに多くが与えられると考えるのは理にかなったことだと思いませんか？　その小さな寄生虫のニーズに応《こた》えたマインドに照らし合わせると、海が左右に分かれ、人々が靴を濡《ぬ》らさずに渡っていくことは、まったく信じられないことでしょうか。火柱が夜の荒野を案内したり、天から恵みが降ってきたり、岩から水が湧き出たりすることは、そんなに信じがたいことでしょうか？

大きな危機のとき、極限のとき、勇敢な魂がすべてを賭《か》けたとき、それは奇跡が起こるときです――信念を持ってさえいれば。

だからといって、主が与えてくれるのを、のんびり待っていればいいというわけではありません。自分の成すべきことを成しとげたとき、全力を尽くしたときは、結果を心配したり悩んだりすることはありません。必要であればあるほど、ニーズは満たされることを理解します。自分の役割を果たしたあとは、心の精霊に頼り、安心してくつろぐことができます。

パレスチナという小さな国が、一方ではエジプトに、もう一方ではアッシリアに蹂躙《じゅうりん》される危険にさらされていたとき、人々はいずれの側を受け入れるべきか、どちらの敵と同盟して他方を阻止すべきかを必死で考えていました。預言者イザヤは、つぎのように述べました。「お前たちは、立ち帰って／静かにしているならば救われる。安らかに信頼していることにこそ力がある」〔イザヤ書30章15節〕

わたしたちを苦しめる大きな災難の多くも同様です。わたしたちが「静かにして、安らかに信頼」していれば、どれほど状況が好転することでしょう。しかし、わたしたちは心配するし、十中八九まちがったことをします。そして、心配すればするほど、まちがった方向へ進む可能性が高くなります。

あらゆる問題を解決し、あらゆる必要性を満たすために必要な超意識のすべては、その必要性がどこにあろうとも、どこでも手にはいります。つねに、あなたがいる**場所**で、あなたが必要とする**もの**を供給します。それが病気やトラブル、貧困や危険であるかどうかは重要ではありません、救済策はそこにあり、あなたの呼びかけを待っています。あなたの背後には、無限の資源があることを知りながら、大胆に困難へ向かっていけば、こうした力があなたのまわりを囲み、助けに来ていることがわかるでしょう。

それはまるで、作家が本を書くようなものです。作家は長いあいだ、一種の精神の霧のなかで執筆していますが、それに屈せずにいるうちに、突然、アイデアを明確にし、具象化する方法がひらめきます。絶望の淵《ふち》に立たされたとき、人は未知のエネルギーが魂から湧きあがってくるのを感じます。

だからといって、まったく困難がないわけではありません。困難は、あなたにとっていいことです。心の鍛錬になり、困難を克服することで強くなれます。しかし、困難は単なる練習だと考えてください。マインドの使い方、普遍の供給を頼りにする方法を学ぶために与えられた「練習問題」と考えましょう。天使と格闘するヤコブのように、あなたを祝福するまで、言い換えれば、困難に遭遇したことで何かを学びとるまで、困難を手放さないようにします。

人類にどんなに大きな災害が降りかかろうとも、どんなに大きな損失があろうとも、あなたとあなたの家族はそこから自由になることができます。そのことを忘れないでください。理解ある少数を洪水から救う「箱舟」は、つねに存在します。その箱舟の名前は、理解――自分の内なる力を理解することです。

イスラエルの人々が約束の地へ導かれ、ヨシュアが指示を与えたとき、人々はこう答えました。「我々は、御命令を行います。遣わされる所にはどこへでも参ります。〔ヨシュア記1章16節〕……どうか、あなたの神、主がモーセと共におられたように、あなたと共におられますように。」〔ヨシュア記1章17節〕

人々はヨルダン川にさしかかり、川は行く手にある乗り越えられない障壁のように思えました。ですが、ヨシュアは、彼らと神の理解を表す契約の箱を持って、ヨルダン川へはいるよう命じました。人々がそのとおりにすると、「川上から流れてくる水がせき止められ、ヨルダン川の水は、壁のように立った。……そして、主の契約の箱を担いだ祭司たちがヨルダン川の真ん中の干上がった川床に立ち止まっているうちに、全イスラエルは干上がった川床を渡り、民はすべてヨルダン川を渡り終わった。」〔ヨシュア記3章13、17節〕

契約の箱

旧約聖書では、戦争や疫病、火事や洪水が人類の共通の運命であった時代、主との「契約」を理解する者には、つねに安全が保証されていました。「あなたは主を避けどころとし／いと高き神を宿るところとした。あなたには災難もふりかかることがなく／天幕には疫病も触れることがない。主はあなたのために、御使いに命じて／あなたの道のどこにおいても守らせてくださる。」〔詩編91章9－11節〕

それは主とわたしたちとの契約であり、太古のむかしから人々が求めてきた、環境に対する優位性を与えてくれるものです。わたしたちが必要なことは、自分のなかにある無限の力を思い出すこと、超意識の一部であるマインドは、超意識と同じように予見でき、防御でき、あらゆる種類の害を防ぎ、わたしたちを保護できることを思い出すことです。試練から逃げる必要も、試練に対して平静を保つ必要もありません。必要なのは、理解をもって試練に耐えることです。これまで一度も、超意識――それを通じて、わたしたちのマインド――が、太刀打ちできない状況は起こったことがないと理解することです。あらゆる問題の正しい解決策は、超意識のなかにあることを知ることです。その解決策を求めるだけで試練を克服できます。

「では、知恵はどこに見いだされるのか／分別はどこにあるのか。〔ヨブ記28章12節〕神に従い、神と和解しなさい。そうすれば、あなたは幸せになるだろう。〔ヨブ記22章21節〕」

もし、悪に脅かされ、失敗や病気や事故が襲いかかってくるように思えるなら、悪は超意識から来るものではない、だから非現実的でなんの力も持たない、と考えればいいのです。悪は単に、超意識の知る正しい状況が不在にしている状態です。ですから、悪を見たり認識したりすることを拒否し、マインドを通じて、それらを無効にする正しい状況を求めます。

そうすれば、何を求めているのであっても、それを必要とするときにマインドから調達できることがわかるでしょう。ニーズが大きければ大きいほど、この真理を理解しさえすれば、それはかならず満たされます。イエスは言いました。「小さな群れよ、恐れるな。あなたがたの父は喜んで神の国をくださる。」〔ルカによる福音書12章32節〕あなたの思考は万能であることを忘れないでください。創意に富み、時間や空間の制限もないことを。そして、つねに利用可能であることも。

心配ごとも、恐怖も忘れてください。その代わりに、あなたが見たいと思う状況をイメージします。いつでも利用できることを実感します。望むものはすでに**得られた**と、ニーズはもう**満たされた**と、自分自身に宣言するのです。自分にこう言います。「こんなにいいものを利用できるようにしてくれたマインドには、感謝の気持ちでいっぱいだ。心からほしいと思うものはすべて得られたし、そのことをありがたく思っている」

自分にそう言うたびに、その思考を潜在意識に印象づけます。潜在意識がその真理を確信した瞬間、**そのときこそ**マインドが**実現へ向けて**動き出します。これが、イエスの助言「祈り求めるものはすべて既に得られたと信じなさい。そうすれば、そのとおりになる。」［マルコによる福音書11章24節］を実践する方法です。

絶望的な状況や、深みにある原因でも、この真理が救わないものはありません。医師から見放された患者が、愛する人の信念によって奇跡的な回復を遂げた例はいくつもあります。

「この本を読んだすべての人が、わたしと同じように、一度読んだだけで多くのことを得られるようにと願っています。「一読しただけでとてもよく理解できたので、友人を病院のベッドに縛りつけていた心の鎖を断ち切ることができました。友人は三日後に退院し、担当医たちはとても驚いていました」

同じように、脅かされていた災難が回避され、代わりにいいことが起こった例が無数にあります。わたしたちの多くがかかえる大きな問題は、**信じていない**ことです。みずから災いを探し求めているのです。「雨の日」はかならず訪れると感じ、そのことを考えつづけ、準備し、恐れ、最大限の努力をして、それを確実のことにします。「臆病者《おくびょうもの》は死ぬ前に何度も死ぬ。勇敢な者はただ一度だけ死を味わう」。わたしたちは橋を渡る前に、何度も橋を渡ります。自分自身をうたがい、自分の能力をうたがい、まわりの人々やあらゆるものをうたがい、うたがうことでエネルギーを消耗し、熱意を失い、成功を逃しています。まるで「不健康であることを楽しんでいる」老婦人のように。自分の願望や欲求のあとには、かならず「でも」という小さなことばをつづけ、心の奥では「できすぎた話だ」と感じています。善とは別に、手にはいるはずの祝福を与えない力があると思っています。うたがってしまうのは、自分の願望を実現する方法が見えないからです。わたしたちは、自分にもたらされる善を制限しているのです。

預言者マラキは、つぎのように言いました。「これによって、わたしを試してみよと／万軍の主は言われる。必ず、わたしはあなたたちのために／天の窓を開き／祝福を限りなく注ぐであろう。〔マラキ書3章10節〕……諸国の民は皆、あなたたちを幸せな者と呼ぶ。あなたたちが喜びの国となるからだと〔マラキ書3章12節〕」

あなたのマインドは超意識の一部です。そして、超意識にはすべての供給があります。あなたは、調達できるのと同じくらい供給を得ることができ、そしてその権利があります。少量を期待すれば少量しか手にはいりません。受けとる力まで減じてしまうからです。

正しいものであれば、どんな願望でもかまいません。あなたの息子が電車に夢中で、電車を買ってあげられる財力があるなら、息子に電車の絵本を渡そうとは思わないでしょう。絵本のほうが教育的価値が高いかもしれませんが、わが子に対する愛情は、それが有害なものでないかぎり、息子の切実な願望を満たそうとするはずです。

同じように、超意識は、それが有害なものでないかぎり、どんなに些細《ささい》に見えようとも、あなたの願望を満たしてくれます。「主に自らをゆだねよ／主はあなたの心の願い

をかなえてくださる。」〔詩編37章4節〕

神ははるか遠方にいるものでもなく、厳しい裁判官でもなく、わたしたちが自然として認識している恵み深い力――花を芽吹かせ、植物を成長させ、豊かさを惜しみなくひろげる、生命の原理だということを理解してください。すべての供給を保有し、子供のころにはおもちゃを与えてくれ、大人になったらニーズを満たしてくれる神が、超意識であることを理解します。心から望むものを神から得るためには、神はあなたのまわりにいて、いつでも呼びかけに応じてくれることを正しく理解するだけでいいのです。そうすれば、恐怖、心配、限界の感覚は、すべてなくなるでしょう。

超意識は、無限の果てしない善の源です。一般的な善の源だけでなく、あなたが人生のなかで望む具体的な善の源でもあります。超意識にとっては問題に大小の差はなく、山を消し去ることも、スズメに餌をやることも、似たり寄ったりです。

そして、イエスのような完璧《かんぺき》な理解者にとっては、ラザロを死からよみがえらせるという「奇跡」は、水をワインに変える以上の努力は必要ありませんでした。イエスは、超意識がすべての力であり、超意識を超えるものは存在しないことを知っていました。イエスは、「永遠の命とは、神を正しく知ること」だと理解していたので、罪や病気、死を克服することで、永遠の命の知識を示すことができました。というのも、罪、病気、貧困、心痛、あるいは死そのものを癒《いや》すのは、ひとつの同じ法則だからです。その法則とは、神の原理を正しく理解することです。

とはいえ、この「奇跡」を起こす能力は、どのようなものから成り立っているのでしょう。この能力を証明する力とは、なんでしょうか。いちばん簡単な方法はおそらく、超意識は人間の働く力であると、まず認識することです。

思考の科学

このすばらしい事実を理解するために、少し頭を働かせてみましょう。全知全能、永遠なる創造主であり無限の宇宙の支配者が、「手のひらにすくって海を量り／手の幅をもって天を測る者。地の塵《ちり》を升で量り尽くし／山々を秤《はかり》にかけ／丘を天秤《てんびん》にかける者」〔イザヤ書40章12節〕が、あなたの働く力だという事実を。この事実を理解して利用したぶんだけ、わたしたちは奇跡を起こせるようになるのです。

自分の仕事のなかに超意識が存在すると実感すれば、そのぶんだけあなたの仕事はインスピレーションを受けます。心の意識している部分のみに依存すれば、そのぶん仕事に苦しむことになります。「わたしは自分では何もできない。〔ヨハネによる福音書5章30節〕父がわたしに成し遂げるようにお与えになった業、つまり、わたしが行っている業そのものが、父がわたしをお遣わしになったことを証《あか》ししている。」〔ヨハネによる福音書5章36節〕。イエスの奇跡は、父なる神をイエスの働く力として完全に認識したことを証しとしています。

このインスピレーション――あなたと超意識の共同作業――は、あらゆる仕事に利用できることを心にとどめておいてください。超意識は完全なので、人生の一部で利用でき、別のときに利用できないということはありません。正しく指示された仕事はどれも、それがどんなに些細に見えても、あるいは取るに足らないように見えても、超意識のひらめきを携えています。というのも、全能の神の性質上、その愛と授与は普遍的で公平でなければならないからです。「何をするにも、人に対してではなく、主に対してするように、心から行いなさい。」〔コロサイの信徒への手紙3章23節〕

わたしたちの多くは、東洋の古い伝説に登場する娘のようなものです。ある精霊が娘を穀物畑へ送りこみ、いちばん大きく実った穂を摘んでくれたら、珍しい贈りものをしようと約束しました。穂の大きさと実り具合に応じた贈りものをすると言うのです。

しかし、精霊はひとつ、こんな条件をつけました。立ち止まったり、引き返したり、あちこち歩きまわったりすることなく、まっすぐ野原を歩いて、ひとつの穂を引き抜くこと。

娘は喜び勇んで出発しました。穀倉地帯を歩いていると、たくさんの大きな穂や、よく実った穂が目に飛びこんできました。もっと大きな穂、もっと完璧な穂を見つけようと思い、それらを無視して通り過ぎました。しかし、やがて土は徐々に痩《や》せていき、穂は小さく、まばらになっていきました。このなかからは選べません。もっと前に通過した、ふつうの大きさの穂を選べばよかったのです。しかし、もう手遅れです。先へ進めば、もっといい穂が生えているかもしれません。

娘は歩きつづけました。そして穂の状態は悪化しつづけ、気がつくと畑の端に立っていました——**出発したときと同じように手ぶらのままで。**

人生も同じです。毎日、よく働いたぶんだけ報われます。毎日が幸せのチャンスです。しかし、日常の報酬は、先に見える大きな報酬に比べるととても小さく、チャンスがあっても他愛ないものに思えます。それらを通り過ぎてしまうのは、前方に見える大きな地位や、遠くに見える輝く賞が、小さな仕事の総和にすぎず、行く先々で勝ちとるべき小さな褒美を積み重ねた結果であることを認識していないからです。

主の配慮をいちばん受ける資格がある職業を選べと命令されているのではありません。「何をするにも」自由です。詩や音楽、芸術といった高尚で理想的な分野であれ、宗教や慈善事業であれ、政府、ビジネス、科学であれ、あるいはシンプルに家事であれ、「何をするにも」あなたには、すべてのインスピレーションを得る権利があり、自由に呼び出すことができます。すべてを持っていると思えないなら、それは贈りものを利用していないからです。

「植える者と水を注ぐ者とは一つですが、それぞれが働きに応じて自分の報酬を受け取ることになります。わたしたちは神のために力を合わせて働く者であり、あなたがたは神の畑、神の建物なのです。」〔コリントの信徒への手紙一3章8-9節〕

あなたは、この普遍的な供給をどのように利用しますか？　つぎに何か必要に迫られたとき、つぎに困難に陥ったとき、しばらく目を閉じて、超意識はそのニーズをいちばんうまく満たす方法を知っていて、あなたの困難の解決策を知っていることを実感しましょう。あなたの潜在意識も、超意識の一部であるので、それを知ることができます。ですから、潜在意識が解決策を見つけ出すという絶大な自信を持って、潜在意識に問題を送ります。それからしばらくのあいだは、そのことを忘れてください。時が来れば、必要は満たされるでしょう。

ウィンビグラー博士は、このアイデアの実践をつぎのように裏づけています。

マインドに刻まれた暗示は、道徳的にも、物理的にも完全な変化をもたらします。もし人類が精神的に「幼子のように」なり、神を心から信頼するようになれば、健康と均衡を確立するために最大の力が発揮され、その結果は、快適さ、健全さ、祝福において、計り知れないほどになるでしょう。たとえば、人生の心配ごとや恐れ、煩わしさに悩んでいる人がいるとします。それらを取りのぞいて苦しみを和らげるには、どうしたらいいのでしょうか。一日に二度、静かな部屋や場所へ行き、横になって全身の筋肉をリラックスさせ、心配ごとや体の機能に完全に無関心になり、需要と供給の法則を通して神が与えてくれるものを静かに受け入れるといいでしょう。数日のうちに、その人は自分の感情が大きく変化していることに気づき、苦しみは過ぎ去り、人生は明るく有望に見えるはずです。この法則は、無限の知恵によって確立されたものです。心配や恐れをいだく人がこの法則を活用すれば、短期間で驚くべき成果を得ることができます。

変化のほんとうの理由は、神がわたしたちの手の届くところに置いた法則を使うことによる回復の可能性にあり、それによって、だれもが望む健康と力を、求める人や求めるべき人にもたらすからです。閾下《いきか》の人生は、人間と神をつなぐものであり、神の法則に従うことによって、その人の人生は、無限の資源と、神が与えるものと与えるつもりのもの、すべてと接触することになります。そこに、あらゆる病気治療の秘密があり、喜びにあふれた人生、幸福、永遠の命の可能性の基礎があります。暗示は神が与えるものを確保するための方法であり、マインドは贈りものを受けとる代理人です。これは理論の問題などではなく、事実です。病気の人、あるいは健康を保ちたいと願う人が、リラックスし、心を開き、信念を持つ期間を設ければ、この方法の有益で揺るぎない結果を証明することができます。

XV

運命の支配者

卑怯《ひきょう》者が戦陣の端にうろついていた、

そして思った：「おれにもっと鋭い刃金の剣があれば――

王子が下げているような青い抜身があれば――
だがこんななまくらでは！」彼は刀を折って手から投げすてた、
そして身をかがめ、這《は》って戦場を去った。

そこへ王子が来た。負傷して、ひどい目にあって、
武器も失っていた。そして折れた剣が
乾いた踏まれた砂に柄まで埋もれているのを見て、
走りよってそれをつかみ、雄叫《おたけ》びを
あらたにあげて王子は敵を斬りたおし、
そしてその勇戦の日に大義を護《まも》った。

――エドワード・ローランド・シル（『アメリカの詩』収録「機會」、
大和資雄《やまとやすお》編著、東西出版社、一九四六年）

六五歳になったら、あなたはどうしているでしょう。六五歳の男性の六人に五人は施しを受けて暮らしています。六五歳で働かずに生活できるのは、二〇人にひとりです。これは、米国銀行協会が二五歳の健康な男性一〇〇人を対象に、六五歳まで追跡調査した結果、判明したことです。

この一〇〇人はもともと健康でした。成功するチャンスはみな同じでした。ちがいは、

マインドの使い方にありました。一〇〇人中九五人は、与えられた仕事をこなすだけで、自分自身に信念を持つことも、何かを率先しておこなうこともなく、物事をはじめる勇気もありません。いつもだれかに指示され、コントロールされています。
六五歳のあなたは、どうしているでしょう。だれかに頼っているのか、それとも自立しているのでしょうか。生活のために苦労して、だれかから施しを受けているのか、それとも頂点にいるのでしょうか？

「わたしがわが運命の支配者」


そのことを知るまでは、人生の成功を手にすることはできません。あなたの運命は、あなた自身の手にゆだねられています。**あなたが**運命を作っているのです。半年後、一年後にどうなっているかは、きょうあなたが何を考えるかによって決まります。

ですから、いますぐ選択してください。

あなたは、物質が唯一の力であると見なし、それに屈服するつもりですか？　いま置かれている環境は、押しつけられたものであり、自分にはなんの責任もないと考えていますか？　それとも、物質はマインドの支配下にある陽子と電子の集合体にすぎず、自分の環境、成功、幸福は、すべてみずから作り出したものと認識して、現状に満足できなければ、自分のあるべき姿をイメージして変化させようと、日々努めていますか？

前者は、いますぐ実行できる簡単な方法であり、貧困と恐怖と老いの地獄へ至る安易な方法でもあります。

しかし、後者は、心からの願望を実現させる道です。

超意識の力が目に見えないからといって、それをうたがう理由があるでしょうか。自然界の最も偉大な力は目に見えません。愛は目に見えませんが、人生においてこれ以上の力があるでしょうか。喜びは目に見えませんし、幸福、平和、満足も同様です。ラジオの電波は目に見えませんが、聞くことができます。音波を支配する法則の産物です。法則は目に見えませんが、あなたは毎日、さまざまな法則が作用しているのを目にしています。機関車を走らせるには、力を応用する法則を勉強し、その法則を応用していきます。

これらは発明の成果ではありません。法則は最初から存在していました。ただ、人間が応用する方法を学ぶのを待っていただけです。もし人間が超意識を正しい範囲で呼び出す方法を知っていれば、音波の法則や蒸気の法則をもっと前に応用できたはずです。発明は、超意識の英知を明らかにして展開したにすぎません。

超意識の英知は、人間がまったく知らない何百万もの法則を知っています。あなたはその英知を呼び出すことができます。それを自分のものとして使うことができます。物事をありのままに考えるのではなく、こうであるかもしれないと考えることで、やがて大きな必要を見出《みいだ》すでしょう。必要を見つけることは、その必要を満たすための供給物を見つけるための最初のステップです。マインドの精霊を超意識へ送りこんで探索させる前に、まずは何を求めているかを知らなければなりません。

ダイヤモンドの鉱脈

ボーア人の貧しい農民が、何年も岩だらけの土地から生計を立てるのに苦労したあげく、絶望してあきらめ、別の土地へ運を探しにいきました。しかし、数年後に元の場所へもどると、たくさんの機械と人々で活気にあふれ、想像を超える富が日々掘り出されていました。そこは、キンバリーのダイヤモンド鉱山だったのです。

わたしたちの多くは、その貧しいボーア人の農民のようなものです。わたしたちは表面的な力の下でもがいていて、あと少しだけ深く掘れば、巨大な力を手に入れられるとは夢にも思っていません――膨大なダイヤモンドよりも多くのものを与えてくれる、偉大な内なる自己を呼び起こしましょう。

オリソン・スウェット・マーデンは、つぎのように述べています。

人生の失敗者の大半は、精神的な敗北の犠牲者です。自分はほかの人と同じようには成功できないという思いこみが、自信を与えてくれる活力や決意を奪い、成功しようという気力すら半減させてしまうのです。

自分にはできないと思っている人が、できるようになる道理はありません。何百万という人が、もっと大きなことをする能力があるのに、日々平凡な暮らしを送り、その多くはかろうじて生計を立てている理由は、自分自身に対する自信が欠けているからです。平凡と貧困の退屈な暮らしから抜け出せるような大きなことができるとは思ってもいません。彼らは精神的に勝者ではないのです。

固い決意を持ち、信念と勇気がある者にはかならず道が開けます。

この世界で大きなことを成すのは、勝利への心がまえ、力に対する意識、支配力の理解を具《そな》えている人です。もし、あなたがこうした態度をとっていないのなら、自分に自信がないのなら、いますぐ身につけましょう。

高い磁力を持つ鉄は、一〇倍も重い鉄を引きつけて持ちあげることができます。同じ鉄でも、磁力を消すと、力はなくなり、羽の重ささえも引きつけることはできません。

さて、みなさん、自分に対して崇高な信仰を持つ、高い磁力を帯びた人と、信仰を持たず、信仰に対する疑念や恐れで磁力が消えた人のあいだには、磁力を持つ鉄とそうでない鉄のちがいと同じことが成り立ちます。ひとりは**神聖な自信という磁力を帯び**、もうひとりは恐れと疑念で磁力が消えた、同じ能力を持つふたりの人間がいるとします。そのふたりに同じような仕事を与えたとしたら、ひとりは成功し、もうひとりは失敗するでしょう。自信のある者は**力を一〇〇倍にし**、自信のない者は力を一〇〇倍減じさせるからです。

自分が何をするか、どの仕事に挑戦するか、どの方向へ進むかを選ぶときに、どのくらい時間をかけているか考えたことがありますか？　毎日が決断の日です。ビジネスでも、社会でも、家庭でも、わたしたちはつねに岐路に立たされていて、つねに選択する必要に迫られています。そのとき、自分自身と内なる無限の知性を信じることは、きわめて重要です。「あなたの業を主にゆだねれば／計らうことは固く立つ。〔箴言《しんげん》16章3節〕常に主を覚えてあなたの道を歩け。そうすれば／主はあなたの道筋をまっすぐにしてくださる。〔箴言3章6節〕」

変化しつづける物質的な時代では、複雑な力がわたしたちを取り囲んでいるように思え、状況の力によって動かされていると不平を言いたくなるときもあります。しかし、わたしたちは自分で選んだことをしているのです。たとえ、ある道を進みたくなかったとしても、その道を行くことにしたのは、それが最も抵抗が少ないからです。

すべての人に道が開かれている。
ひとつの道、多くの道、そしてもうひとつの道。
高潔な魂は高い道をのぼり、
低級な魂は低い道を探りながら行く。
それ以外の魂は、霧深い中間の平地を
行ったり来たりして漂っている。
だが、すべての人に対して

高い道と低い道は開かれている。
すべての人が決めなければならない
魂がどの道をとるかを。

——ジョン・オクセナム

あなたはどうでしょう。自分の思考を積極的にコントロールできていますか？　自分が実現したいことだけを潜在意識にイメージしていますか？　健康な思考、幸せな思考、成功する思考を持っていますか？

成功者とそれ以外の人のちがいは、訓練や装備の問題でも、機会や運の問題でもありません。ただ、それぞれのものの見方が異なるだけです。

成功者は、好機を見て、それをつかみ、成功の階段をもう一段上へ昇っていきます。失敗するかもしれないとは、けっして考えません。ただチャンスだけを見て、それで何ができるかイメージします。すると、内外の力が結集して成功を手助けします。

失敗する人は、同じ好機を見て、それを利用できればと思うのですが、自分の能力、お金、信用がそれに見合わないかもしれないと恐れています。臆病《おくびょう》者が泳ごうとして、おずおずと片足を水に入れては、すばやく引きもどすように。そうこうしているうちに、大胆な精神の持ち主がさっさと水に跳びこみ、ゴールへ到達します。

ほとんどの人が、「もしあのときチャンスをつかんでいたら、いまごろはもっといい暮らしができていただろう」と――そのうちの多くは、それほどむかしまでさかのぼることなく――振り返ることができます。

未来は自分の力で完全にコントロールできることを理解すれば、今後そんなことを口にすることはないでしょう。運の気まぐれや偶然のめぐりあわせには、もう左右されません。超意識はひとつであり、そこには善以外のものはありません。そのなかには悪のイメージはなく、そこから供給されるものに不足が生じることはありません。超意識のなかにあるアイデアは、海辺の砂粒のように無数にあります。そして、そのアイデアが、すべての富や権力、すべての幸福を構成しています。

あなたはただ望むものを潜在意識にしっかりと鮮明にイメージし、それを実現するために必要なアイデアを超意識から引き出すだけでいいのです。自分の未来をコントロールするために、自分が経験したいと思うことを心にとどめておきましょう。

ナショナル・シティ銀行の元頭取であるフランク・A・ヴァンダリップは、まだ悩める青年だったころ、成功した友人に、「出世して成功したいと思っている若者に、ひとつだけアドバイスするとしたら？」と尋ねました。その友人は、「すでに成功したかのように見せることだ」と言いました。シェイクスピアは同じ考えを別の方法で表現しています。「操がなければ、あるようにふるまうことです」。それらしく見せ、装い、演じるのです。まずは自分の思考のなかで成功しましょう。そうすれば、外の世界で成功するのもそう遠くはありません。

デイヴィッド・V・ブッシュは、自身の著書『Applied Psychology and Scientific Living（応用心理学と科学的生活）』のなかで、つぎのように述べています。

人間は無線のオペレーターのようなものです。マインドが創造主と調和していなければ、あるいは否定の波動よりも高い波動とキーが合っていなければ、種々雑多な、まちがった思考の流れにさらされます。

勇気ある思考を持つ人は、その思考の波動を、同じ勇気あるキーにチューニングされている人の意識にとどまるまで、宇宙のエーテルを通して送りつづけます。強い思考、勇気ある思考、繁栄の思考を持てば、その思考は、強くて勇気があり、繁栄しているだれかが受けとめます。

豊かさの観点から考えることは、貧しさの観点から考えるのと同じくらい簡単なことです。貧困の思考を持てば、わたしたちは貧困の思考の送信所と受信所になります。「貧困」の精神的な無線を送信し、それがいくつかの貧困に苦しむ「受信者」の意識に到達します。わたしたちは、自分が考えるものを受けとります。

豊かさ、華やかさ、繁栄という観点で考えるのも、不足、限界、貧困という観点で考えるのと同じくらい簡単なことです。

信仰の電流や希望の電流によって自分の振動数をあげようとすれば、その振動は超意識を通り、同じ高さのキーに合った人の意識にとどまります。あなたが考えたことは、いつかどこかで、あなたの思考のキーに同調した人が受けとめます。

もし、仕事にあぶれた人が、成功や繁栄、調和や地位、成長について考えたとしたら、その成功、繁栄、調和、地位、成長の波動を物体と同じくらい確実に――シェイクスピアが言うように――だれかが受けとってくれるでしょう。

もし、臆病で、利己的で、貧乏くさくて、了見の狭い考え方をすれば、宇宙のエーテルではじまった思考の波動は、同等の精神的な受信所に到達するまでつづいていきます。「類は友を呼ぶ」と、ことわざにあるように、同じような考えを持つマインドは互いに引き合います。

お金が必要なら、強く、勇気のある受信所に波動を送るだけで、あなたのニーズに応《こた》えられる人があなたへ引き寄せられるか、あなたがその人へ引き寄せられます。

どんな仕事をしているのであれ、それが正しいことであり、あなたには勝つ権利があることを学べば、**あなたは勝つでしょう**。自分のことを正当に支配する権利が自分にはあると学べば、**自分のことを支配できるようになります**。約束は、キリストのなかにあったマインドによって、わたしたちはすべてのことを為《な》せるというものです。

超意識は選《よ》り好みをしません。ほかのだれよりも力を持っている人はひとりもいません。単に、手のなかにある力を使う人が少ないというだけです。世界の偉人たちは、けっして**超人**などではありません。彼らは、あなたやわたしのようなふつうの人間で、潜在意識を引き出す方法と、それを通じて超意識を引き出す方法に偶然出くわした人たちです。ヘンリー・フォードの驚異的な成功について、トーマス・A・エジソンは、友人であるフォードのことを、「彼は潜在意識に頼っている」と言いました。

自分のなかにあるイメージそのものになるための秘訣《ひけつ》は、ただこれだけです。人生に求めるものは何か、未来はどうありたいのか、いますぐ決めてください。それをくわしく計画します。最初から最後までイメージします。つねづねやりたいと思っていることを実行している現在の自分を見るのです。マインドの目でそれを**現実**のものとし、感じ、生き、信じます。特に、潜在意識にいちばん届きやすい眠りに就く寸前に実行すると効果的です。すぐに現実世界でも目にするようになるでしょう。

老若男女、裕福でも貧しくても関係ありません。**いますぐ**はじめましょう。遅すぎることはありません。アップルトンの詩を引用します。

軽率で残酷な群衆のなかを
彼が堂々と通り過ぎた瞬間、
わたしはその顔を知っていた——
その腕にそっと触れると——彼はわたしに微笑んだ——
彼はかつてわたしがなるつもりだった人だ。
わたしが失敗した場所で、彼は人生から成功を勝ちとった。

わたしがつまずいた場所で、彼はたしかな足どりで立ちあがった。
似ている――だが似ていない――わたしたちは世界に立ち向かい、
重圧にさらされ、彼は人生がいいものであると発見した。
わたしはといえば、温室のなかのニガヨモギ。
失敗者が通る日陰の道。
それでも彼の姿を見ると、喜びが湧いてきた――
彼はかつてわたしがなるつもりだった人だ。
わたしたちはことばを交わさなかった。しかし、その理知的な目には、
彼を駆り立てた魂が見えた。
戦いのなかで彼を支えた勇気は、
かつてわたしのものだった。「もうだめなのか？」わたしは思った。
彼はことばにされない問いを感じとった――そう思ったのは、
その青白い唇が、「否！」と、ひと言の返答をかたどったからだ
勝つにはもう手遅れか？　否！　遅すぎることはない――
彼はいまでもわたしがなるつもりの人だ。

XVI

だれのものでもない大金

そんなことはできないとだれかが言った。
だが彼は笑いながら答えた。
「そうかもしれない」と。だが彼は、
試してみるまでは、できないと言わない人だ。
だから顔に笑みを残したまま、
ただちに取り組んだ。不安だったとしてもそれを隠した。
彼は取り組みながら歌いだした。
できないことを、彼はやりとげた。

——エドガー・A・ゲスト

現代のマインドと、わたしの曾祖父《そうそふ》のころの時代のマインドの大きなちがいは、以前は状況が比較的静的でしたが、それに対して現代は動的だということです。文明は何世紀にもわたって、ほとんど変化することなくつづいてきました。ほとんどの人は、自分が生まれた場所で生きて死んでいき、父親が営んでいた職業を継ぎました。そして、自分の生まれた階級から抜け出す人はめったにいませんでした。そんな考えが頭に浮かぶことさえ、ほとんどなかったのです。文明がほとんど進歩しなくてもふしぎではありません。

今日、わたしたちは絶え間ない変化のなかにいます。人間には、現状に満足することなく、つねに上をめざそうとする、神聖な不安が染みこんでいます。このような変化の背後にある重要な力が、**思考**です。

考えるという能力は、超意識とつながるリンクであり、インスピレーションやエネルギー、力を超意識から引き出すことを可能にします。マインドは、**静的な**エネルギーです。思考は**動的な**エネルギーです。

人生は静的ではなく動的であり、止まることなくつねに前進しています。ですから、成功も失敗もすべてあなたの思考の**質**にかかっています。

思考は創造的なエネルギーです。考えたことを現実のものにします。実際にかたちとなって表れてほしいと思うものを考え、見て、**信じ**、そのあとは潜在意識にまかせて実現させます。

あなたのマインドは、人生を思いどおりにするために必要なものを引き出すことができる、驚異の蓄電池です。マインドには、あらゆる力、資源、エネルギーがありますが、それを使わなければならないのは**あなた**です。あなたが動的にしないかぎり、力はすべて静的です。創造的な思考をした瞬間、あなたの意識は創造主となり、超意識と力を分かち合います。万能の力を共有する者には、静的なものなど何もありません。ある人のなかにある抗《あらが》いがたい生命エネルギーが、その人を新しい成長や新しい願望へ押し進めます。木の枝を流れる樹液が古い枯葉を押し流して新しい生命の道を作るように、あなたも健康と幸福と無限の供給という新しい生命をもたらす前に、貧困と欠乏と病気という古くてよどんだ思考を押し流さないといけません。

この生命はわたしたち全員のなかにあり、つねに表へ出たがっています。それを抑圧すると、あなたは死んでしまいます。医者が言うには、人間が老いる唯一の理由は、体内組織が詰まるからだそうです。動脈にある小さな孔《あな》が塞《ふさ》がってしまいます。古いものを捨てず、表へ出ようと精いっぱいもがいていないのです。その結果、失敗や病気や死の犠牲に陥りやすくなります。

船乗りシンドバッドと海の老人の物語を読んだことはありますか？　シンドバッドが最初に老人を肩車したときは重さを感じませんでした。しかし、老人はしがみつき、締めつけ、ゆっくりと、しかし確実にシンドバッドの力を奪っていきました。シンドバッドは、精神と肉体に応援を求め、ありったけの力を駆使して老人を振り落とすことができました。もしできなかったら、ほかの多くの人と同様に、シンドバッドは老人の餌食《えじき》となり殺されていたでしょう。

わたしたちのほとんどは、この海の老人が肩の上に乗っている状態で、老人は簡単に振り落とされまいと、しっかりとしがみついています。老人は居すわり、エネルギーを消耗させ、生命力を奪います。老人を取りのぞくには、精神的、肉体的な力をすべて結集させて、最大の努力を振り絞らないといけません。

嵐が来ても、勇敢な船乗りは、風を前に蒸気を止めてなすすべなく漂うことはありません。その手段をとるのは簡単かもしれませんが、そこには危険が潜んでいます。勇敢な船乗りはさらに蒸気を足して、強風と戦います。あなたもそうするべきです。あなたのなかには、困難を楽しむ何かがあります。勝つために努力を要するものをより高く評価します。アスリートが「第二の風」に乗るために最大限の努力をするように、あなたも新しい道を切り開き、並はずれた苦難に遭遇しなければ、マインドの隠れた資源に到達できません。

亀が仰向《あおむ》けに投げ出されるのを見たことはありますか？　亀はしばらくのあいだ、激しくもがいて、体勢をもどすべく何かにつかまろうとします。まず自分の外側に助けを求める人間と同じように。しかし、やがて亀は甲羅のなかに全身をしまいこみます。少し休んで力を取りもどしたあと、渾身《こんしん》の力を片方へ——足も頭も尾もすべて——振り向けて、裏返ります。

わたしたちも同じです。あらゆる緊急事態に対応できる力が自分のなかにあると理解したとき、助けを求めて外を見まわすのはやめて、必要なときにマインドに理性的に呼びかけるとき、わたしたちは無限の資源を利用していることに気づくでしょう。その資源を自分がいちばん望んでいること、つまり人生からあらゆることを得るということに集中すればいいということがわかるでしょう。

エマソンのことばを借りれば、超意識とやりとりする方法を見つけることができれば、わたしたちは――

……この惑星の

七つの星と太陽年の所有者で、

シーザーの手とプラトンの脳の、

主キリストの心とシェイクスピアの弁舌の持ち主だ。

XVII

力の秘密

偉大なる者は、かつてあなたのようだった。

今日、人々が賞賛する者たちは

かつて人生の道を手探りで進んでいた。

自分自身を恐れ、魔法が

人の偉大さをもたらすと考えていた。
できることを試すことを恐れていた。
しかし、名誉は成功によって報いた。
あなたが持つのと寸分たがわぬ贈りものを。

――エドガー・A・ゲスト

米国東部のある大都市に、数年前に夫を亡くして一億ドル近くの遺産を受け継いだ女性がいます。彼女は無限の権力を手にしていながら、それをまったく使っていません。あり余る富がありながら――億を持ちながら、千しかないかのように――そこから何も得ていません。その人は自分が持っている力も富もまったく知らないのです。正気の沙《さ》汰《た》ではありません。

あなたにも同じくらい大きな力があります。この哀れな女性の、力を使用していないことに対する言い訳は抜きにして。

あなたは、無限のアイデア、無限のエネルギー、そして無限の富にアクセスできます。「開け、ゴマ!」は、潜在意識を通して伝わります。表面的な条件にみずからを制限しているかぎり、マインドを**まさに**使用している人々に仕えるただの雑用係であるかぎり、あなたは荷役用の動物よりもいい立場にいるとは言えません。

力の秘密は、自分自身のマインドのなかにある無限の資源を理解することにあります。

なんでもできる力、何にでもなれる力、なんでも持てる力が、自分のなかにあることを実感しはじめたら、そのとき**はじめて**、世界で自分の適切な位置を占めることができるのです。

ブルース・バートンが『誰も知らない男――なぜイエスは世界一有名になったか』(小林保彦《やすひこ》訳、日経BPマーケティング、二〇〇五年)のなかで描写したように、「広大無辺の場所で……イエスの心に満ちてくるものがあった。自分にナザレは小さすぎると思った」のです。

自分のなかにある力を感じていたが、いつどこで機会は訪れるのだろうと、リンカーンについても苦悩を描写し、バートンはさらにつづけます。

「ものの見える人間には、はっきりとした声が聞こえる。神秘性のない人間が人を率いてゆくことなどできない。**その場の状況より、自分の内にあるもののほうが確かだ**と信じられるような人間でなければ、偉業など成し遂げられるものではない」

イエスの友人や隣人たちは、イエスのなかにそんな力があるという考えを嘲笑《ちょうしょう》したにちがいありません。現代のほとんどの人が、自分のなかにそんな力があるという考えを笑い飛ばすように。

そして、日々の仕事をこつこつこなし、病気と困窮という陰鬱《いんうつ》な亡霊をつねにそばに置き、やがて訪れる死を喜ばしき平安として受けとめるのでしょう。あなたもそのひとりですか? それとも、内なる力の意識に耳を傾け、「あなたがたの間にある神の国」

なって表れます。あなたが意識するものはなんでも、すぐに具体的なかたちとなって表れます。

　自分の能力を過去に成しとげた実績で判断してはいけません。あなたがこれまでしたことは、心の意識している部分だけを使って達成されてきました。それに潜在意識が自由に使える無限の知識が加われば、これまでの成果は、これから成しとげることに比べれば、なかったも同然です。

　知識はただの静的なエネルギーですから、みずから働きかけることはありません。あなたの思考の力を使って、知識を動的なエネルギーに変換しないといけません。週給二五ドルの事務員と年俸二万五〇〇〇ドルの重役のちがいは、ひとえに思考の差です。事務員は、重役よりも詰まった頭脳を持っているかもしれないし、脳みその重さが実際に重いということもよくあります。また、学歴もはるかに上であるかもしれません。しかし、自分の思考をどのように働かせ、そこからいかに最大の利益を得るのかを知らないのです。

　頭脳があるなら、使いましょう。技能を持っているなら、応用しましょう。あなたがそうすることで世界は利益を得るにちがいなく、ゆえにあなたも利益を得るはずです。

　わたしたちはみな、どうすればものすごいことができるか、どうすればすばらしい仕事を成しとげられるか、はっきりとわかる瞬間があります。しかし、それを実現できるほど信じ切ることができません。白昼夢から抜け出せない想像は、弱気を帯びます。

白昼夢を実現させましょう。潜在意識に刻みこまれるように明確にします。白昼夢に悪いところは何もありません。ただ、ほとんどの人がそこで止まってしまうことが問題で、夢を実現させようとはしないのです。偉大な発明家のテスラは、新しいモデルを作りはじめる前に、その機械が完成し、あらゆる点で完璧《かんぺき》であることを「夢想」しました。モーツァルトは、そのすばらしい交響曲一つひとつを、五線紙に音符を書く前に「夢想」しました。しかし、どちらも夢を見るだけでやめませんでした。夢をイメージし、**それから現実のものにしたのです**。

イメージしても、それを実現するためのステップを踏まなければ、その能力は失われます。

力は奉仕を意味します。ですから、偉業を成しとげるイメージを実際のものにするために、すべての思考を集中させます。思考は力の発電機を動かす電流です。潜在意識を通して普遍的な供給を引き出すことができるように、この電流を接続することは、超人になるということです。そうすれば、人生のあらゆる問題を解決する鍵《かぎ》が見つかるでしょう。

XVIII

ひとつのことをする

毎日、どのように仕事に取り組んでいるのか？
自分に降りかかってくる課題に
自信と余裕をもって取り組んでいるだろうか。
恐る恐る作業を開始するのか、
それとも、やってやるぞという気持ちになるのか。
できると思えばそのぶんだけできる。
だが、それ以上は成しとげられない。
自分を恐れているのなら、若者よ
その先に待ち受けるものはほとんどない。
失敗はまず内側にやってくるものだから。
その先に待つものがあると知れば
最悪の事態に直面しようとも
やるぞと思えば勝利を手にできる。

――エドガー・A・ゲスト

救世軍は第一次世界大戦中に、好意的な評判を得ました。戦地の兵士たちに提供する「サービス」のうち、比較的小さな役割を担っただけでしたが、救世軍は称賛の大部分を手にしました。なぜだかわかりますか？

それは、たったひとつのこと——ドーナツ——に集中したからです。

兵士たちにドーナツを提供し、うまくやりとげました。そして、これこそがビジネスで成功するための基本です。四〇のことに手を出すより、ひとつのことを抜群にうまくやるほうが効果的です。

いまから約二〇〇〇年前、マルクス・ポルキウス・カトーは、豊かで栄えた都市カルタゴを訪れて、ローマには滅ぼすべきライバルがいることを確信しました。ローマの人々はカトーを笑いました。事実上、その信念を貫いていたのはカトーひとりでした。しかし、カトーは固執しました。すべての思考、すべての能力をその目的に集中させました。演説するたびに、話をするたびに、「カルタゴは滅ぼされなければならない」と言って締めくくり、その一文に自分のすべての考えを集約して、自分が乗り越えようとしているものに聞き手の思考を集中させました。そして、**カルタゴは滅ぼされました。**

ひとりの人間がひとつの考えに集中することで大国を滅ぼすことができたのであれば、同じ原理をビジネスの**構築**に応用しない手はないでしょう。

わたしが馬術を習いはじめたころ、コーチがこんなことを教えてくれました。「馬はひとつのことしか考えられない動物です。教えられるのは、一度にひとつずつです」

いまにして思うと、この指導にはひとつだけ誤りがあります。それは、馬に限定する必要はないということです。大多数の人間も同じだからです。

それどころか、物事をうまく成しとげたいと望むなら、**すべての**人間にあてはまります。というのも、頭のなかにあるさまざまなテーマのどれかひとつを、思考を分割して正当に評価することはできないからです。一度にひとつのことをする必要があるのです。ビジネスにおいて、わたしが知る最高の成功の法則は「ひとつのことをする」です（これを印刷して、すべてのデスクの前に貼っておくべきです）。一度にひとつの仕事をします。ほかのことはすべて排除してそれに集中し、**完了**させます。中途半端に手をつけ、デスクの上に放り出して、つぎの仕事の邪魔をしてはいけません。完全に処理します。どこへ渡すにしても、きちんと引き渡します。完了したら、**忘れましょう**。そうすればあなたのマインドは、つぎの問題へ向けてクリアになります。

ウィリアム・ワートはつぎのように述べています。

ふたつのうちどちらを先にやってしまうかつねに迷っている人は、どちらもやらないでしょう。決心しても、友人の最初の反対意見で心変わりしてしまう人、計画から計画へと揺れ動き、気まぐれな風が吹くたびに風見鶏《かざみどり》のようにあちこちと向きを変える人は、現実的なことも、役に立つことも、何も成しとげられないでしょう。まず賢明に顧慮し、つぎに固く決意し、弱い精神をくじく些細《ささい》な困難にも動じず、柔軟な忍耐力で目的を実行する人だけが、どんな分野においても高みへ進むことができるのです。

世のなかにあるものは、たとえ巨大なビジネスであっても、すべて原子に分解することができます。そして、最大のビジネスであっても、その背後にある基本原理は、街角の新聞販売店をうまく運営するのと同じだということがわかるでしょう。商業の実践全体が、基本原理の上に成り立っています。その原理はどんな人でも学ぶことができますが、それを応用できるのは注意深く精力的な人だけです。多くの人に共通する問題は、給料をもらったら、自分に求められていることはすべてやったと思うことです。

それはまだはじまりにすぎません。その時点までは、だれかほかの人のために働いているのです。そこから先は、自分のために働きましょう。そして、自分の仕事に**余分な**時間をかけ、注意を払い、考えをめぐらせたとき、群を抜くようになるということを忘れないでください。

フォード社の営業本部長を長年務めたノーバル・ホーキンスは、「いま、フォードのビジネスで最も盛んなのは、マン・ハンティング」だと語っています。そして、あらゆる産業分野の大物たちが、ホーキンスのことばに共鳴しています。本物の能力を必要とする仕事では、親類や友人、それに「コネ」のある人材を求めてはいません。彼らが求めているのは、適切な人材です。その獲得には、どんな犠牲も厭《いと》いません。

また、彼らはつねに有望な人材に目を光らせています。そして、最も重要視されるのが、**主導する意志**です。

しかし、仕事全体をいっぺんに改善しようとはしないでください。一度にひとつのことに集中します。ある分野、あるプロセス、あるひとつのことを選び、それにすべての思考を集中させます。ある分野を発展させたり、潜在意識にある無限の資源を、そのことに集中させましょう。そして、分野を発展させたり、プロセスを改善したりするための明確な計画を作成し、それが実行可能かどうかを慎重に検証します。それから、その計画を発表するのです。

『Thoughts on Business（ビジネスに関する思考）』に、つぎのように述べられています。

人はよく、地位のことを「これくらいで、これ以上はない」と考えがちですが、実のところ、地位は自分が作るものであることが多いのです。ある人がある役職に就いて、年間一五〇〇ドルほど稼いでいて、事業を発展させるためにできることはすべてやっていると思っていました。しかし、雇用主はそうは思わず、そのポジションを別の人へ渡しました。渡された人はすぐにそのポジションをまったく同じ歩合で年間八〇〇〇ドルの価値があるものにしました。

その差は、人にありました。つまり、仕事に対するふたりの考えにあったのです。ひとりは仕事のあるべき姿をたいして考えておらず、もうひとりは大きな考えを持っていました。ひとりは小さな思考で考え、もうひとりは大きな思考で考えていました。

両者の基準が異なることがあります。一方が他方より生まれつきとりわけ能力が高いからではなく、一方が大きなことに精通し、他方がそうではないからです。前者はみずから狭い範囲で仕事をしていた時期があり、自分の仕事がどういうものなのかと、広い視野で見たとき、それを機に立ちあがり、より大きな人物になったのです。山のことを考えるのは、丘のことを考えるのと同じように簡単です。マインドが夢想するように仕向ければいいのです。マインドは輪ゴムのようなものです。引き伸ばせば、ほぼどんなものにもフィットしますが、手を離すと縮まります。

自分の仕事において、何がベストなのかを知り、マインドを引き伸ばして想像し、実現するための方法を考えることです。

大きなことは、小さなことの積み重ねにすぎません。ある朝、高層ビルの鉄骨を組み立てる作業員を見て、わたしはこの事実を強く印象づけられました。鋭い警笛が鳴り響き、エンジンのそばの男がレバーを引くと、やぐらから鎖がおりてきて、また警笛が鳴り響きます。作業員がかがみこんで鉄骨の中央部に鎖を括《くく》りつけると、一歩さがってまた警笛を鳴らします。レバーがふたたびエンジンで動き、鉄骨は空中に舞いあがり、一六階まで上昇していき、小さなボルトで固定されます。

近隣の建物よりもはるかに高くそびえ立つ立派な建造物は、鉄と石と木の部品からできていて、設計図にもとづいて組み立てられています。その設計図は、まず想像され、つぎに鉛筆で書かれ、慎重に製図が引かれ、そして職人がそれに従って作業します。すべてが小さなことの積み重ねです。

大きな仕事に直面したとき、こんなふうに考えると励みになります。**これは小さな仕事の集まりにすぎず、そのどれもが簡単にできることを思い出せばいい。**この事実を顧みないから、人は挑戦することを恐れてしまうのです。

重要な仕事を成しとげるためには、忍耐力が不可欠です。すわって腕組みをし、何かが現れるのを——ミコーバーのように——待つ忍耐力のことではありません。無理に早めて、計画を危うくしたり、狂わせたりしない忍耐力です。そのような忍耐力を持っている人はつねに、その間にやるべきことをたくさん見つけることができます。

計画を立て、それを提出するタイミングを待ちます。まるで見こみのなさそうな部下の提案でも、大物たちがいかに慎重に吟味しているかを知れば、驚くことでしょう。真の大物であることのしるしに、だれからも何からも学ぼうとする熱心さというものがあります。あるドイツ人の将軍に、ヨーロッパ全軍を一五年間抑えこんだナポレオンの戦術に関する本を渡したところ、「すべてを知っている」といった態度を見せたそうです。その将軍は、「過去の戦いのことなど読んでいる暇はない」と不機嫌そうに言い、「わたしにはわたしなりの作戦がある」と本を突き返しました。

本には貴重な知恵が詰まっています。トマス・カーライルが言ったように、「人類が成したこと、考えたこと、獲得したもの、体験したことのすべてが、本のページのなかに類《たぐい》まれな保存状態で横たわっている」のです。

人類が数えきれないほどの時代を経て、汗と労苦と飢えと血の代償を払って学んでき た真理はすべて、読むという努力ひとつで、自分のものにできます。

そして、ビジネスにおいて、知識ほど貴重で簡単に手にはいるものはありません。本や雑誌には、売買、製造、輸送、金融、経営など、さまざまな方法と正解が掲載されています。**知りたい**という欲求があれば、だれでも手が届くところにあります。

賢明な読書ほど有益なものはありません。職を維持するのに必要とされる以上の知識を得ようと投資する人は、さらによい職を得るための資本を獲得しています。

『この世で一番大切なことを言っておこう——ある商人の父より息子への20通の手紙』のなかで、ジョン・グラハムはつぎのように語っています。

「知識が半分では、ないも同然」という言葉があるが、知識を半分だけでなく、残りの半分も身につけておくと、実際に役に立つということを父さんは経験してきた。

(中略)

自分が持っている棍棒《こんぼう》については十分に知っていても、他人の持つ肉きり包丁についてはよく知らないものだ。だからこそ、ビジネスについての情報をいつでも探していなければならない。賢い人間は、近寄ってきた蚊が静止するのを見計らい、しかる後、精神を集中してたたき落とすように、気持ちを集中して事実を把握しようとする。

今日、ビジネスに携わる人々に求められているものは、これまでのどの時代よりもはるかに大きいものです。それに応《こた》えるためには、自分の才能を最大限に発揮しなければなりません。どんな状況に直面しても、最善で、最も手際よく、だれよりも早く解決策を見つけなければなりません。そのためにまず必要なことは、前もって仕事の計画を立てることです。

綿密な計画を立て、少しずつ順番に片づけてからつぎの作業にとりかかると、仕事は驚くほどはかどります。

もうひとつは、仕事をしはじめたら気を緩めてはいけないということです。完了するまでつづけましょう。止まっている自動車を発進させるのに、どれだけのパワーが必要かは、知ってのとおりです。しかし、いったん動きだせば、わずかな燃費で高速で走ることができます。あなたのマインドも同じです。わたしたちはみな、精神的に怠け者です。マインドを使いはじめるのが億劫《おっくう》なのです。ところが、いったん使いはじめると、気を抜きさえしなければ、簡単にハイペースでつづけることができます。気を抜いた瞬間、また最初にもどって同じことを繰り返すことになります。開始と停止を繰り返すのではなく、着実につづけていけば、はるかに少ない努力と労力で一〇倍の成果を達成できます。

個人的な効率、一般的な効率、そのほかのビジネスにおけるあらゆる種類の効率については、これまで何冊もの本が書かれてきました。しかし、煮詰めていくと、すべてつぎのことに行き着きます。

1. 自分が何を望んでいるのかを知る。
2. それを手に入れるために、しなければならないことを分析する。
3. 先に計画を立てる。
4. 一度にひとつのことをする。
5. ひとつのことを終えたら仕切りなおして、つぎのことをはじめる。
6. 一度はじめたら、**やりつづける**。問題にぶつかって「立ち往生」したら、潜在意識にチャンスを与える。

フレデリック・ピアースは、『Our Unconscious Mind（われわれの無意識のマインド）』のなかで、潜在意識の力を借りてビジネスの問題を解決する、すぐれた方法を紹介しています。

数年前、成功を手にしたある経営者が、自分の仕事のやり方を若者グループに説明するのを聞いたことがあります。その話には、毎日の仕事終わりに、翌日の最も重要な事柄を一〇個リストアップするようにというアドバイスが含まれていました。

そのアドバイスに、つぎのことをつけ加えたいと思います。そのリストを寝る前にマインドのなかで整理しましょう。じっくり考えたり、細部まで練ったりせずに、睡眠中に意識的に注意を払わなくても、それらを建設的に見る能力がマインドにはあると確信して眠りに就きましょう。

解決しがたい問題があれば、その特徴を簡単に見なおし、想像力豊かな無意識が夜間にプレーする最後のゲームとします。すぐに結果が出なくてもがっかりしないでください。小説、詩、作曲、発明、無数のアイデアが無意識から生まれ、抜群の構成的精巧さを証明するようなかたちで、しばしば世に出ることを思い出してください。

あなたの無意識にチャンスを与えましょう。無意識に材料を与え、じっくり考え抜いた願望とともに、あからさまな自我を最大限に発揮させて刺激してください。この習慣を根気よくつづければ、遅かれ早かれ、思いがけないときに、とても貴重なアイデアをもたらしてくれるでしょう。

別の人の話も紹介します。その人はある種の仕事の天才で、特に困難な問題に直面すると、「ひと晩寝かせる」のだそうです。この方法を学んだのは子供のころのことで、ある晩、教わったことを覚えられず、何度も繰り返しているうちに、本を手にしたまま居眠りしてしまいました。ところが、数分後に父親に起こされると、驚いたことに、本の内容を完璧《かんぺき》に覚えていたのです。その後、何度も何度も試してみたところ、ほぼかならず成功しました。いまでは、どうしても解けない問題が出てくると、オフィスのラウンジで体を伸ばし、じゅうぶんにリラックスして、**潜在意識に問題を解かせるようにしているそうです。**

第6章

XIX

マスター・マインド

顧みず、胸を張り、前進した。
雲が晴れるのを、けっしてうたがわず、
正義が破れ、悪が勝つなど、けっして夢にも思わず。
倒れるは立ちあがるため、失敗するはよりうまく戦うため、
眠るは目ざめるため。

——ブラウニング

あなたの友人のなかに、「できない」ということばをあまり使わない人がいます。あなたは、その人の仕事に対する能力に驚かされています。知れば知るほど、その人を称

賛するでしょう。

あなたはこれからもその人を尊敬するでしょう。その人は、これまでうまくやってきただけでなく、今後もずっとうまくやっていくでしょう。その人は、「ナポレオンのお守り」――**自分に対する絶対的な自信**――を見つけて、それを自分のものにしたのです。

世界はリーダーを愛しています。世界じゅうのいたるところで、あらゆる人生の歩みにおいて、人々は熱心に従うべきだれかを求めています。自分の考えを代弁してくれる人を求め、行動を促してくれる人を求め、物事がうまくいかなったときに責任をとってくれる人を求め、自分の努力で成功したときに栄光を分かち合える大物を求めています。

しかし、リーダーは自分自身に全幅の信頼を寄せていなければ、自信を持つことはできません。自分を信じていないローズヴェルトやムッソリーニなど考えられません。人間を無敵にするもの、それは自分自身の力を意識することです。自分自身の能力に限界を設けず、だから限界もありません。超意識はすべてを見、すべてを知り、すべてを成すことができます。この絶対的な力を、わたしたちは自分自身に許容した範囲内で共有しています。わたしたちの心がまえは、願望の実現に必要なものを超意識から引き寄せる磁石です。自分の能力に自信があるからうたがっているかによって、磁力は強くなったり弱くなったりします。自分自身の信念に従って、無制限の力を引きつけることも、自分に制限をかけて低いポジションにとどまることもあります。

かつてエマソンは、つぎのように書きました。

個々の人間すべてに共通するひとつのマインドがあります。すべての人間は、同じまたは同じものすべてに対する入り口です。いったん理性の権利を認められた者は、全領域の自由民となります。プラトンが考えたことを考えることができ、聖人が感じたことを感じることができ、どんなときにどんな人に降りかかったかを理解することができます。この超意識にアクセスできる者は、**実行されることや実行できることすべてに対する当事者です**。なぜなら、超意識は唯一絶対の動力因だからです。

ドイツの偉大な物理学者ネルンストは、酸化マグネシウムのフィラメントに電流を長く流すと、フィラメントの伝導率が大きくなることを発見しました。

同じように、あなたが潜在意識に呼びかけ、使えば使うほど、超意識の無限の資源を伝える伝導率は大きくなります。ソロモンの知恵、ミケランジェロの技術、エジソンの天賦の才、ナポレオンの豪胆さ、すべてがあなたのものかもしれません。超意識とつながり、そこから自分の意志で引き出せるようにすることだけが、あなたの役目です。

この力には、いつでもつながることができると考えてください。そこには、あなたがかかえるすべての問題に対する答えがあります。恐怖、心配、病気、事故から解放してくれます。あなたがこの力を使うのを邪魔したり、あなたの分け前を減らしたりすることができる人や物はありません。つまり、あなた自身以外には。

ドン・カルロス・マッサーは、『You Are（これこそがあなた）』のなかで、そのことをうまく表現しています。「重力の法則によって、リンゴは地面に落ちます。成長の法則によって、ドングリは樫《かし》の巨木になります。因果の法則によって、人は〝心のなかで思っているとおり〟の姿になります。適切な原因なくして、何事も起こりはしないのです」

成功は偶然ではなく、法則が働いた論理的な結果としてもたらされます。あなたの脳と体を通してマインドが作用し、あなたの世界を作っています。それがよりよい世界や、より大きい世界ではないとすれば、それはあなたの限定された思考や信念が原因です。マインドはつねに、あなたを通してアイデアをかたちとして表そうとしているのに、そのアイデアの洪水をせき止めているのです。神は失敗者や取るに足らない者を創造したことはありません。神は幸福と成功に必要なものを、高位の者にも低位の者にも同様に与えます。そのちがいは、わたしたち一人ひとりがその寛大さをどの程度まで**享受できるか**ということに尽きます。

どんな地位も名誉も目標も、ためらう理由はありません。あなたのなかのマインドは、どんなニーズも完全に満たすことができるからです。マインドにとっては、大きな問題も小さな問題も大差ありません。マインドは、大企業や大国と同じように、ささやかな日常にも存在しています。ですから、算術のつまらない計算にマインドを使わずに、自分自身や世界にとって重要な問題を解決させましょう。

何かをはじめましょう！ あなたの主導する意志を使いましょう。マインドに取り組むべきものを与えます。すべての成功の秘訣《ひけつ》のなかでも最も大事なのは、主導する意志です。それは、ほかのどんな資質よりも人を高みへ押しあげます。

何かを思い浮かべます。まず、自分の頭のなかで思い浮かべます。そこでパターンを作れば、潜在意識はそのモデルを現実にするために、まわりにある物質やエネルギーを引き出してくれるでしょう。

自分を追いこみます。自分を強制します。世界を動かしてきたのは、夢想家や想像力を持つ人々です。その人たちがいなければ、人類は石器時代から進化していなかったことでしょう。

ガリレオは月を見て、どうすれば月へ到達できるかを夢想しました。望遠鏡はその夢が結実したものです。ワットは蒸気で何ができるかを夢想し、その結果、今日の立派な機関車やエンジンが生まれました。フランクリンは雷を利用することを夢想し、その結果、人工で雷を作り出すことが可能になりました。

主導する意志、それと想像力があれば、どこへでも行けます。想像力はマインドの目を開かせ、マインドで想像したことは、日常生活で叶《かな》えられないものはありません。

想像力は、人間と神、形成された宇宙とかたちのないエネルギーのあいだをつなぐものです。想像力は、人間に具《そな》わるもののなかで最も神に近く、神性の領域です。想像力を通して、超意識の創造する力を共有することができ、最も単調な存在を生命と美のあるものに変えることができます。想像力は、超意識がわたしたちに絶えず大量に提供している、すべての善を利用するための手段であり、どんな目標にも到達し、どんな賞も勝ちとるための手段です。

潜水艦、飛行機、無線、電気をもたらしたのは、想像力です。シンプロントンネル、パナマ運河、ヘルゲート橋を建設できたのは、想像力のおかげです。わたしたちを成功に導いて幸福にするもの、あるいは貧しくさせて友人も失わせるものは、想像力、あるいは想像力の欠如です。

スペインやイギリス、フランスの冒険家たちを新世界へ送りこんだのは想像力でした。初期の入植者たちを西へと駆り立てたのも、鉄道や町や大都市を建設したのも想像力です。

親は愚かにも、子供の想像力を削《そ》ごうとしますが、必要なのは適切な手引きです。想像力は世界を形成するものであり、そこから子供たちの未来はかたちづくられるからです。子供を抑えつければ、想像力も抑制されます。一方を正しく育てれば、もう一方は無限にひろがります。コントロールできない想像力は、舵《かじ》のない船のようなものです。あるいは、ときには、稲妻のようでもあります。しかし、適切にコントロールされれば、想像力は港から港へ富を運ぶ船のようになり、あるいは産業と進歩のために無限の力を運ぶ電流のようなものになります。

あなたは幸せになりたいですか？　成功を求めていますか？　地位や権力、富がほしいですか？　**それをイメージします**。神はどのように人間を造りましたか？「神は御自分にかたどって人を創造された」のです。神はマインドのなかで人間を「想像」しました。

時がはじまってから、万物がそのように造られてきました。最初にマインドで想像されたということです。あなたが望むものもすべて、そのように——心のなかのイメージから——はじまるにちがいありません。

ですから、想像力を使いましょう。切実な願望をイメージします。それを想像します——鮮明に、明確に、白昼夢を見て、それがすでに**得られた**と実際に**信じます**。この信念を潜在意識へ運ぶとき、その瞬間に、夢は現実になります。それを認識するまでにしばらく時間がかかるかもしれませんが、重要な部分は完了しています。あなたはモデルを作りました。あとは安心して潜在意識にまかせることができます。

イエスが弟子たちに「祈り求めるものはすべて既に得られたと信じなさい。そうすれば、そのとおりになる。」〔マルコによる福音書11章24節〕と言ったとき、イエスは偉大な真理を語っただけでなく、わたしたち現代人がすぐれた心理学と呼ぶものも教えていました。なぜなら、この「信じる」という行為が、潜在意識に作用するからです。「信じる」という行為によって、かたちのないエネルギーが物質的なかたちをとって圧縮されるのです。

すべての人が、単調な生活から抜け出し、成長し、よりよいものに発展したいと思っています。そこに道が開かれています。学校教育、訓練、地位、富の有無にかかわらず、あなたに対して開かれた道があります。潜在意識は、あなたが赤ん坊のときから、世界じゅうのすべての大学や図書館にあるすべての本の内容を合わせたよりも多くのことを知っていました。そのことを忘れないでください。

ですから、トレーニング不足や、教育が欠如しているからと、自分の足を引っ張らないでください。あなたのマインドはあらゆる必要を満たすことができ、チャンスを与えれば、実際にそうするでしょう。キリストの使徒たちは、ほぼ全員が貧しく、教育を受けていませんでしたが、比類なき歴史的偉業を成しとげました。ジャンヌ・ダルクは貧しい農民の娘で、読み書きができなかったのに、**フランスを救いました**。歴史のページには、貧しい人々、無学な人々が、偉大な考えを持ち、想像力を駆使して状況を支配し、人々の支配者となった例があちこちに見られます。ほとんどの偉大な王朝は、どこかの貧しく無名の人物からはじまっています。貧しく質素な家の生まれのナポレオンは、たいへんな努力と策略を駆使して陸軍士官学校の席を手に入れました。砲兵大尉になったあとでも、インドの任務を持ちかけられたとき、装備を買うことができないほど貧しかったのです。今日のビジネス界には、通常の教育の初歩も満足に受けていない成功者がおおぜいいます。アンドリュー・カーネギーが家庭教師を雇い、必要な教育を受けたのは、彼が億万長者になったあとのことです。

あなたを成功へ導くのは、訓練でも教育でもありません。どちらも役には立ちます。しかし、ほんとうに重要なのは、神々からの贈りもの——**創意に富んだ想像力**——です。あなたはその贈りものを持っています。それを使いましょう。マインドに浮かぶすべての思考、すべての事実を、**あなたに利益をもたらすように**します。それを働かせ、生産させます。物事を考えるときは、ありのままではなく、**ありうるかもしれない**姿を考えます。それらを現実のものとし、生きたものとし、興味深いものにします。単に夢想するだけでなく、**創造します**。そして、想像力を使って、その**創造されたもの**を人類に、ついでにあなた自身にも、利益をもたらすようにします。

XX

あなたに欠けているもの

日々新聞を読んでいると、人生の戦いに失敗した者にも希望があることがわかる話によく出くわします。ちょうどいまも、盛りを過ぎ、五〇歳になっても一セントも蓄えがなく、銀行からの信用もない男の話を読んだところです。ところが、その男はくじけず、負けずぎらいで、やがて富と名声を手に入れ、現在は何不自由のない暮らしをしています。よく、落ちぶれた者は岩だらけの険しい道から抜け出せないと言いますが、こうした人々がもどってくることを、事実はまぎれもなく示しています。そういうわたしも、四〇歳を過ぎたころは一文無しで落ちぶれ、ひげはカビまみれでした。邪悪な災難に背骨を揺さぶられるほど打ちのめされ、署名など必要ないほど、どこからどう見ても立派な落伍者《らくご》でした。そして、コートをびしょ濡《ぬ》れにしたあと、わたしは（四三歳のときです）、「逃げ出したヤギを捕まえられるかどうか試してみよう」と思いたちました。それから一生懸命に働き、日々の仕事をこなすために頭を働かせ、やがて、ヤギを連れて、見事に凱旋《がいせん》を果たしました。まだ健康な人ならだれでも、たくさんの戦利品とともに、名声と富を手に入れるチャンスがあるかもしれません——落ちぶれた者はもどってくるのですから。

——ウォルト・メイソン

ボルシェビキが、あれほどまでに宗教に反対するのはなぜだと思いますか？　なぜなら、一般に受け入れられている宗教は、人間に、ありのままの状態に甘んじることを教えているからです。つまりは事実上、神はある人間を貧しく、ある人間を豊かに創造し、この不平等な分配は至極当然なことであり、来世ですべてが正されるのだから、それに対して憤ってはいけないというわけです。

ナポレオンはジャコバン派の初期に、まさにそうした理由で宗教を非難しました。しかし、権力を獲得し、みずからが皇帝の座に就こうとしたとき、宗教が必要だということに気づき、フランスに教会を再興しました。それはナポレオンが、宗教なくして人々はどうやって満足を得られるのか、と考えたからです。ある人が飢えで苦しみ、すぐそばにいる人が食べ過ぎで苦しんでいたら、飢えている人に、いつか未来のどこかですべてが正されるときが来ると教えないかぎり、自分の運命に甘んじることを、どうして期待できるでしょうか。

組織化された社会は、ナポレオンが計画したように、ある者は富み、ある者は貧しく、そして貧しい者を満足させるために、「神はこう望んでいる。でも、我慢してください。未来ではすべてが変わります。そのときには、**あなた**が栄誉ある場所を占めていることでしょう」と宣言する権威がなければ成立しないのです。

宗教とは、言い換えれば、一般に教えられているように、**庶民に満足を与えつづけるすばらしい思想です**。

しかし、キリスト教はけっして、金持ちを裕福にして富を保証し、貧乏人を満足させて本来の居場所に据えるための手段ではありません。それどころか、イエスが教えたキリスト教は、すべての善への道を開きました。そして、初期のころに実践されたキリスト教は、一人ひとりとすべての人に利益をもたらす社会主義の理想的な姿でした。たしかに、隣人より裕福な人はいませんでしたが、貧困にあえぐ人もいませんでした。三銃士の信条は、「ひとりはみんなのために、みんなはひとりのために」です。「求めよ、さらば与えられん」とイエスは言いました。「尋ねよ、さらば見出《みいだ》さん」。このことばは裕福な人々にだけではなく、**すべての人**に向けられたものです。

一部の「有力な家系」がそう信じこませているように、特定の家系や特定の個人を選んで、ほかの人たちの不利益になるように優遇するようなことは、神は断じておこないません。そのような特権を不当にわがものにしてきたのは、人間です。現代に生きるわたしたちは、「王権神授説」を一笑に付しています。少数が人生のいいものをすべて手に入れる権利を持ち、多数が苦労して汗を流しながら仕えなければならないと考えるのは、それと同じくらいばかげたことです。

絞首台に立ったランボールドの最期のことばを引用します。「神が、すぐに乗れるようにと、数名の人間に長靴を履かせて拍車をつけ、すぐに乗られるようにと、数百万の人間に鞍《くら》と手綱をつけ、それぞれをこの世へ送り出したとは、到底信じることはできない」

貧しさに正しいことは何もありません。そればかりか、貧しさにはなんの功徳もありません。あなたが貧しく、恐怖と心配に打ちひしがれているという事実だけでは、来世で進歩することはないでしょう。それどころか、あなたの魂は、欠乏によってつまずき、飢えと萎《な》えによって発展できない可能性が高いのです。

わたしにとって「神の国はあなたがたの間にある」〔ルカによる福音書17章21節〕という意味は、天国はいまここにあるということです。天国から幸せを得たいのであれば、すぐに手に入れなければなりません。わたしは、幸福の約束手形を受けとることにあまり信頼を置いていません。期限が切れるたびに、また半年、一年と更新しなければならず、ある日、目が覚めると、銀行が倒産していて、すべての手形が紙に書かれただけの価値もないことに気づくのです。

クーマイの巫女《みこ》は、タルクィニウス傲慢《ごうまん》王に九巻の書物を法外な値段で提供したと言われています。王はそれを拒否しました。巫女はそのうちの三冊を燃やし、残った六冊に元の九冊と同じ値段をつけました。王はまたしても拒否しました。巫女はさらに三冊の本を燃やし、残りを最初に要求した金額で提供しました。こんどは王は受け入れました。書物には、予言やローマの政策に関する貴重な指示が書かれていることがわかりましたが、残念なことに、もはや全巻揃うことはなくなりました。

幸せも同様です。すぐに受けとれば、すべて手に入れることができます。しかし、幸福を享受する日を先延ばしにしつづければ――つまり、幸福の約束手形をとりつづければ――一日ごとに得られる幸福が減っていきます。しかも、それと交換する対価は同じです。

存在することの目的は、**成長**です。幸福がなければ、精神的または霊的な成長は望めません。幸福というのは、「神の意志」を甘んじて受け入れることではありません。このいわゆる「神の意志」とは、多くの場合、受け入れた側の純然たる怠慢か、「その人に何かを押しつける」側の純然たる傲慢です。それは、だれも修正するエネルギーも能力もない状態の言い訳に考え出された、最も神聖な表現です。

わたしが言う幸福とは、平凡な人々の日常の楽しみのことです。愛と笑いと単純な娯楽のことです。一人ひとりにそれを手に入れる権利があり、実際に手に入れることができます——もし、自分自身でそれを手に入れようとする**意志**と**エネルギー**があるのなら。

喜びのない仕事、少ない給料、将来もなく、この先なんの楽しみもない——神はそんな存在を計画したことはありません。それは人間が作り出したものであり、あなたは自分と自分の存在に関するかぎり、それを打ち壊す人間になることができます。

神は人を病気にしたこともないし、人を貧しくしたこともありません。まわりを見てください。すべての自然は豊かです。木々、花々、神が計画したすべてのものに、豊かさを見ることができます。唯一の自然の法則は、供給の法則です。貧困は不自然なものです。それは、人間が自分自身に課した制限によって作り出されたものです。神は、ある子供たちには贈りものや祝福を与え、ほかの子供たちには与えないなどという不公平を示したことがないのと同様に、そのような制限を設けたことはありません。神の贈りものは、地上のどんな人でもあなたと同じように受けとることができます。そのちがいは、まわりにある無限の供給をどのように利用するかという、あなたの理解にかかっています。

あなたの心を締めつけている不安を取り去れば、金銭面を締めつける貧困という縄をゆるめることができます。仕事は意識と密接に関係しているので、仕事の緊張も解かれ、平和、秩序、そして豊かさがもたらされるでしょう。精神的な意識のなかにある神聖なアイデアが、あなたのビジネスで活発になり、結果として豊かに繁栄するでしょう。

デイヴィッド・V・ブッシュが『Applied Psychology and Scientific Living（応用心理学と科学的生活）』でつぎのように述べています。

思考は物です。思考はエネルギーです。思考は、わたしたちが考えることとそのものを、わたしたちへ引き寄せる磁石です。

したがって、借金をかかえている人は、借金のことを考えつづけることで、より多くの借金をみずからにもたらすことになります。なぜなら、思考は原因であり、借金のことを考えることによって、借金でさらに自分を縛りつけ、さらなる義務を作り出してしまうからです。

持つべきではないものより、ほしいものに集中して考えます。豊かさ、華やかさ、潤い、地位、調和、成長を考えます。きょうでなければ、あすには実現するでしょう。もし、外見では豊かに見えない人生の苦境を通らなければならないなら、豊かさは内側にあり、やがてそれがかたちとなって表れることを理解してください。

つまり、借金に集中すれば借金が、貧困について考えれば貧困が待っているということです。いったんマインドが鍛えられたら、繁栄や豊かさや豊潤を考えることも、欠乏や制限や貧しさを考えることも、同じように簡単です。

繁栄は、時間や場所に限定されるものではありません。それを確立しようとする意識があるときに、どこにでも表れます。心配ごとや緊張から解放された意識に引き寄せられるのです。

ですから、貧困について心配するのはもうやめましょう。もちろん、通常のビジネス上の注意は必要です。しかし、**悩みごと**を思考の中心に据えてはいけません。そのことを考えれば考えるほど、悩みは自分のなかにしっかりと固定されます。その後の**結果**について考え、途中の困難については考えません。マインドが道を切り開きます。あなたはただゴールを選択し、そのゴールを勝ちとるまで、思考を揺らがせないようにすればいいのです。

繁栄への最短の近道は、**そのように生きる**ことです。繁栄は人を引きつけます。貧困はきらわれます。オリソン・スウェット・マーデンのことばを引用すると、「裕福になりたいと野心を持ちながら、心のなかではこのまま貧しいままだろうと考え、望みを叶《かな》える自分の能力をうたがっていることは、東へ旅するのに西へ向かうようなものです。つねに自分の能力をうたがい、失敗を引き寄せている人間を成功に導くような哲学はありません」

繰り返します。「成功のためにいくら努力しても、思考が失敗への恐怖でいっぱいなら、奮闘むなしく、せっかくの努力も水の泡となり、成功は不可能になります」

繁栄の秘密は、マインドに鮮明なイメージを描くことです。そうすると、繁栄が文字どおりにじみ出てきます。繁栄を感じ、繁栄しているように見せれば、いつの間にか繁栄しています。

何年か前に、この思考をもとにした舞台を観ました。ある青年――慢性的な失敗者――が、友人に説得され、一〇〇〇ドルぶんの偽札をポケットに入れて持ち歩くようになりました。そして、ここぞというときには堂々と見せびらかしました。当然ながら、この青年は遺産か何かを手に入れたのだろうと、だれもが思いました。五万ドル、一〇万ドルぶんの札束をポケットに入れている人は、もっとたくさん銀行に預けているにちがいないと推測するのが自然です。そんな青年に、チャンスが舞いこんできました。成功するチャンス、金儲《かねもう》けのチャンスです。青年はやってのけました。しかも、ポケットのなかの偽金を使うこともなく。というのも、今日、ほとんどのビジネスは信用で取引されているからです。わたしは、ポケットにチップ用の小銭しか入れていない裕福な人をたくさん知っています。彼らがすること、買うものはすべて「つけ」にされます。大きな取引も同じようにおこなわれます。もし、ある人がお金をたくさん持っていて、正直で公正な取引をしているという評判があれば、一セントも払わずに六桁《けた》か七桁の取引を成立させることができるでしょう。重要なのは、銀行の残高の額ではなく、ほかの人があなたのことをどのように**考えている**のか、あなたが自分自身と他人のマインドのなかに作りあげた**イメージ**です。

あなたに欠けているものはなんですか？　いちばんほしいものはなんですか？　それ

をまずマインドにイメージしなければ、現実にはならないことを理解しましょう。目を閉じて、それを実際に**見た**とき、あなたがそれを生じさせたのです。あなたは、まわりの目に見えない物質を利用して、**何かを作り出しました**。それを思考のなかにとどめ、マインドを集中させ、「**それをすでに得られたと信じる**」ことです。あとは心の精霊にゆだねて、それが物質として表れるのを待てばいいのです。

神とは、目に見えない、どこにでも存在する、万物の源の別名にすぎません。その源は、空気中から豊かな成長に必要なエッセンスを集めてきます。わたしたちのマインドは、目に見えないエーテルから、繁栄をもたらすビジネスを引き受け、実行するよう刺激する、豊かなアイデアを集めてきます。マインドの目で豊穣《ほうじょう》を見ましょう。そうすれば、マインドは豊かなアイデアで活性化され、人間界だけでなく、あらゆるところで豊かさが表れてくるでしょう。

「雨も雪も、ひとたび天から降れば／むなしく天に戻ることはない。それは大地を潤し、芽を出させ、生い茂らせ／種蒔《ま》く人には種を与え／食べる人には糧を与える。そのように、わたしの口から出るわたしの言葉も／むなしくは、わたしのもとに戻らない。それはわたしの望むことを成し遂げ、わたしが与えた使命を必ず果たす。」〔イザヤ書55章10－11節〕

XXI

彫刻家と粘土

永遠なる心は陶工
思考は永遠なる粘土
かたちづくる手は神
その業は伝わり、去ることなく。
神は不完全な人間を造れない
神の型は無限、無限の思考
神が計画できないのは——愛が成すわざ
愛は型を合わせる必要がある。

——メアリ・アリス・デイトン

月曜日の朝、オフィスに足を踏み入れたとき、あなたはまちがいなくすばらしい成果を夢見ていることでしょう。足どりはしっかり、頭脳は冴《さ》えわたり、自分が**何を**して、ビジネスで**どのように**大きな成果をあげるかを、あれこれと考えています。いま頭のなかにある計画がキャリア全体に影響を与え、銀行口座に大金が転がりこんでくることをイメージしているのではないでしょうか。

しかし、その夢は実現しますか？

あなたはいつも、やろうと思っていたことをやりとげることができますか？　その日の仕事は、あなたが想像していたような活気とパワーを持っていますか？　大きな達成感を得ようとする夢が、「神経疲労」や「元気がない」ために、しばしばくじけてしまうことを認めざるをえないでしょうか。

あとほんの少しだけ努力すれば、手を伸ばして手に入れる「元気」があったら、成功はすぐ手の届くところにあったのにと、振り返るのは簡単です。世界の偉人はみな、元気で丈夫な人々です。病気とためらいは密接に関係しています。病気とは、弱さ、愚痴っぽさ、信念のなさ、自分や他人に対する自信のなさを意味します。

しかし、病気や弱さにはほんとうの理由はなく、それにいま悩まされているのであれば、弱いままでも病気のままでもいいわけがないのです。

ピグマリオンと彫刻の物語を知っていますか？　ピグマリオンは大理石の彫像を、それを見たすべての女性がうらやむほど美しく彫りあげました。あまりの完璧《かんぺき》さに、ピグマリオン自身が恋に落ち、花や宝石を飾り、毎日毎日、夢中で鑑賞していました。ついに神がピグマリオンを哀れんで、彫刻に生命の息吹《いぶき》を吹きこみました。

そのストーリーには、多神教の神話以上のものがあります。どんな人でも、自分がそうありたいイメージをマインドの目の前に置き、そのイメージを日々の構築のモデルとして潜在意識の前に置いておくだけで、そこに生命の息吹を吹きこむことができるという真理が示されています。

健康や強さは自然なことです。不自然なのは不健康と弱さです。あなたの体は、しなやかで、柔軟で、筋肉質で、真っ赤な血のエネルギーと活力に満ちているはずです。明晰《めいせき》な頭脳、力強い心臓、頑丈な胸郭、鋼鉄の手首と腕――すべてあなたのために作られたものです――これらは、あなたが正しく**知り**、**感じ**、**考える**ことさえできれば、手に入れることができます。

自分について考えてみてください。あなたの筋肉は丈夫で、弾力性があり、活力に満ちていますか？　筋肉は、あなたの要求をすべてこなし、さらにもっと要求してきますか？　おいしいものを食べて、それを忘れることができますか？

できないなら、それはあなたのせいです。あなたは、活力に満ちた体、滑らかできめ細かい肌、しなやかで力強い筋肉を手に入れることができます。苦しいダイエットも、面倒なエクササイズもなく、ここに書かれた簡単なルールに従うだけで、つねに夢見ていた理想の自分になることができます。

筋肉を鍛え、エネルギーと活力を体内に入れ、若さの活気と精力をもたらすものはなんでしょう？　**それは運動でしょうか？**　だとしたら、なぜ力仕事を強いられる多くの労働者が貧しく、弱く、生気を欠いていて、病気のために毎年一か月から三か月休まざるをえないのでしょう。運動量はじゅうぶんで、新鮮な空気をたくさん吸っているはずです。また、なぜ多くの運動選手が結核や心臓の欠陥で亡くなるのでしょうか。来る日も来る日も、最先端の科学的な運動をしているにもかかわらず。

先日、フィジカル・ディレクターとして全米に名を馳《は》せた名トレーナー、マーティン・A・ディレイニーの急死を報じる記事を読みました。同氏は、体を鍛える方法を何千人にも教えていましたが、「スポーツ心臓」が原因で五五歳の若さで亡くなりました。車に駆け寄り、突然昏倒《こんとう》した姿を、通りすがりの人が目撃しました。

ペンシルヴェニア大学の保健体育担当のチャールズ・M・ウォートン博士は、本日付(一九二六年三月二〇日)AP通信の配信で、「運動は万病の特効薬と言われますが、危険なほど過大評価されています」と語っています。

この三〇年間、男性向けトレーナーとして活躍し、一八九五年と六年にはペンシルヴェニアのフットボールチームのオールアメリカンガードとして活躍したウォートン博士は、運動と食事による若さの泉の探求は商業化され、ヒステリーじみていると明言しました。

ウォートン博士は、「不自然な手段による健康の奪い合いに、だれかが歯止めをかけるべきです。厳しい身体トレーニングを見境なく採用すれば、多くの人は健康になるどころか体を壊してしまいます」と述べ、予備校の生徒が陸上競技に熱中することで、身体的な欠陥や弱さが明らかになったことに愕然《がくぜん》としたとつづけました。

「わたしは不評を買うことを承知で発言しています。それに、フィジカル・ディレクターの立場からの発言としては奇妙に聞こえるかもしれません。

ペンシルヴェニア大学の体育館では、**学生たちが楽しめるような**スポーツをさせ、**リラックスしたプレー**によって、身体的な刺激を与えるようにしています」

若さの活気と精力をもたらすもの、**それはダイエットでしょうか？**　だとしたら、何年もダイエットに励んでいる知り合いの多くが、なぜいまだに貧弱で締まりのない体をしているのでしょう？　いつもうまくいかないのか、それとも単に推測の問題なのか、そしてたまただれも正しく推測できないのでしょうか？　正しい食事療法について、医師たちの意見が分かれるのはなぜでしょう。わたしたちは何年も前から、肉を食べ過ぎないようにと教えられてきました。肉は、リウマチや痛風や動脈硬化をはじめ、ほかにも多くの病気の原因になると考えられてきました。

世界的に著名なウッズ・ハッチンソン医師は、つぎのように述べています。

肉は血液を熱する（それがどんな意味であれ）、尿酸を過剰に発生させ、動脈を硬化させ、腎臓《じんぞう》に炎症を起こし、リウマチを引き起こすなどという、肉に対する愚かで古い偏見はすべて、いまでは科学的根拠のまったくない、純然たるおとぎ話であることが証明されています。

赤身肉は痛風やリウマチの原因とはまるで関係ありません。なぜなら、このふたつの病気はどちらも食べものや飲みものではなく、局所感染というものが主な原因だからです。歯茎、扁桃腺《へんとうせん》の袋、額や顔の鼻腔《びくう》や副鼻腔に、小さな膿《うみ》（排出物）の袋が開いていて、連鎖球菌を中心とする悪質な菌を取りこみます。……われわれはいま、「膿袋がなければ、リウマチや痛風にはならない」と考えています。どんな種類の食べものも、このケースとはまったく関係がないのです。

一方、全身の動脈、特に腎臓と腸が硬化して石灰化するという、医学史に残る最悪の症例は、トラピスト会士や東洋の特定の僧によく見られます。彼らは、ほとんどデンプンと豆だけで生活し、肉を完全に断ちます。

では、何が正しいのでしょう。**ダイエットと運動の組み合わせでしょうか？** しかし、療養所や同様の施設にいる患者には、正しい組み合わせを得るチャンスがあるはずなのに、入所したときよりもほとんどよくなっていない患者を頻繁に見かけるのはどうしたわけでしょう。

答えはどれでもありません。実のところ、食事療法や運動療法の主な利点は、患者のマインドのなかに、自分がめざしている**結果**を置きつづけ、潜在意識に印象づけることにあります。ですから、身体訓練士はいつも鏡の前で運動するよう勧めているのです。もし成果が出たとしたら、それを達成したのは**マインド**であり、あなたがおこなった運動や特定の種類の食事ではありません。

運動をやめろということではありません。適度な量の軽い、心地いい運動は、精神的にも肉体的にもいいもので、意志の力が発達します。こうなりたいという体のイメージを潜在意識に印象づけるのに役立ちます。そして、悩みや心配ごとから解放され、思考を――つねにあるべき場所である――願望に集中させることができます。

屋外での運動、テニス、乗馬、水泳などといった活発な**ゲーム**は、疲れた心を癒《いや》す最高の休息となります。精神的な疲れは、問題をあまりにじっと考えつづけていることから来るものです。その問題から完全にマインドを切り離し、潜在意識に解決策を練る時間を与えてくれるなら、どんな運動でもかまいません。ですから、一日遊んで仕事にもどると、単にリフレッシュしただけでなく、マインドが澄みわたり、以前は克服できないように思えた問題が、まるで子供の遊びのように感じられることがよくあるのです。

若者のバラ色の頬と輝く瞳《ひとみ》をうらやむ人、朝起きるとすでに疲れていてリフレッシュできない人、疲れた頭と重い足どりで毎日の仕事へ向かう人、「完璧な若さ」や「完璧な健康」というのは、単なるマインドの状態にすぎないことを思い出してください。

あなたの骨に筋肉をつけるのは、たったひとつのものです。あなたの器官を正確に、規則正しく機能させるのは、たったひとつのものです。あなたのために完璧な体を作ってくれるものは、たったひとつしかありません。それは、あなたの潜在意識です。

あなたの全身の細胞や組織、骨や筋、臓器や筋肉は、すべて潜在意識の支配下にあります。潜在意識の指示どおりに構築され、機能します。

潜在意識は、たしかに意識からの提案を受け入れます。運動することで、腕や肩の筋肉を構築しているという思考を潜在意識へ伝えると、潜在意識はその提案にすなおに同意し、筋肉を強化します。ある特定の食べものを食べると、並はずれたエネルギーが出て「元気」になるという思考を伝えれば、潜在意識はさらなる活力を生み出そうと全面的に協力するようになるのです。

しかし、ある突然の喜び（これは完全に精神的な状態です）が、**どんな運動や強壮剤よりも**、あなたに活力を与え、元気にさせることに気づいたことがありませんか？ 軍歌が行進する兵士の疲労を和らげると思ったことは？ **運動や健康食品をいくら摂取しても**、悲しみ（これもやはり完全に精神的な状態です）はあなたを憂鬱《ゆううつ》にし、活力を失わせると気づいたことがありませんか？

わたしたち一人ひとりは、超人になるために必要なものをすべて持っています。しかし、すべてのドングリも同様に、巨大な樫《かし》の木になるために必要なものを持っていますが、新芽を剪定《せんてい》しつづければ発育が妨げられることは、盆栽を見れば明らかです。否定的で弱い思考、自信喪失や不信の思考は、内なる自己の輝きと強さを示そうと努める、活気あふれる生命を刈りこんでしまいます。

自分の将来を選択しましょう。あなたの責任は、内なる自己について考え、話し、行動することです。あなたの特権は、この内なる自己にあふれるほどの平和と豊かさを提示することです。実現させたいと思う自分自身の考えをしっかりとマインドにとどめておきましょう。あなた自身、あなたの人生、仕事、世間、仲間についての、毎日、毎時、継続的な考えが、収穫や提示するものを決定します。理想の自分をしっかりと見つめれば、その揺るぎない高尚な理想は、あなただけでなく、あなたを知るすべての人に祝福と繁栄をもたらすでしょう。

マインドは唯一の創造者であり、思考は唯一のエネルギーです。たいせつなのは、思考のなかで保持している自分の体のイメージです。これまで、そのイメージが弱々しいもの、不健康なものだとしたら、**いますぐ**変えてください——**きょうから**。朝起きて最初に、そして夜寝る前に、自分にこう言い聞かせましょう。「わたしの体は、神に似せて造られた。神は最初にその完全な姿を想像したので、すべての細胞、骨、組織は完璧《かんぺき》であり、すべての臓器や筋肉は本来の機能を果たしている。超意識のなかにあるわたしのモデルはそれしかない。潜在意識が知っているわたしのモデルはそれしかない。マインドは神であり、唯一の創造者だから、それがわたしの唯一のモデルだ」

XXII

なぜ老いるのか

「モーセは死んだとき百二十歳であったが、目はかすまず、活力もうせてはいなかった。」（申命記34章7節）

毎日、毎月、たくさんの仕事をこなしながら、疲れもせず苛立《いらだ》ちもせずに、明るく情熱的に働いていたころを覚えていますか？　ハードな一日を終えたばかりなのに、仕事などしていなかったかのように、職場から飛び出して、新たな気持ちで夜の街へ繰り出していたことを思い出してください。なぜ、もうそんなふうにできないのかと思いつつ、「人は年齢を重ねると、若いころと同じようには楽しめないものだ」という古くさい考えで、みずからを慰めたことがあるのではないでしょうか？

爆発したアイデアが哀れです。

若さとは、時間の問題ではありません。精神の状態です。一〇年前、二〇年前と同じように、いまも元気で、活発で、軽快でいられるのです。本物の若さとは、完璧な健康状態にほかなりません。その健康と、それにともなう仕事や楽しみに対する無限のエネルギーと能力を手に入れることができます。何を食べようか、何を飲もうかと考えるのでもなく、ダイエットや運動をするのでもなく、ただ自分の体に期待することを正しく理解することによって、一〇年、二〇年、五〇年と時間をだますことができるのです。「もう一度人生をやりなおせたら」と言われるのを何度聞いたことでしょう。あなたも何度も思ったはずです。

しかし、事実、若さを取りもどすことはできます。いますぐはじめて、すでに経験したのと同じ年数をふたたび生きることができます。健康、体の自由、活力は、三五歳や四〇歳、六〇歳や七〇歳で終わる必要はありません。年齢は年数の問題ではなく、マインドの状態です。

ブリンマー大学のホーネル・ハート博士は、アメリカ社会学会の講演でつぎのように予言しました。「二〇〇〇年に生まれた赤ん坊は二〇〇年ほどの人生を歩むだろうし、一〇〇歳の男女はごくふつうの存在になっているでしょう。しかも、しわだらけで自由の利かない体ではなく、健やかに全盛期を迎えているでしょう」

イギリス人のトーマス・パーは、一五二歳まで生き、一二〇歳のときに二番目の妻を迎えるほど元気でした。一五二歳で死亡した原因も老衰によるものではなく、生き方が突然大きく変化したことによります。これまでずっと質素な生活を送っていたところ、パーの名声が国王に伝わり、ロンドンに招かれて豪華な食事でもてなされたことで死亡しました。

去る二月一四日付『ニューヨーク・タイムズ』紙に、パレスチナのアラブ人、サラ・ムスタファ・サラ・アブ・ムサが、一〇五歳にして**三本目の歯が生えてきた**というニュースが掲載されていました。

イタリアにある古代都市は、海からしか近づけず、それも幾重にも流れが交差する岩だらけの浅瀬を延々と通っていく必要があります。安全な水路はひとつだけで、その流れに沿って杭《くい》が打たれています。海賊が暴れまわっていた時代、この都市は、海賊船が見えると杭を引き抜いて自衛しました。

人類は、時の流れに沿って杭を打ってきました。毎年新しい杭を打ち、人間の信念という海から、宿敵の「年齢」がそれを目印に侵入してくるとは、意識すらしていません。しかし、実際には、人間がすぐに老いるような自然な理由はなく、**生物学的な理由もまったくありません。**

動物は成長しきったあとも八倍から一〇倍生きるのに、人間は二倍程度しか生きられないのはなぜでしょう。それは、人間が老いをつねに意識して、老朽と衰弱を早めてしまうからです。

ノーベル賞受賞者でロックフェラー研究所のアレクシー・カレル博士は、体から採取した細胞を、適切に保護して栄養を与えることで、無限に生かすことができることを実証しました。しかも、細胞は成長します。一九一二年、カレル博士はニワトリの胚《はい》の心臓から組織を取り出し、培養液に入れました。それはまだ生きていて、成長しつづけています。

最近、カレル博士がアメリカ電気学会で、この生きた細胞の動画を見せました。細胞は成長が早く、二四時間ごとに二倍の大きさになり、毎日手を入れないといけないそうです。

あなたの細胞は、体外に置くと無限に生きられるようになります。単細胞の動物は自然死することはありません。何かに殺されるまで生きつづけます「訳注　現在では有限回数で増殖が止まることがわかっている」。いま、科学者たちは、人間のような多細胞動物はほんとうに死ぬ必要があるのだろうかと考えはじめています。

パスツール研究所のメタルニコフ氏が、『Immortality and Rejuvenation in Modern Biology（現代生物学における不老不死と若返り）』というタイトルの本を出版しました。「老いて死ぬことは必然だ」と考えるすべての人に読んでもらいたい一冊です。

この本の結びの章の冒頭には、「ここに書いてあることは、不死が生物の基本的な性質だという確信を維持させるものです」とあります。

さらにつぎのようにつづきます。

「老いと死は、この世の存在の段階ではなく……」

しかも、この本は、世界でも類を見ない科学的権威と、世界的に尊敬されている学者の庇護《ひご》のもと出版されました。

『ジュルナール・ド・パリ』紙が論評しているとおりです。

宗教や哲学のほとんどの組織が魂の不滅を主張している。しかし、実証科学はこの点について懐疑的である。この考えは、われわれが動物の生命について知っていること、あるいは知っていると思っていることと、まるで矛盾しているように思える。動物の生命は、小さな芽生えからはじまり、胚になり、成体へ成長し、老いて、最後には死ぬ。つまり、生命のあらゆる能力が失われるという意味で、これは無生物とは明らかに異なる点である。現時点において、「魂」が肉体とともに消滅せず、別々に存在しつづけることを示す科学的根拠はない。生物学者は、魂と肉体が分離する可能性すら考えられない。それほどまでに、われわれの精神的な表れと肉体的な生命をつなぐ結びつきは強く、分離しがたいものだと言える。彼らにとっては、不滅の魂は不滅の肉体にしか存在しえないものだ。もしそうだとしたらどうだろう。もしわれわれの有機体がほんとうに不滅だとしたら、どうだろう。メタルニコフは、それを科学的に証明しようとしている。

死が永続的で目に見える現象であるのは、人間と高等動物の場合だけである。植物や、より単純な動物の原生生物はそうではない。原生生物は、しばしば単細胞から成り、顕微鏡で観察できる生物だが、高等動物の特徴である主要な能力は持っていない。振動する毛のような突起を使って動きまわり、自活し、食物を求め、自分よりさらに小さな動物を捕食し、さまざまな種類の刺激に反応し、そして増殖する。しかし、この増殖は、高等動物のように特別な器官を使うことなく、生物全体を真っぷたつに分割することで達成される。淡水に多く生息する一般的な繊毛虫は、二四時間ごとに一回か二回分裂する。それぞれの娘細胞は、自身を成した母細胞のように生きつづけ、栄養を補給し、成長し、そして分裂する。この絶え間なく繰り返される生命のサイクルのなかで、高等動物に特徴的で普遍的な自然死という現象が見られることはけっしてない。繊毛虫が被るのは偶発的な死のみで、それは、繊毛虫が生息する淡水になんらかの毒物を加えたり、熱を加えたりして引き起こされる。

この系統においての実験は、かなり以前におこなわれていた。最初は一六七九年、ド・ソシュールによるものである。水滴のなかに繊毛虫を入れたところ、目の前で分裂する様子が観察された。四日後には、生物の数を数えることは不可能となった。しかし、この生殖能力は無限ではないと考える著者もいた。モーパもそのひとりで、その件について四〇年前に詳細に研究し、ひとつの種が七〇〇世代もつづくことを観察することに成功したものの、最終的には老衰し、死に至ると考えていた。

しかし、ハイデルベルクのジュコフスキー、ペトログラードのクーラギーン、イギリスのカルキンズ、ワイスマンなどの最近の研究結果は、反対の見解を導いている。これらの研究者によって観察された変性は、培養液を更新しないことによって引き起こされる自家中毒によるものであった。

ロシアでは、一九〇七年からウッドラフとメタルニコフによる決定的な実験がおこなわれた。ツァールスコエ・セローではじまったこの実験は、一九一七年のロシア革命の悲劇的な時期までつづけられ、クリミア大学で更新された。この研究者たちは、水族館で見つけた繊毛虫（ゾウリムシの一種）という、特徴がよくわかっているものをとりあげ、一三年後の一九二〇年に、連続して五〇〇〇世代を獲得した……

ゆえに、単細胞生物は不老不死の力を持っていると結論せざるをえない。

そしてわたしたち自身は、単純な細胞の並置によって構成されている。

若さの泉

四〇〇年前、ポンセ・デ・レオンは「若さの泉」を求めて未知の世界へ船出しましたが、その泉の秘密はつねに自分のなかにありました。

なぜなら、あなたが生まれてから何年経とうとも、**あなたの年齢は、きょうでまだ一か月だからです**。あなたの体はつねに新しくなっています。信用するのに最も確実なのは、**変化**です。何百万という細胞ひとつひとつが、つねに新しくなっています。骨も同様に、日々新しくなっているのです。

細胞は、構築——構築——構築です。毎日、古い組織を壊し、新しい組織に作り変えています。あなたの体には、筋肉や組織、骨など、一か月以上経過した細胞はひとつもありません。では、なぜ年齢を感じるのでしょう。なぜ、あなたがうらやむまわりの若者よりも、元気や明るさが劣るのでしょうか？

そんなふうに思う**必要はない**というのが答えです——あなたが自分の**若さ**に気づきさえすれば。あなたの体のすべての器官、筋肉や組織、細胞はみな潜在意識に従います。そして、潜在意識が指示したとおりに再生されます。あなたのマインドの目の前にあるモデルはなんでしょうか？　それは年齢や衰えのモデルでしょうか？　ほとんどの人は、それ以上のことを知らないので、そうしたモデルを使用します。その結果が、体に投影されるのです。

しかし、そのような使い古されたモデルに従う必要はありません。あなたのマインドの目には、若さ、活発さ、エネルギー、強さ、美しさといったイメージだけが見えているはずです。**それが、あなたの細胞が土台にするモデルです。**

若さと年齢の決定的なちがいは何かわかりますか？　たったひとつのことです。若さは、よりよいものへとつねに**前向き**です。年齢は後ろ向きで、「失われた」青春を思ってはため息をつきます。

若いうちはつねに成長しています。まだ全盛期に達していないことを**知っています**。つねに**向上**しつづけることが期待できることを知っています。身体能力はますます向上し、より美しく、より完璧《かんぺき》な体格を待ち望み、より高尚で精神的な覚醒《かくせい》を期待しています。わたしたちは、こうしたことを期待するように教育されてきました。だから、わたしたちはそれらを手に入れることを**信じ**、そして実際に**手に入れるの**です。

しかし、三〇歳、四〇歳を過ぎるとどうでしょう。わたしたちは、もう全盛期は過ぎたと思っています。もはや望めるのは、当面の「現状維持」がせいぜいで、その後は老いと衰えに向かって急速に下降していくと教えられてきました。歴史が示すように、どんな国家も、組織も、個人も、いつまでも「現状維持」することはできません。前進するか後退するかしなければなりません。動く必要があるのです——さもなければ、人生は通り過ぎていきます。**成長**には終わりがないこと、あなたの体はつねに作りなおされていること、完璧な状態はまだずっと先にあり、そこへ向かって無限に**成長**できること、年齢を知る必要がないことを理解するなら、あなたには選択肢があります。あなたは毎日、精神的にも肉体的にも、さらに完璧をめざして成長しつづけることができます。あなたが生きている一分一分が、受胎と再生の一分なのです。

あなたは虚弱体質で、貧血気味かもしれません。足がうまく動かせないかもしれないし、すらりとしていないかもしれません。でも、だいじょうぶです。きょうから新しく作りなおすことができます。長くても一か月で、弱く不活発になった細胞のひとつひとつが、動きの鈍い曲がった骨の一本一本が、新しくて強い、元気な組織に置き換わり

アネット・ケラーマンは、幼いころは脚が不自由でしたが、水泳選手となり、やがては女優になりました。ローズヴェルトは、若いころは虚弱体質でしたが、限りない活力とエネルギーで世界の羨望《せんぼう》の的となりました。このふたりは、わたしが引用できる何千という事例のうちのふたつにすぎません。屈強さにかけては世界でも有数の人々は、幼少期には虚弱だったことが多いのです。あなたの年齢や状態は問題ではありません。いまからでも若さを取りもどし、超意識のなかにイメージされている**あなた**のモデルに、日々近づいていくことができるのです。

アーサー・ブリスベーンによると、ジョージ・F・ベイカーは八五歳にして一〇人ぶんの仕事をしているそうです。

それこそすべての八五歳がするべきことです。二一歳の体力と強さと熱意だけでなく、八五歳の技術と経験、熟した判断力を兼ね備えているからです。

人は成人すれば、たちまち健康を損ない、衰退しはじめるという一般人の考えほど、絶望的な宣言はありません。実際のところは、高名なハモンド博士が述べたように、人間が死ぬべき**生理学的理由はありません。**博士は、「人間の体は、その機能を無限に更新し、継続する能力を備えている」と主張し、科学者や生理学者がそれを裏づけています。

　体は消耗しますか？　もちろん、すべての物質がそうであるように、消耗します。しかし、異なる点は、あなたの体は消耗するのと同じ速さで新しくなっていることです。体のどこかを傷つけていませんか？　心配しないでください。あなたの体のなかには化学実験室があり、古いものと同じかそれ以上の部品を新しく作ることができます。潜在意識のなかには、超意識のあらゆる処方を使いこなす化学の師匠《マスター・ケミスト》がいて、あなたが古いものを使い果たすスピードに負けじと、あなたの化学実験室で新しい部品を作りつづけているのです。

　ところが、マスター・ケミストもわたしたちと同じで、油断するとすぐ仕事をサボろうとします。一部の役目から解放されれば、その役目を気にかけることはなくなります。体内の老廃物を排出するために、薬などの常用に踏み切れば、マスター・ケミストは、あなたの意識がこの任務を引き継いだと見なし、それ以降は意識にまかせきりになります。あなたがもう、若いころのような完璧なラインで体を作りなおすことを期待していないとマスター・ケミストが思えば、彼は古くて摩耗した組織を取りのぞき、新しくてよりよい材料に置き換える作業のペースを落とします。その結果は？　動脈は使い古した細胞で詰まり、組織は乾燥して収縮し、関節は硬くなってきしみます。要するに、老いです。

これはマスター・ケミストのせいではありません。原因はあなたです。あなたが師匠に仕事をさせなかったのです。ビジネスや事業、遠征が失敗するとき、責められるべきは下位者ではなく、指揮を執る責任者です。部下に正しい計画を与えず、適切なリーダーシップを発揮させず、部下が最高の仕事ができるような状態にしておかなかったからです。

世界最高の設計図と材料を持っていながら、仕事が半分終わったところで設計図を捨て、部下に好きなようにさせ、初期の仕事とすばらしい材料をすべて台なしにして、残りの部分をでたらめに組み立てる技術者をどう思いますか？

三〇歳や四〇歳で**前向き**であることをやめ、その後はどうしようとも老いていくのだと思うと、そうなってしまうのです。これまで築いてきたすばらしいモデルを捨て去り、世界で最もすぐれた素材を手に入れながら、職人に好き勝手に組み立てさせているのです。それどころか、もっとひどいことをしています。もうあまり期待していないと職人に告げているわけです。その後にどんな手抜き工事をされても、期待していなかったのだから当然です。

「信じられない！」と、あなたから告げられた職人に何を期待しますか？　あなたの内なる職人も同じです。彼らからは、あなたが期待しているもの、それ以上でもそれ以下でもないものを受けとることになるでしょう。

「あなたの人生の時間」は、あなたがまだ知らない最高の時間であるべきです。四〇の橋を架けた技術者は、ほんの数本しか架けたことのない技術者よりも、はるかに熟練度が増しているはずです。あなたがいま、マスター・ケミストに渡しているモデルは、あなたが二〇歳のときに渡したものより、はるかに完璧なモデルであるべきです。心臓が衰えている、胃が弱っていると感じるのではなく、数年前よりどれだけよい心臓ができているか、自分がボスだと知る前よりどれだけ胃が完璧に機能しているかを自慢すべきなのです。

ひとつだけたしかなことがあります。神は老いと死の法則を定めてはいません。もしそのような法則があるとすれば、それは人間が作ったものであり、人間はそれを作らなかったことにできます。何千年、何百万年前にこの惑星にやってきた生命の原理は、死の原理を持ちこんではいません。死は暗闇のようなものです。それ自体には何もありません。死は――闇が光の不在にすぎないように――生命の不在にすぎません。その生命を強く保てばいいのです。

聖書外典の「知恵の書」のなかに、つぎのように書かれています。

神が死を造られたわけではなく、

命あるものの滅びを喜ばれるわけでもない。
生かすためにこそ神は万物をお造りになった。
世にある造られた物は価値がある。
滅びをもたらす毒はその中になく、
陰府がこの世を支配することもない。
義は不滅である。
神を信じない者は言葉と行いで自らに死を招く。〔知恵の書1章13－16節〕
神は人間を不滅な者として創造し、
御自分の本性の似姿として造られた。
悪魔のねたみによって死がこの世に入りこんだ。〔知恵の書2章23－24節〕

「生きていてわたしを信じる者（わたしを理解する者）はだれも、」イエスは言いました。「決して死ぬことはない。」〔ヨハネによる福音書11章26節〕

そして、「わたしの言葉を守るなら、その人は決して死ぬことがない。」〔ヨハネによる福音書8章51節〕とも言いました。

超意識は、不完全も、衰弱も、死も知りません。病気も死も生み出しません。これらの悪を定めたのは、あなたの意識です。その思考を追放すれば、その結果を追放することができます。人生は年数で計るものではありません。

永久に太陽が沈まない国を旅した人の物語を読んだことがあります。日の出も日没もなく、月も出ず季節の変化もないため、時間を計る手段がありません。そのため、その土地の住人には時間が存在しませんでした。時間という概念がないので年齢を数えようとせず、結果として歳をとることもありませんでした。単細胞の生物のように、暴力によらないかぎり死ぬことはありませんでした。

物語は架空の話ですが、その考えには真実味があります。暦で人生を計ることは、若さから活力を奪い、老いを早めます。わたしの祖父母の時代、女性は四〇歳になったら帽子を脱いでボンネットをかぶることになっていました。ボンネットをかぶるということは、修道女になるのと同じことです。四〇歳を過ぎた女性は炉端の隅に引っこんで、若い世代に道を譲ることになっていました。

男性も女性も、年を重ねるにつれて、より健康に、より賢明な判断力を持ち、より成熟した知恵が具《そな》わるように**成長**するはずです。マインドは、萎縮《いしゅく》して新しい考え方ができなくなるのではなく、練習することで、若々しい活力と新鮮なイメージをさらに強く持つようになるべきです。詩編の作者は言っています。「しかし、あなたが変わることはありません。あなたの歳月は終ることがありません。」〔詩編102章28節〕

いくつもの歳月が通り過ぎようとも、炉端の隅に引きこもる必要はありません。年月は知恵とさらなる健康をもたらすものであって、老衰をもたらすものではありません。世界の有名人の多くは、大多数が墓へはいる年齢になってから、偉業を成しとげました。

詩人のテニソンは八〇歳で不朽の名作「Crossing the Bar（辞世の歌）」を完成させました。プラトンは八一歳になってもペンを握っていました。カトーは同じく八一歳でギリシャ語を学んでいます。フンボルトは九〇歳で著作『コスモス』を完成させ、ジョン・ウェスレーは八二歳で「疲労という感覚を覚えてから一二年が経つ」と言いました。

あなたは、あなたのマインドと同じだけ歳をとります。あなたの体の器官や活動はすべてマインドが管理しています。生命維持に関わる器官、細胞や組織を再構築するための材料を送る血液、分解と廃棄物を除去する排泄《はいせつ》プロセス、どれもみなマインドに由来するエネルギーに依存しています。

人体は、電気交通システムにたとえることができます。発動機がフルパワーで動いているときは、車がスピードに乗り、すべてが正確に処理されます。しかし、発動機を減速させると、システム全体に遅れが生じます。

その発動機がマインドであり、思考が発動機を動かすエネルギーを提供します。健康や活力のある思考を送れば、システム全体がエネルギーと活力に満ちたものになります。老いを連想させるような思考を送れば、あなたが設定したペースまで減速してしまうでしょう。

三〇歳で老いることも可能です。九〇歳で若々しくいることも可能です。それはあなた次第です。あなたはどちらを選びますか？

若さを選ぶなら、いまこの瞬間から若さを取りもどしてください。あなたがなりたいと思う人や姿の写真か、もっといいのは彫像を見つけることです。それを自分の部屋に置いておきます。夜、ベッドへはいるとき、マインドの目でそれを**イメージ**し、それを**あなたとして、あなたがなるつもりの**人物として、思考のなかにとどめてください。最近発行された『教育ジャーナル』誌に掲載されている「王子と彫像」の物語に、そのアイデアが反映されています。

むかし、背中の曲がった王子がいました。最も位《くらい》の低い家来のように、立っていても腰をかがめていました。とても誇り高い王子だったので、その曲がった背中は大きな精神的苦痛をともないました。

ある日、王子は王国で最も腕のいい彫刻家を自分の前に呼び、こう言いました。「わたしの立派な彫像を作ってほしい。わたしの姿に細部まで忠実であること――ただし、背筋は伸ばして。わたしは自分のあるべき姿を見たいと思う」

長い月日をかけて、彫刻家は大理石を慎重に削って王子の像を仕上げました。ついに制作が終わり、彫刻家は王子に謁見して言いました。「像が完成しました。どこへ設置しましょうか？」廷臣のひとりが、「城門の前に置いて、みなに見えるようにせよ」と言いましたが、王子は悲しげに微笑んで、首を横に振りました。「そうではない、宮殿の庭の秘密の場所に置くとしよう。わたしだけが見ることのできる場所に」と言いました。像は王子の命じた場所に設置され、すぐに世間から忘れ去られてしまいました。しかし、王子は毎日、朝、昼、晩と、像が建つ場所へひっそりと出向き、長いこと像をながめ、まっすぐな背中、上向いた顔、そして凜々《りり》しい眉毛《まゆげ》に注目しました。王子が見つめるたびに、彫像から何かが王子のなかへはいりこみ、血を駆けめぐり、心臓を高鳴らせるように思えたのでした。

日が過ぎ、月が過ぎ、年が過ぎると、国じゅうに奇妙な噂が広まりました。ある人が言いました。「王子の背中はもう曲がっていない、それともわたしの目が曇っているのか」。別の人が言いました。「王子は以前よりずっと高貴な顔をしておられる、それともわたしの見まちがいか」。さらに別の人が言いました。「わが国の王子は力強い男の立派な顔つきをしておられる」。こうした噂は王子に伝わり、王子は奇妙な笑みを浮かべながら聞いていました。王子は庭へ出て、像の立っているところへ向かうと、なんと、人々の言うとおりでした。王子の背中は像のようにまっすぐになり、その顔は、みなが言うように高貴な雰囲気をまとっていたのです。

斬新《ざんしん》なアイデアだと思いますか？　とんでもない。二五〇〇年前、その文化が世界を牽引《けんいん》していたアテネの黄金時代、古代ギリシャの母親たちは、完璧《かんぺき》な子供を産むように、そしてその子供が完璧な男性や女性に成長するように、美しい彫像でまわりを囲んでいたのです。

いまから一一か月後、**あなた**は内側も外側もまったく新しい体になっているでしょう。

いま、あなたのなかにある細胞や組織は、一一か月後にはひとつも残っていません。その新しい身体に、あなたはどんな変化を求めますか？　どんな改良を加えますか？

新しいモデルをしっかりとマインドの目に焼きつけます。思い浮かべ、**イメージ**します。よりよい体格と、より大きな精神力を求めて、日々**前向き**になりましょう。

そのモデルを潜在意識に与え、その上に構築させます。そうすれば、一一か月後には、そのモデルは**あなたになっているでしょう**。

第7章

薬物の幻想

病気より薬のほうがたちが悪い

――シェイクスピア

XXIII

「わたしたちは薬物幻想から脱却しつつある」。一九二五年六月六日、英語交流連盟が開いた昼食会で、英国ロンドンに集まったアメリカとカナダの医師七〇〇人を前に、米国の著名なメディカルライターであるウッズ・ハッチンソン医師が明言しました。

医師はつぎのようにつづけました。「わたしたちは、オリバー・ウェンデル・ホームズの見解にも同意します。つまり、仮にわたしたちが保持している薬物の九九パーセントが海へ投じられたら、人類にとってはいいことだが、魚には災難だろうということです」

ジョージ国王の外科医だったアーバスノット・レイン卿《きょう》は、ハッチンソン医師の発言に賛成しました。「彼は医者専用の〝自殺クラブ〟を創立しようとしたと、人は言うかもしれません。国民が健康について教育を受けるようになると、医学の専門家がいらなくなるかもしれないので、そんな言われようをしたわけです。本来、医学の専門職が存在すること自体がおかしいのです。人々が健康であれば、医者がいる理由はまったくありません」

二五年ほど前は、売薬の行商と先住民の呪医《じゅい》によるまじないが全盛を迎えていました。痛みや病気や不調について語りさえすれば、不徳な行商人が押しつけるどんな妙薬でも人々は買い求めました。売薬の製造業者は、焦がした砂糖と水を混ぜた安ウィスキーを、一〇〇種類もの異なる名前をつけて一瓶一ドルで売り、大きな富を築きました。雑誌や新聞を手にとれば、そうした業者のけばけばしい広告がいくらでも目についたものです。

そんな時代は終わりました。『コリアーズ』誌が主導し、ほかの多くの有名雑誌が支援したおかげで、一時期、売薬メーカーの評判は失墜しました。

しかし、今日、売薬メーカーは以前よりも立派な装いでカムバックを果たしています。どんなに小さな町のタウン誌でも、女性の疲労、子供のむずかり、男性の消耗に効く「特効薬」の広告がたくさん載っています。そのほとんどが、心地よい刺激を与えるアルコールと、色づけのための砂糖を焦がしたもの、そして大量の水を混ぜた調合薬です。

しかし、それだけならたいした害はありません。薬の行商が完全に——あるいは大部分が——売薬の広告主に依存しているのであれば、その終わりはすぐに見えてきます。しかし、そうではありません。いちばん悪いのは、そのことをよく知っているはずの一部の医者たちです。

すべての医者と言っているわけではないと承知してください。また、優秀な医者たちもこれには該当しません。ウッズ・ハッチンソン医師のように、勇気を出して立ちあがり、薬物だけでは病気を治すことはできないと明言する医者は何千といます。彼らは、薬が病気を治したことは一度もなく、自然こそが唯一の治療者であると言っています。

薬物の投与が持つ主な利点は、患者の心に及ぼす影響です。人は長年にわたり、薬物投与が病気を治す唯一の方法であると教えられてきました。何かを投与すると、患者は治ると信じ、そして、信じたぶんだけ治ると教えられてきました。

その最もよい証拠は、同じ痛みを訴える患者二名を、ひとりはふつうの医者、もうひとりはホメオパシー専門医というように、別々の医者に診てもらうことです。一般の医者は、ホメオパシーの一万倍の薬物を投与します。実際、ホメオパシーの処方には、まったくと言っていいくらい薬物が含まれていません。しかし、ホメオパシー治療を受けている患者は、そのほかの患者が薬に反応するのと同じように、変性させて効能をなくした薬に反応することがよくあります。

グール博士は、最近発行された『ピアソンズ・マガジン』誌のなかで、つぎのように述べています。

数年前、ロシアの赤十字社にいた若い女性医師が書いた記事が、『アトランティック・マンスリー』誌に掲載されました。ロシア革命の直後、生まれてはじめて自分が稼いだものを自分のものにできることを知った農民たちは、長年悩まされてきたものの、これまで治療を受ける余裕のなかった病気を診てもらおうと、医者のところへ行こうと考えはじめました。二週間もしないうちに、この若い医師は薬の在庫を使い果たしました。しかし、農民の患者は殺到しつづけたため、医師は仕方なくプラシーボという考えに頼り、キニーネをわずかに含む色つきの水を投与することにしました。それからの数週間、考えうるかぎりあらゆる種類の病気に対して、めざましい効果が得られたので、その医師は、特定の薬に対する信仰をすっかりなくしてしまったとのことです。

一九二六年六月一五日付ローマ発『ニューヨーク・ヘラルド・トリビューン』紙の配信を紹介します。

ナポリのクアルト地区に住む神父、ドン・ルイジ・ガロファロは、地元の医師たちの懐疑的な視線のなか、「塵《ちり》にすぎないお前は塵に返る。」〔創世記3章19節〕ということばから導かれた理論を実践し、肺炎から骨折まで、肉体が持つあらゆる病気を治癒していると主張する。ドン・ルイジ神父は、ホメオパシーの観点から、塵は治癒的な要素であるべきだと考えている。硫黄と銅を含むポッツノリ近郊の赤土の塵から薬を作るが、ほかの土でもよいとのこと。

　治療法の多くには赤土が使用され、それには、手足の骨折、結核、歯痛、内臓の病変、心臓病、おたふく風邪、麻痺《まひ》、発熱などの治癒が含まれる。


　もちろん、このことから、赤土やほかの種類の土に頼ればどんな病気でも治ると推論することはできません。しかし、土のようなありふれたものでさえ、病気で無気力になっている人々を目覚めさせ、みずからを助ける力を与えうることを示しています。

　別のケースを考えてみましょう。医者がある薬を定期的に処方します。あなたはそれを一回だけ服用します。すると、期待どおりの効果がありました。また服用します。効果はそれほど顕著ではありません。そのまま飲みつづけると、短期間で**薬の効き目がなくなってしまったように思えます**。

　なぜでしょうか。同じ化学元素はそこにあります。それに、同じ化学元素を滅菌した容器で混ぜれば、一回目でも一〇〇回目でも同じ結果になります。なぜ、薬と体では同じようにならないのでしょうか？

　その理由は、最初に望ましい効果をもたらす最も強力な要因は、あなたの**信念**――あなたと医師の信念――だったからです。しかし、服用しつづけているうちに、信念は薄らぎはじめ、ついには完全に消え去ってしまいました。あなたは**希望を持っていた**かもしれませんが、潜在意識に対する積極的な信念の働きかけが、説得力を失ってしまったのです。

ハーヴァード・メディカル・スクール教授のリチャード・C・キャボット博士は最近の講演で、「あらゆる病気の四分の三は、患者がその病気にかかったと気づかないうちに治っている」と明言しました。

「死後の検査では、知らないうちに克服していた病気のまごうことなき痕跡《こんせき》が、つぎつぎと明らかになります。腸チフスの九〇パーセントは自然治癒するし、肺炎の七五パーセントも同様です。それどころか、医学界で知られている二一五の病気のうち、医者が克服したのは八つか九つだけで、残りはすべてみずから克服しているのです」

博士はつぎのようにつづけます。「自然が――精神と感情が適切な心的状態にあるうえで――潰瘍《かいよう》を三、四週間で治すことができるのなら、治癒のプロセスを変則的に速めた場合、なぜその力は同じような潰瘍を数分で治すことができないのでしょう」

偉大な医師たちは、何度となく、人に薬物を投与することに科学はないと主張してきました。予防医学、外科学、産科学。医学と名のつくものには、数え切れないほどさまざまな分野があります。

ある医者は、「過剰摂取しても死なない薬は効き目がない」と言います。別の医者は、

「最も著名な医師が、過去に処方された薬に効く薬はひとつもないと主張している」と言います。

ダグラス・ホワイト博士が『Churchman（チャーチマン）』に書いていることをつぎに要約します。

あらゆる病気の治療はすべて精神的なものです。治癒は、外科医や内科医が外から押しつけるものではけっしてありません。そのどちらかの技術に助けられ、健康を取りもどすことができるのが生物です。あらゆる想定における治癒の原理を総括すると、自然治癒力です。わたしたちが自然について語るとき、キリスト教徒が神と呼ぶ生命の原理をそう呼んでいるにすぎません。

一九二〇年九月二五日発行の『メディカル・レコード』誌で、フォーダム大学医学部神経科教授のジョセフ・バーン博士は、つぎのように述べています。

控えめに見積もっても、救済を求めるすべての病気のうち、九〇パーセント以上は自己限定的であり、治癒する傾向があることが認められます。また、人間が患う病気の九〇パーセント以上は、**精神**が支配的な要因であることも認められます。

言い換えれば、マインドが治療者です。薬物は、邪魔なものを取りのぞいたり、寄生虫を殺したりして、マインドの働きを容易にすることがあります。薬局の店主に、ヒンズー教の古い諺《ことわざ》を伝えてあげてもいいかもしれません。

神はマンゴーを与え
農民は種を植える。
神は患者を治し
医者は手間賃を受けとる。

大戦中、最もその価値を証明した薬はヨードでした。ヨードとは、**洗浄剤**です。細菌を殺し、傷口をきれいにします。しかし、治癒力はありません。治癒することは期待されていなかったので、ヨードは要求されたことをすべておこないました。何からにも邪魔されることなく、自然（マインド）がみずからの治癒をおこなえるように、ヨードは殺菌や消毒をおこなったのです。

どんな薬でも、病原菌や病原体を殺し、自然がよりたやすく再構築できるように清めることが、最も期待されることのように思えます。そして、薬物の使用はそこで止めるべきでしょう。マインドが最もよく働くのは、最も干渉されないとき、つまり、外部作用と責任を共有するのではなく、わたしたちがマインドに完全に身をまかせてサポートしてもらうときです。
イギリスの著名な専門家であるバーネット・レイ博士は、「スピリチュアル・ヒーリングと医学」というテーマで多くの聴衆を前にしたとき、「スピリチュアル・ヒーリング」ということばが、あたかもほかに精神とは関係のない性質の癒《いや》しがあり、医療行為と相容《あいい》れないか、まるで反対のような表現で使われることがあると指摘しました。治癒はけっして純粋に物理的なプロセスとは見なされませんでした。博士は、治癒はつねにマインドのコントロールによってもたらされ、薬物はマインドの仕組みを作動させるにすぎないと言っています。わたしたちは、医学を薬や器具や手術に関するものと考えがちです。**このようなものは、今後二〇年から五〇年のあいだに完全に消えてしまうかもしれません。**

医学がこれほどまでに世のなかに貢献したのは、病気を根源から消し去ることによって成しとげられました。人為的に作られた**不健全な**状態を取りのぞき、**自然で健全な**状態にもどすことで成されました。

チフスの原因とはなんでしょうか？　不潔な環境、つまり人間が作り出した不健全な状態です。では、医者はどのようにしてチフスの蔓延《まんえん》を防ぐのでしょうか？　洗浄して、自然の健全な状態にもどして防ぎます。

腸チフスの原因とはなんでしょうか？　不純な水です。予防するには、単に水を浄化するだけでよく、自然で健全な供給源にもどせばいいのです。

黄熱病は事実上、根絶されました。チフスは、ロシアやアジアの一部の地域を除いて、ほとんど忘れられた疫病です。

マラリアは克服されました。結核はもう一世代もすれば、ほとんど忘れ去られた病気になるだろうと医師たちは予想しています。

このすばらしい結果は、どうやってもたらされたのでしょう。薬を通じてではなく、清掃です。沼地や汚物を一掃すること。水を浄化すること。排水システムを構築すること。自然界と同じように、あらゆるものを清潔で健全なものにすることです。

清潔に――清廉に――日光を！

きれいな空気、清らかな水、澄んだ太陽の光など、完璧《かんぺき》な健康に必要なものはすべて、神がふんだんに与えてくれました。わたしたちがするべきことは、これらを純粋で清潔に保ち、可能なかぎり利用し尽くすことです。医学が人類にもたらした最大の恩恵は、これらの神の贈りものの価値を発見し、その使い方を示したことです。

中国人は長きにわたって正しい考えを持っています。それは、病気を治すためではなく、健康を維持するために医師に報酬を支払っていることです。ゴーガス、リード、フレクスナー、カレルといった人たちの評判を高めたのは、病気を**治した**ことではなく、病気を**予防した**ことでした。

医療の未来は、そこにあります――わたしたちの身のまわりを、生まれたときのような健全な状態にもどすことです。内と外の清潔さ、きれいな空気、きれいな水、たっぷりの太陽、そして**正しい考え方**が、すべての人の健康と幸福につながります。
つぎの節では、マインドの無限の力を、うまくいけば病気の治療に応用できることを紹介します。

XXIV

賢者の贈りもの

朽ち果てた信仰の瓦礫《がれき》を一掃し、
使い古した信念のクモの巣を一掃し、
理性と知識の光へ向かって魂を
大きく開け。恐れるなかれ
半端な真実を押しのけ、全体をつかみ取れ。

——エラ・ウィーラー・ウィルコックス

世界じゅうで、病気で衰弱し、生気を失った男女が、健康と強さを求めています。何十万という人々が、疲れて痛む骨を引きずりながら歩き、力なく病床で臥《ふ》しながら、だれかが瓶詰めの健康をもたらしてくれることを待ちわびています。

しかし、ほんとうの永続する健康は、薬箱や薬瓶のなかにはありません。それを獲得し、維持するための方法はひとつ――たったひとつしかありません。その方法とは、潜在意識の力を利用することです。

医師たちは長いことこうした考えを鼻先であしらってきました。しかし、証拠が積み重なるにつれて、神経症や機能障害がマインドで治るかもしれないことを、不承不承に認めるようになりました。

ところがいまでも、バーナード・ショーのことばを借りれば、「ひとりの患者が非倫理的に治療されるのを見るくらいなら、丘陵をまるごと倫理的に葬ることを望む」人たちがいるのです。こうした人たちは、自分たちの流派の信条に反する治療法は信用しません。

しかし、ウォレン・ヒルトンが『Applied Psychology（応用心理学）』のなかで述べているとおりです。

古今東西の医学書には、健康なときも病気のときも、マインドが肉体を支配する力を持つことを示す図版がたくさんあります。そして、医学はつねにこの原則にもとづいて実践されてきました。評判のよい医学部であれば、患者のベッドサイドで、精神が及ぼす影響の原理を実践してみるように、かならず学生に指導しているはずです。元気で明るい態度、希望に満ちた表情、最高の安心感と自信あふれる態度―

—これらは医学ではつねに衛生と物理的な治療法のつぎに重要なものと見なされてきました。**一方、診断が判然としないときに処方する、砂糖をまぶした粒状のパンの価値も、長いこと認められてきました。**

適切な訓練を受けた看護師は、患者の精神力を呼び起こし、主治医の努力をサポートすることがつねに期待されています。そのため、看護師は患者を心地よい安心感で包みこみます。そして、一日も早い回復のために、つねに患者に満足のいく経過を報告し、希望と自信と精神的な努力を与えるように努めています。

ディダマ博士のことばを引用します。「理想的な医師は、その明るい存在感で病室を明るく照らします。陽気ではないかもしれない——冷淡ではありません——が、善意がにじみ出て、患者を落胆の谷から救い出し、健康の大地へ足を踏み入れさせます。絶望の淵《ふち》に立たされた患者には、少しばかりの他愛ない冗談も有効でしょう。タイミングのよい冗談は、鬱血《うっけつ》を解消するかもしれないし、洒落《しゃれ》は、鋭い刺激剤に辛味を加えることができます」。オリバー・ウェンデル・ホームズ博士は、この原則を現金に換算して、明るい笑顔は医師にとって年間五〇〇〇ドルの価値に相当すると述べています。

今日、心理療法、すなわち精神的影響による身体的疾患の治癒は、アメリカ治療学会（アメリカで唯一の治療学に特化した全国組織）の無条件の承認を受けています。フロイト、ユング、ブロイラー、ブロイアー、プリンス、ジャネ、バビンスキー、パトナム、ゲリッシュ、サイディス、デュボア、ミュンスターバーグ、ジョーンズ、ブリル、ドンリー、ウォーターマン、テイラーなど、科学界や医療界で国際的に認められている人たちから熱烈な支持を受けています。

マインドが体の働きを支配しているという原理に対して、現代の信頼できる科学が示す態度は、したがって、肯定的で説得力あるものです。世界一流の思想家たちは、その真理を受け入れています。世界各地にいる賢明な人々の関心は、これまで想像もつかなかった資源による強力な医療の力として、また再生させる力として、マインドへ向けられています。

現在、進歩的な医師たちは、マインドが病気の治療に関われる範囲は、事実上無限であると認めています。フォーダム大学のウォルシュ博士は、「精神が影響を与えて治癒した病気の統計を分析すると、その結果はいわゆる神経や機能の疾患よりも、臓器の疾患に顕著に表れている」と述べています。

マインドが体に影響を与えることは、だれもが認めるところです。なぜなら、恐怖で青ざめる人や、怒りで赤くなったりする人をだれもが見たことがあるからです。突然の恐怖に鼓動が止まり、呼吸が速まり、興奮で心臓が脈打つ経験に、だれもが覚えがあるでしょう。このほかにも、物質に対するマインドの影響を示す証拠はいくらでもあり、全員が共感するはずです。

しかし、体は、思考がかたちとして外側へ表れたものにほかならないことを、だれもが知りません。すきま風がはいる場所に長くすわっていると、風邪を引いたり発熱したりすると、わたしたちは教わります。だから風邪を引いたり発熱したりするのです。消化に悪いと言われたものを食べると、たちまち痛みに襲われます。あくびをしている人を見ると、つい、つられることがあります。同じように、病気のことをまわりで耳にすると、その恐怖のイメージがマインドにはいりこみ、自分も病気になるのです。病気に対する**恐怖**が病気をもたらし、潜在意識へ送られる精神的な暗示をもたらします。医療の時代に生きるわたしたちは、ほとんどの病気は感染や伝染するものだと教えられてきました。ですから、病人を見ただけで、ほとんどの人は甲羅に閉じこもる亀さながらに自宅に引きこもりました。わたしたちは病気になることを恐れています——病気の大きな危険のひとつは、まさにその恐怖です。

長年、鉱山や気密区画に閉じこめられたら、酸素不足による二酸化炭素中毒で死に至るということは、認識された事実として受け入れられてきました。ところが、フーディニは、酸素不足で死ぬとはかぎらないことを証明したのです。

一九二六年八月六日付ＡＰ通信で、「密閉空間に閉じこめられた鉱山労働者やそのほかの人々の死因は、二酸化炭素中毒ではなく、恐怖です」とフーディニは意見を述べています。

フーディニは、自分自身がはいった棺桶《かんおけ》を外気のはいる隙間もなく密封し、プールに沈め、一時間半もそこにいたのです。これまでの科学の常識では、四分後には死に至るはずでした。しかし、実験の前後にフーディニを診察した米国鉱業省のW・J・マコーネル博士は、この実験による顕著な身体反応は見られなかったと報告しており、フーディニ自身も棺から解放されたときに軽いめまいを感じた程度だと語っています。「だれにでもできます。重要なのは、**自分は安全だと信じることです**」と、フーディニは述べています。

中国には、「疫病が訪れると、五〇〇〇人は疫病で死ぬかもしれないが、五万人は疫病を恐れて死ぬ」ということわざがあります。

手足や指を怪我して、もう動かせないと思ったことはありませんか？　そして、突然の感情の流れで傷のことをすっかり忘れてしまい、気づいたら、何も問題がなかったかのように、指や手足を軽々と痛みもなく使っていたことはありませんか？

一九二五年三月二九日付の『ニューヨーク・タイムズ』紙に、六年間体が麻痺《まひ》で動かなかった男性が、突然の恐怖に駆られ、杖《つえ》も松葉杖も使わずに階段を駆けあがったという記事が掲載されました。その男性は、数多くの病院で治療を受けましたが、交通事故で背骨を損傷していたため、六年間、杖や松葉杖なしで歩くことはできませんでした。ところが、隣のベッドの患者が突然異常をきたして襲いかかってきました。男性は恐怖のあまりベッドから飛び降り、階段を駆けあがりました。報告書によると、**突然の恐怖で治った**そうです。

ルルドの奇跡、ボープルの聖アンナ、あるいは世界じゅうに点在する数多くの聖地での奇跡を例にとってみましょう。治癒に影響を与えるもの——それは、**願望**と**信念**のふたつです。「何をしてほしいのか」救い主は、あとを追って叫びつづける目の不自由な人に尋ねました。「主よ、目が見えるようになりたいのです」〔ルカによる福音書18章41節〕。また、ベトザタの池で体の不自由な人に向かって、イエスは「良くなりたいか」〔ヨハネによる福音書5章6節〕と言いました。

愚問に思えますか？　しかし、イタリアの有名な聖人の物語を知っているでしょうか。その聖人は町から町へと旅をし、足の不自由な人々や目の見えない人々を癒《いや》しました。ある巡礼者が、聖人が訪れるという町へ急ぐと、足の不自由なふたりの物乞《ものご》いが慌てて町から去っていくのに出会いました。なぜ急いでいるのかと尋ねると、驚いたことに、聖人が町に来るからだと言うのです。ふたりは言いました。「そのかたはかならずやおれたちの足を治すだろう、そしたらおれたちの生活はどうなる？」

物乞いだけではありません。今日、あらゆる階層の人々が自分の病気と結びつき、「不健康を享受」するようになり、ひそかにそれを少し誇りにもしています。病気を取り去って健康になると、かえって困るというわけです。

最初に、**切実な願望**を持たないといけません。それが祈りです。そして信念です。それも、イエスが、「祈り求めるものはすべて既に**得られた**と信じなさい。そうすれば、**そのとおりになる。**」〔マルコによる福音書11章24節〕と言ったときの信念です。肝心なのは、「**得られると信じる**」ではなく、もうすでに「**得られたと信じる**」ことです。**ほんとう**のあなた、超意識にあるあなたのイメージ、つまり、あなたの体の器官に関する**真理**は完璧《かんぺき》だということを理解します。「**真理を知るのです**」。この完璧なイメージを持っていることを信じましょう。このことをほんとうに信じることができた日、この誠実な確信を潜在意識に伝えることができた日、あなたは完璧に**なります**。

これこそ、イエスが、「あなたの信仰があなたを救った。」〔ルカによる福音書8章48節〕と言ったときの信念です。この信念がルルドの奇跡を生み、いたるところで奇跡的な癒しをもたらしているのです。信仰するものがカトリックでもプロテスタントでも、ユダヤ人でも異邦人でも問題ではありません。このような願望と信念があなたを癒すのです。

先日の新聞に、二年前から目の見えない農民が、畑に出て「目が見えるように」祈ったという記事が掲載されていました。二日目には視力が完全に回復しました。その人はプロテスタントでした。聖堂にも行かず、ただ空の下で神に祈ったのです。

いま、わたしの目の前にあるのは、一九二六年二月二三日付『ニューヨーク・サン』紙の切り抜きです。それによると、ジャージー市警の巡査であるデニス・オブライエンが、ユニオンシティの聖ミカエル修道院で聖母マリアへのノヴェナを終えると、二年前に弾丸が脊椎《せきつい》の基部にあたり、脊髄の運動神経と知覚神経を損傷して以来麻痺していた足の自由が利くようになったそうです。その巡査はカトリックでした。

一九二六年六月二六日付『ニューヨーク・サン』紙には、ニューヨークのブロンクスに住むエルシー・メイヤーが数か月にわたり悩まされていた腫瘍《しゅよう》が一夜で治ったという記事が掲載されています。

昨年秋に、体におかしな出っ張りがあることに気づきました。鞄《かばん》を無理に持ちあげて負担をかけたのかもしれません。これはなんだろうと思い、まず医者に診てもらったところ、それは腫瘍で、重症化する可能性が高いと言われました。しかし、わたしは怯《ひる》むことなく、医学療法による治療を拒否しました。わたしはもう何年も信仰療法を信じ、ニューソートの流れを汲《く》むユニティ派の一員でもあったので、ニューソートの実践士のところへ行きました。それで救われたように思えたのですが、腫瘍の成長は止まりませんでした。当時のわたしの信仰心が足りなかったのでしょう。それが昨年の秋のことです。

わたしは会合へ行きました。どうやら腫瘍は、これまでの治療の試みには影響されていないようでした。しかし、きのうの会合で、癒《いや》しの集会に参加したあと、求めている癒しを得られると確信して帰宅しました。寝るときには腫瘍はまだ体に残っていました。でも、けさ起きたら消えていました。

どの宗教の年代記も、まさにそのような奇跡であふれています。そして、その理由はどの場合も同じ――**祈りと信仰**です。このふたつがあれば、どんな癒しも不可能ではありません。

地球上で最初に誕生した動物であるアメーバに話をもどしましょう。あなたが原理主義者なのか進化論者なのかはわかりませんが、事実を進化論から証明するほうが少々むずかしいので、その方向から説明することにしましょう。

アメーバは、第1章で説明したように、科学者が知るかぎり最も単純な動物生命体であり、細胞をひとつしか持たないクラゲのようなもので、脳もなく、知能もなく、ただ**生命**だけを持っています。この生物が自分で自分を改良できるとは、だれも主張しないでしょうし、みずからの頭脳やアイデアでつぎの生命体を発達させたと論じる人もいないでしょう。

しかし、科学によれば、このゼリー状のかたまりからつぎの生命が発生しました。アメーバには確実にその責任はないし、ましてやアメーバは自分自身を進化させることもできないのです。ですから、外部の知性によるしわざと結論せざるをえません。

しかし、ほかに生物はいませんでした。地球にはほかに動物の生命はなく、アメーバはひとりきりだったのです。その当時の水と大気は、ほかの動物が生命を維持できるような環境ではありませんでした。そのため、つぎの形態の動物を発生させた知性は、アメーバを作った知性――地球に最初に**生命**をもたらした知性――と同じにちがいありません。その知性は、神、摂理、自然、生命の原理、マインドなど、さまざまに呼ばれています。ここでは、それを超意識と呼ぶことにします。

地球上に生命を誕生させた超意識は、その生命を進化させる仕事にとりかかりました。単細胞からはじまり、地殻が冷えていくにつれて大気と環境が変化し、そのさまざまな条件に合わせて、それぞれの生命の形態を変化させながら細胞を構築していきました。多細胞の構造が複雑になると、蒸気機関に「調整器」を取りつけるように、さまざまな器官を指示する脳を与えました。陸地が出現し、潮が引くと、一部の動物は数時間にわたり干上がった状態になるため、肺とエラの両方を与えました――一方は空気用、もう一方は水用です。

生物が互いに捕食しはじめたとき、あるものにはスピードを、あるものには殻を、あるものにはインク状の液体を与え、それぞれが独自の方法で脱出し、生き残れるようにしました。

しかし、超意識はつねに仕事を進めていました。生命の新しい段階はどれも、以前の段階より進歩していました。つねに臨機応変の力を発揮し、どんなニーズにも応《こた》えてきました。

そしてついに、すべての努力の集大成として人間を造りました。下等動物のような脳ではなく、理性の力を持ち、「自分にかたどって創造」し、創造主自身と超意識の一部と無限の知性を共有する人間を造りました。

単細胞のアメーバの時代から人間へ至るまで、すべての創造を通じて、超意識の指示する知性が刻々と仕事に取り組んでいたこと、モデルを形成し、それをもとに新たに異なる種類の動物を造ったこと、そのモデルはどれも完璧で、直面する状況に対処するために最適のモデルだったことを、科学者はみな認めるでしょう。

人間についても確実に、虎や象を造ったときと同様に、完璧なモデルを形成することに成功したはずです。ですから、超意識によってかたちづくられた人間は完璧であり、人間は超意識のなかに存在するという考えはあらゆる点で完璧であると、すべての人が認めるだろうとわたしは考えています。

超意識は最初から、一歩も後退することなく、立ち止まりもしていません。つねに**前進してきた**のです。つまり、人間は退化することなく、五〇〇〇年前、一万年前、一〇万年前よりも完璧な生物であり、つねに創造主の姿に近づきつづけていると考えていいと思います。

つぎの段階も、同様に論理的であるように思えます。殻や肺や脚や翼など、それぞれの新しい緊急事態に対応するために必要な手段を生み出した力が、最も単純な形態の最初の生命体に備わっていたとしたら、この力が、前の節で紹介した植物に寄生する虫のような単純な形態の生命体にさえも備わっているとしたら、わたしたち自身のなかにも同じ力が確実にあるのではないでしょうか？　あとは、それを呼び出す方法を知ればいいのです。

イエスはわたしたちにその力があることを証明し、その弟子や信奉者たちはさらに証拠を示しました。キリスト教時代の三世紀以降、その力は使われず廃れてしまいましたが、近年、何千という人々が心理学や宗教を通じて自分自身やほかの人々のためにその力を利用しています。「行いが伴わないなら、信仰はそれだけでは死んだものです。」〔ヤコブの手紙2章17節〕というヤコブのことばにもとづいて、新しい教会が設立されました。この教会は、イエスが弟子たちに、「行って、『天の国は近づいた』と宣《の》べ伝えなさい。**病人をいやし**、死者を生き返らせ、重い皮膚病を患っている人を清くし、悪霊を追い払いなさい。ただで受けたのだから、ただで与えなさい。」〔マタイによる福音書10章7－8節〕と命じたとき、イエスは**すべての人**を対象としていたと教えている点で、ほかの教会とは異なっています。病人、足の不自由な人、目の見えない人が、文字どおり何十万人も集まってきました。何千という人々が治癒したことは、議論の余地がありません。その多くが医学で見放された症例であることは、医師たちも率直に認めています。

そして、これらすべての治癒の基本は、病気の治癒に奇跡はまったく存在しないということです。それは「神のごとく自然なもの」であり、単にマインドが唯一の創造主であるという理解が必要なだけです。そして、超意識が持つあなたの体に対する唯一のイメージは、若くもなく老いてもいない、健康で活気に満ちた、美と活力に満ちた完璧《かんぺき》なイメージだということを理解すればいいのです。病気に見舞われたときには、超意識のなかへもどって、完全なイメージの新たな概念、つまり、あなたの体についての真理を求めればいいのです。誤答した問題の正解を求めて、数学の原理に立ち返るのと同じことです。あなたの思考のなかにある病気のイメージの代わりに、この普遍のイメージ――真理――を潜在意識に置くことができれば、病気はただの幻のように消え失せるでしょう。

あまりに深いと思いますか？　それなら、こう考えてみてください。ある器官が病気だと思うとき、そう考えるのはあなたの意識です。必然的に、この思考は潜在意識に送られることになります。すると潜在意識は、この不完全な病気のモデルに従って、その臓器の細胞を構築していきます。モデルを変えれば――言い換えると、信念を変えれば――潜在意識はふたたび正しい線をなぞって構築するようになります。

あなたの体は、何百万もの陽子と電子の集合体であり、マインドによって結びつけられています。それらはわたしたちのまわりにある普遍的な物質であり、彫刻家であるマインドが、目に見えるかたちを作るための思いどおりにできる粘土です。

『ニューヨーク・サン』紙の記事を引用します。

人間の身体は、何兆という小さな太陽系でできていて、それぞれの中心に太陽があり、そのまわりを惑星が公転している。その小さな太陽系というのは、現代科学の原子である。すべての元素の原子は、さまざまな量の陽子と電子から成り、さまざまに配置されている。

しかし、陽子や電子とは何か。

物理学の巨匠たちはその重量を測定することに成功した。われわれは電子が可能なかぎり小さな電荷を運ぶことを知っており、その振る舞いについて多くを学んでいる。しかし、学生らのあいだでは、電子にはごく小さなハンマーで叩《たた》けるような、ほんとうの実体があるのか疑念が湧き起こっている。シカゴ大学のH・G・ゲイル博士は、先日オハイオ科学アカデミーで講演し、電子は完全に電気でできていて、その質量や重さは、電気の力の表れでしかないと信じるに足る理由があると述べた。博士の説によれば、電気と、おそらくエーテル以外には、**宇宙には何も存在しないことになる。**

潜在意識は、マインドの創造的な力を借りて、毎日、毎時間、あなたの体を構成する電気エネルギーの粒子を、あなたが持つイメージに合うように変化させています。

粘土は彫刻家に答えることができません。この小さな電気の粒子もそうです。あなたの体は、病気になるか不自由になるかについて、何も言うことはできません。それを決めるのは**マインド**です。イエスはこのことを理解し、この理解にもとづいて、あらゆる種類の病気を治すことができました。イエスは、自然の法則を無視しようとする魔術師やオカルトめいた奇跡を起こす人ではなく、自然の法則を実証する**教師**でした。イエスは、学識ある律法学者やパリサイ人を選んで、奇跡を起こす仕組みの秘密を打ち明けたわけではありません。それどころか、イエスが選んだのは素朴な漁師たちであり、彼らにも病人や足の悪い人、目の不自由な人を治すことを可能にする**理解力**を与えたのです。では、病気とはなんでしょうか。幻想であり、死すべき夢であり、単に健康の**不在**です。健康のイメージを取りもどせば、**病気**はたちまち消滅します。超意識は病気を創造したことはありません。超意識が知る人間の唯一のイメージは、真理――完全なイメージです。超意識が持つあなたの体についての唯一のアイデアは、完全で健康なアイデアです。「神の目は悪を見るにはあまりに清い。」〔ハバクク書1章13節（聖書の原文では、「あなたの目は」）〕

では、病気はどこから来るのでしょうか？　だれが作ったのでしょう。**だれも作っていない**というのが答えです。たとえば、ピンが刺さっていると思い、その痛みに思考を集中させると耐えられなくなるのと同じで、単なる錯覚です。よく見てみると、ピンは刺さっておらず、ただの毛髪や燃えさしが皮膚に刺さっていただけなのです。何かおかしな痛みを感じたとき、医師から「異常はない」と言われ、痛みがたちどころに消えた経験がありませんか？　このようなことはよくあります。それは単に恐怖や暗示があなたの意識に働きかけているだけで、その痛みや病気の信念を否定すれば、またその否定を潜在意識が速やかにいいものにしてくれると理解すれば、すべての病気や痛みも同じように消え失せるでしょう。恐怖や疑念や不安の思考によって、マインドを無力にしないでください。さもないと、マインドは、ストライキや立ち退きや計画の変更によってつねに中断を強いられている作業員のようになり、やがては落胆し、努力をしなくなるでしょう。

ふたたびジョージ・C・ピッツァー博士のことばを引用します。

人生において適切で健康な、つまりは正常な状態では、客観的な心と主観的な心は互いに完全に調和して行動しています。そうであれば、健康で幸福な状態がつねに優勢です。しかし、このふたつの心は、いつも互いに完全に調和して行動するわけではありません。精神的な障害をもたらし、体の不調、器官や臓器の病気を引き起こします。

無意識は、有益な目的にも有害な目的にも使える潜在的なエネルギーに満ちた、とてつもなく大きな貯蔵所です。力を蓄えるあらゆる装置と同様に、人間が熟知し、熟知しているからこそ恐れなければ、無意識は人間のきわめて貴重な味方になります。一方、無知と恐怖は、生きた電線を破壊と死のエンジンに変えてしまいます。

ナポレオンの時代から、人々はこのことに気づきはじめていました。「病気だと思うより元気だと思え」と、目先が利くタレーランは言いました。クエーカー教徒の定説では、元気な魂は「魂が愛する肉体の主人」です。

ですから、全体を網羅するひとつの基本的な事実は、**マインドがすべて**ということを肝に銘じてください。それ以外の原因はありません。潜在意識から病気の信念を追い出せば、痛みもそのほかの症状もすべていっしょに追い出すことができます。

病気の人で、自力でどれほどのことができるか知っている人はほとんどいません。古いことわざに、人はみな「四〇歳にして愚か者か自分の主治医か」であるというものがあります。マインドの科学がもっと一般的に理解されるようになれば、このことわざは文字どおり真実となるでしょう。すべての人が自分のなかに、「病をすべて癒《いや》す」マインドを見出《みいだ》すでしょう。なぜなら、体のあらゆる器官は、マインドによって支配されているからです。病気や痛みが襲ってきたら、**否定します**。超意識があなたのすべての臓器を完璧にしたこと、超意識のなかにある各臓器のたったひとつのイメージは、この完璧なイメージであること、そしてこの完璧な考えはどんな必要も満たすのにじゅうぶんな資源に恵まれていること、これらのことをすべて網羅するたったひとつのアイデアをしっかりと持ちましょう。

イエスは、「だから、あなたがたの天の父が完全であられるように、あなたがたも完全な者となりなさい。」〔マタイによる福音書5章48節〕と命じたとき、人々がことばどおりに受けとることを意図していました。そしてわたしたちも、超意識にいだくイメージをもとに自分の体をかたちづくれば、文字どおりにそのことばに従うことができるのです。わたしたち一人ひとりが彫刻家です。ただ、材料は大理石や粘土ではなく、かたちを与えることができるエネルギー——陽子と電子——です。わたしたち自身や、この世界のあらゆるものが、このエネルギーで作られています。そのエネルギーからあなたは何を作っていますか？　マインドのなかにどんなイメージを持っていますか？　病気のイメージでしょうか。それとも貧しさ、限界のイメージですか？　そうであれば、それらはあなたの人生に現実となって表れることでしょう。

そんなイメージは追い払いましょう。忘れることです。思考から締め出せば、二度とあなたの人生にはいりこむことはないでしょう。

あなたは、マインドが体に影響を与えることはある程度認めていますが、体の臓器のほうが圧倒的な力を持っていると考えています。だから体に依存し、体の言うなりになっているのです。

パウロは言いました。「知らないのですか。あなたがたは、だれかに奴隷として従えば、その従っている人の奴隷となる。」〔ローマ信徒への手紙6章16節〕

体の器官が主人であるという思考を持つことによって、体があなたの主人となり、潜在意識の指示する知性をあなたから奪ってしまうのです。器官が正常に機能しなくなれば、治療しようとしますが、注意を払う必要があるのはあなたのマインドです。電動の機械を動かしていて、電流が弱くなったりスイッチが切れたりした場合、機械の部品を取りはずしたり、油を差したり、もっとよく動くようにいじりまわしたりはしません。電気の供給元をたしかめて原因を探ります。

同じように、体の機能に異常があるように思えるとき、調べるべきは潜在意識です。胃袋にも、心臓にも、肝臓にも、その他の臓器にも知性はありません。たとえば、肝臓は、一八度程度にしかあたためられていない部屋にあなたがいるとき、体温を三六・五度に保つために、一分間にどれだけの糖分を血液に送らないといけないか知りません。また、氷点下二〇度の強風が吹き荒れる屋外に出たとき、体温を平熱に保つために、さらにどれだけの糖分が必要なのかもわかりません。それにもかかわらず、多すぎず少なすぎず、必要な量が供給されます。しかも瞬時のうちに。その情報はどこから得ているのでしょうか？　あなたにはわかりません。一年以内に解明できる人もいません。

その情報は潜在意識から取得します。肝臓は、情報と使い方の指示の両方を得ます。そして、そのほかの器官もすべて同じところから情報を得ます。筋肉は自力で動きません。マインドを取りのぞけば、筋肉はほかの物質と同じで、命がない不活性のものです。筋肉は何をすべきかについて何も言うことはありません。ただ、マインドの命令に従うのみです。

新聞社の工場で、大きな印刷機が稼働しているのを見たことがありますか？　その知能の高さは人間顔負けです。端から大きなロール紙が送りこまれると、反対側から印刷された新聞紙が折り畳まれて出てきて、あとは配達するだけです。すべて自動化されています。機械が作られるのと同じくらい、すべてが完璧《かんぺき》です。新聞を折る「指」はとても手際がよく、ほとんど生きているかのようです。

しかし、生命を与える電流を止めるとどうなるでしょう。機械は無力になります。指示する人間の知性を取り去ったら、そのすばらしい機械はいずれ鉄くずやゴム片となり、ただのがらくたになるでしょう。機械がみずから機能する日はいつか来るのでしょうか。

あなたの体も同じです。世界でいちばん複雑でありながら最も完璧な、すばらしいメカニズムです。しかし、精神の発電機の電流を止め、すべての器官の働きに指示を与える知性を取り去れば、不活性で役立たずの骨と肉のかたまりが残るだけです。

結局のところ、あなたの体は、マインドに完全に依存したメカニズムのひとつにすぎません。それ自体には、力も意志もありません。マインドがみずからを主人だと信じているかぎり、体は言うとおりに動きます。たとえば、目は単なるレンズで、外界からの光を内部の脳へ伝達します。マインドが指示したとおりに、瞳孔《どうこう》は収縮したり拡大したり、まぶたは開いたり閉じたりします。そしてマインドはお返しに、新しい血液で活気づけ、継続的に栄養を補給し、組織や細胞が古くなって消耗するとすぐに取り替えて再構築します。目を完全に機能させ、その目を通して意識が外界から受ける印象を得られるようにするためです。あなたが何歳であろうと、どれだけ目を酷使していようと関係ありません。目は体のほかの筋肉と同じで、使えば使うほど強くなります。使った組織を修復して再構築するためにじゅうぶんな休息時間を与え、再構築を望む目の完璧なイメージを潜在意識に置いておけば、眼鏡の世話になることもなく、「目に裏切られる」こともないでしょう。

筋肉が働くことを拒否する、つまり正しく機能しなくなるのはどうしてでしょうか？それはあなた自身が原因です。あなたがある特定の部分から供給される電流を止めたからです。あなたが長いこと、筋肉が圧倒的な力を持っていると固く信じてきたので、潜在意識もそう信じるようになったのです。そして神経や筋肉が傷ついたときに、潜在意識は――意識からの提案によって――支配権をすっかり放棄したというわけです。

病気や不調や欠陥は、どれもたったひとつの原因によるものです。それは、体が主人だと信じ、マインドの同意なしに行動して、風邪を引いたり病気になったりできると信じていることです。これがすべての苦しみをもたらす原因です。どんな病気についても同じことが言えます。このひとつの誤った信念にすべて起因するのです。

体のほうがマインドより大きな力があるという考えを否定すれば、病気へのあらゆる恐怖を打ち消すことができます。恐怖がなくなれば、病気の土台もなくなります。

まず、体が訴えるいかなる不平も**聞き入れない**ことです。気候や大気、湿気やすきま風を恐れることはありません。体によくないと信じたときだけ、そのとおりになります。胃が苦痛を訴えるとき、あなたが食べた何かが合わなかったようだと伝えてくるときは、手に負えない使用人を扱うように扱います。何が合うのか合わないのか、それを判断するのは胃ではないことを思い出させます。胃には知性がないこと。ある種の治療と選択のために、食べたものを通過させる経路にすぎないということ。食べたものがよくないものであれば、すみやかに排泄《はいせつ》器官へ通すしかないということを思い出させればいいのです。

あなたの胃には、そうする能力があります。適切な状態のマインドが指示さえ送れば、です。

すべての器官は、どんな状態でも持ちこたえることができます。病気や怪我に屈するのは、あなたがそうしろと言っているからです。高いところから落ちても怪我をしなかった人はいます。致命的な毒を飲んでも害がなかった人はいます。火や洪水や疫病を乗り越えて、かすり傷ひとつ負わずに生き延びた人はいます。そして、人が一度成したことは、また成すことができます。それができたという事実が、こうした条件で体が傷つく必要がないことを示しています。必要がないのであれば、通常、体が傷つく唯一の理由は、傷つくことに対する恐怖のイメージが潜在意識のなかにあるからであり、潜在意識はその思考をもとにあなたの体をイメージします。

一九二六年一月一八日付ストックホルム発『ニューヨーク・ヘラルド・トリビューン』紙の配信で、ストックホルムの科学者ヘンリー・マーカス博士とアーネスト・サヒグレン博士が、催眠暗示によって人体のシステムに及ぼす毒物の影響を、顕著に相殺することに成功したと報じられていました。

科学者たちは、三人の被験者に催眠術をかけ、薬を投与し、「暗示」をかけた場合とかけない場合の血圧と脈拍への影響を注意深く記録しました。血圧を上昇させる作用のある薬を「暗示」なしで投与した場合、血圧は一〇九から一三〇、脈拍は五四から一〇〇に変化しました。しかし被験者に、その薬は無害なただの水分であると、「暗示」をかけて投与したところ、血圧は一〇七から一一六に、脈拍はすべて六七以下という結果でした。このことから、薬物の力よりも被験者の**信念**のほうが、はるかに大きな影響を与えたと言えます。

ある食べものが体によくないと言われたら、このことをよく覚えておいてください。適度であれば、好きなものを食べていいのです。何を食べるにしても、自分がおいしいと思えば、体にいいと**信じれば、それは体にいいものになります**。

しかし、これはよく知られた宗教の教義と同じではないか、と言う人がいるかもしれません。だからどうだというのでしょう。だれかがある基本的な真理を発見したのなら、それを導いた哲学に同意するかどうかはともかく、利用すればいいのです。

ハーヴァード・メディカル・スクールのリチャード・C・キャボット博士のことばをもう一度引用します。

争う必要はありません。すべての誠実で謙虚な心には、努力する機会があります。いかなる出所でも、真理と光の普及を迫害したり妨害したりしないようにしましょう。クリスチャン・サイエンスや予防医学のように、強力で誠実な運動に対する非難は時代錯誤です。それぞれの道を邁進《まいしん》していきましょう。「何者にも悪意を向けず、すべての人に思いやりをもって、国民の傷を癒しましょう」。

もし、すべての教会が、教義に関する意見の相違を忘れて、一般のビジネスの手ほどき本を見習えば、そして、ほぼ一夜で大多数の支持者を築いたクリスチャン・サイエンスの発見者であり創設者でもあるメリー・ベーカー・エディの例を参考にすれば、それぞれに大いに利益があるだろうと、わたしはつねづね考えています。

キリスト教が誕生して間もないころ、多くの男女を教会に引き入れたものはなんだったのでしょうか。それは、**癒《いや》し**です。クリスチャン・サイエンス教会の驚異的な成長は何が原因でしょうか。それは、何千もの人々が、あらゆる種類の病気から**癒された**からです。人々が教会へ行くのはなんのためでしょうか。祈るため、そして**祈りに答えてもらう方法を探すため**です。そうすれば、混みあう劇場と空っぽの教会について、もう心配する必要がなくなるでしょう。

「これが反逆罪であるならば、最大限に利用せよ！」

病気の兆候が表れたら、その存在を徹底的に否定します。自分にこう言い聞かせましょう。「わたしの体には知性はありません。病気の病原菌にもありません。だから、体も病気も、わたしが病気だと告げることはできません。マインドが唯一の原因です。マインドの指示は、わたしを病気にすることではありません。マインドは、完璧で、元気で、健康なわたしの体のイメージしか知りません。それこそが、わたしが築こうとする唯一のイメージです」。そのあとは、病気のイメージは忘れてしまいます。それは単なる幻想であり、そのほかの幻想と同じように払拭《ふっしょく》することができます。マインドの目で、完璧な健康、活力、無限の生命力をイメージします。

あなたの体は、病気だと言うことができません。ですから、病気にかかったと思ったとき、それは意識から来たか、外部からの暗示にちがいありません。いずれにせよ、病気の信念が潜在意識にはいりこまないように、または病気に対する恐怖や考えを潜在意識でイメージしないようにすることが、あなたの仕事です。

すでに病気の信念に屈服している人を治療するには、わたしがここで説明したように、こんなふうに説明してみてください。病気に対しても、健康に対しても、体にはなんの力もありません。丸太にそんな力がないのと同じことです。人間の体は、何百万という電子の集合体――電気エネルギーの粒子――にすぎず、マインドが完全に支配しています。エネルギーの粒子は、実体も知性も持たず、絶えず変化し、そのかたちはマインドにイメージするものに完全に左右されます。

体は、要するに、精神が作りあげた概念です。体に対するマインドの思考を正確に反映したものです。病気になるのは、病弱で不健康な思考がマインドにあるからです。回復を望むなら、まず思考を変えることが先決です。機械に手を加えるのではなく、直接発電所へ行って電流を変えます。夜と朝に、つぎのように唱えます。

「物質は永久ではない。たしかなことはただひとつ、**変化**すること。体のすべての細胞や組織はつねに新しくなっている。古くてすり減った組織は取り去られ、運ばれていく。新しくて完璧《かんぺき》な組織が取って代わる。新しい器官は神が保持する完璧なモデルをもとに再構築される。

神は御自分にかたどって人を創造した。そのイメージは当時もいまも完璧だ。それは、神が知っているわたしの唯一のイメージだ。それは、潜在意識が再構築するときに手本とする唯一のイメージだ。毎日、毎分、わたしは神がイメージするものに、神がイメージするわたしの真の姿に成長している」

物質には感情も知性もない、感じるのはマインドであり、そのマインドが指示するのだから、外部の原因を恐れることは何もないと心にとどめておけば、病気に対する恐怖は消え去るでしょう。病気への恐怖心がなくなれば、どんな患者でもすみやかに回復するでしょう。

イエスは言いました。「はっきり言っておく。わたしの言葉を守るなら、その人は決して死ぬことがない。」〔ヨハネによる福音書8章51節〕。また、「これが永遠の命である」とも言いました。いずれそうなるのではなく、いまそうなのだとイエスは断言しました。

ニューヨークの聖ルカ教会のウィリアム・T・ウォルシュ牧師は、著書の『Scientific Spiritual Healing（科学的な精神の癒し）』のなかでつぎのように述べています。

潜在意識は、神のエネルギーを利用する方法です。神は潜在意識を進化させました。それは、まわりにあるその他すべてと同じように、神からわたしたちへの贈りものであり、神から与えられたものだからこそ、感謝して賢く使うことを学ぶべきです。

神は、わたしたちが生命活動に意識して注意を払う必要がないように、わたしたちを設計しました。わたしたちに潜在意識と呼ばれるものを与え、それがすべての生命機能を管理するようにしました。この潜在意識は、わたしたちから命令を受け、それを実行するすばらしい能力を持っています。なぜなら、**すべての思考は潜在意識のなかで実現される傾向を持つ**という法則があるからです。

悪い思考をとどめておくと、潜在意識は、あたかもそれが望ましいもので、健全で健康的な思考であるかのように、その思考を体に取りこむ傾向があります。潜在意識は、理論的に考えることも判断することもないと覚えておいてください。ただ受けとり、従うだけです。

事故に遭ったとき、とっさに「怪我したにちがいない」と思わないようにします。それとは反対に、怪我の可能性をただちに否定します。否定することで、どんなダメージを受けていても、思考の創造力を奪うことができます。さらには、超意識が持っているあなたの体の唯一のイメージは完全で、それをもとに潜在意識が構築しているという事実をすぐ思い出せば、潜在意識がそのイメージに従って、損傷した部分をすみやかに再構築することがわかるでしょう。

実のところ、体はマインドのコントロールに完全に従うエネルギーの渦からできているにすぎないことを完全に理解できれば、ナイフを水に通すかのように、体にナイフを通しても痛くないはずです。水はすぐに、それがはいっている容器の形状にもどります。

それと同じように、わたしたちの体も、マインドが保持するかたちをすぐに取りもどすでしょう。

現在のところ、わたしたちの理解は完全とは言えませんが、未熟者の目にも奇跡と呼べそうなことを自分の体に起こすことができます。そして、勝利するたびに、体に対する力が少しずつ増していきます。ある病を克服することで、ほかの病を回避したり克服したりすることが容易になるのです。体は逆らうことはできません。わたしたちが戦わないといけないのは、教育による偏見と、まわりからの暗示です。

病気は必要ありません。疲れる必要さえないのです。「主に望みをおく人は……走っても弱ることなく、歩いても疲れない。」〔イザヤ書40章31節〕。聖書のこのことばは文字どおりの意味です――そして、マインドによって体を支配し、習慣や俗信で体を主人にしなければ、文字どおりに従うことができます。あなたにとって正しいことであれば、たとえ長引く労苦や苦難や危険をともなっても、恐れることはありません。マインドに頼ることです。あなたが危機に瀕《ひん》しているとき、マインドは必要であれば、自然のあらゆる力を呼び出すことができます。

イエスは言いました。「だから、言っておく。自分の命のことで何を食べようか何を飲もうかと、また自分の体のことで何を着ようかと思い悩むな。命は食べ物よりも大切であり、体は衣服よりも大切ではないか。」〔マタイによる福音書6章25節〕多くの場合、病ダイエットや運動、健康を保つ法則だけでは健康を維持できません。

気の話題をマインドに引きつけることになり、結果として病気を助長します。

ダイエットは過食を防ぐという意味では利点があります。節制は、飲酒と同じように、食事にも重要です。しかし、好きなもの、おいしいと思うもの、体にいいと**信じている**ものは、体質に合わないかもなどと思わずに、適度に食べてもかまいません。

適度な運動も、体とマインドのためにはいいことです。ただし、やりすぎは禁物です。健康を維持するのは運動ではなく、マインドに思い描くイメージです。運動は、イメージを潜在意識に印象づけるのに役立つにすぎません。

電気治療、皮膚の強壮剤、アルコール消毒などはすべて、影響を受ける部分に潜在意識の注意を集中させることでは意味があります。皮膚の心地よい小さな疼《うず》きでも、マインドのみの力でまったく同じ効果を与えることができます。ヴァンス・チェイニー夫人の記事を読みましたが、まさにこの方法で両脚の麻痺《まひ》を治したという話でした。夫人は、何か月も医者やマッサージ師の世話になった末、うんざりしてしまい、全面的にマインドに頼ることにしました。すべての神経と筋肉をすっかりリラックスさせて、思考を脚の神経に沿って足先まで意識して送りこむことを、一日に何度も繰り返しました。すると、足の裏が少しピリピリするような感覚――血行がよくなったしるし――があり、その後、眠気に襲われました。このような治療を数週間つづけた結果、夫人の脚は完全に使えるようになったそうです。

こんなふうにすることで、どんな体の不調でも取りのぞくことができます。病状や傷がある部分に手をあて、その器官があるべき姿になるようにイメージします。それが完全に機能しているところを思い浮かべ、正常に機能**している**と**信じます**。その思考が患部に血液をもたらし、トラブルを解消し、新しい細胞と組織を提供する一方で、その器官が正常に機能**している**という信念が、正常な状態をもたらすのです。

ただし、この治療法には慎重さをともないます。というのも、さほど必要ではないのに意識的に体の規則的な機能に干渉すると、助けになるどころか、かえって混乱を招くからです。階段を猛スピードで駆けおりるときを考えてみてください。足の動きに注意を払わなければ、足はためらいもひるみもせず、飛ぶように階段をおりていきます。しかし、一歩一歩を見ようとすると、速度を落とさなければ、かならず踏みはずして、つまずき、転倒することでしょう。

ムカデは幸福だった
ヒキガエルがおもしろ半分にこう言うまでは
「ねえ、どの脚がどの脚のあとに動くの?」
それが、ムカデの心をひどくかき乱した
溝のなかでたたずみ悩んでいた
どうやって歩きだせばいいのかを。

だれでも健康を維持できるルールがひとつあります。それは、神経のことを忘れ、錠剤や薬瓶を捨て、超意識が持っている自分の体の完璧なイメージだけをマインドの目で見ることです。それが、病気と無縁でいるためのいちばん確実な方法です。

すでに病気であっても、同じルールがあてはまります。超意識は病気を創造したことはないことを理解しましょう。あなたの意識が錯覚しているにすぎません。マインドが唯一の創造主であることを理解します。シェイクスピアが言うように、「よい悪いは考え方ひとつ。どうにでもなる」。その思考がどうなるのか、あなたが決定権を持っていると理解します。思考のなかで自分の体の完璧《かんぺき》なイメージを保持することで、完璧な体にできると理解しましょう。

これまで、指を切ったことがありますか？　だれが血を凝固させ、傷口を塞《ふさ》ぎ、新しい皮膚を作ったのでしょうか？　敗血症の病原菌を殺すために、小さな食細胞に呼びかけたのはだれでしょうか？

まず、あなたの意識ではありません。ほとんどの人は「そういうものがある」ことさえ知りません。そうした人たちの意識は、そもそも癒《いや》しについて知らないのです。その情報はどこから来るのでしょう。天才的な指示はどこから来るのでしょうか？　あなたが眠っているあいだ、心臓と肺を働かせ、肝臓と腎臓《じんぞう》を調整し、体のすべての機能に気を配っている知性と同じではないでしょうか？

その知性は、あなたの潜在意識です。あなたが適切に協力すれば、潜在意識はこうした任務を無限にこなし、すべての器官を完璧に、すべての機能を時計仕掛けさながらに規則正しく保ちます。

しかし潜在意識は、暗示にものすごく従順です。病気や伝染病の心配をしたり、年をとってきたとか、内臓が弱ってきたとか、そういったことを思い浮かべたりすると、あなたが提案した状態を実現することに、潜在意識は完全に同意するでしょう。伝染病による危険がないことを納得させ、健康と強さを思い浮かべれば、潜在意識は同じように、すみやかにかたちにしてくれるでしょう。

そこで、認識しなければいけないのは、何かを作る前には、そのモデルが頭にないといけないということです。家を建てる前には、設計図と青写真が必要です。あなたが作られる前には、超意識はあなたのモデルをイメージしました。そのモデルは当時もいまも完璧です。超意識が知っている、あなたについてのたったひとつのアイデアは、すべての細胞と有機体が完璧なラインで形成されている、完璧なモデルです。

たしかに、わたしたちの多くは思考のなかに不完全なモデルを作りあげています。しかし、恐怖と同じように、不完全なモデルもすぐに取りのぞくことができます。

あなたの体は刻々と変化しています。細胞も有機体も、つねに再構築されています。なぜ古くて不完全なラインをなぞって構築するのですか？　なぜ超意識の思考が持つラインで構築しないのですか？　あなたにはそれが**できます**。その本質はイエスのことばにあります。「祈り求めるものはすべて既に得られたと信じなさい。そうすれば、その

とおりになる。」〔マルコによる福音書11章24節〕

あなたの病気がなんであろうと関係ありません。超意識はその治療法に応じます。たとえば、胃腸の調子が悪く、好きなものが食べられない、食べものを吸収できない、体が弱くて神経質になる、などといった症状があるとします。毎朝、目覚めたとき、そして毎晩、眠りに落ちる直前に、自分自身にこう言います。

「わたしの胃には知性も感情もない。ただ、マインドが指示したとおりに機能する。だから、胃が弱くなったり病気になったりすることは心配いらない。なぜなら、マインドが知っている胃のイメージはたったひとつ、完全なイメージだから。そのイメージは、わたしが胃のなかへ入れるものを吸収することも除去することもできる。超意識が作るものはすべて完璧であるように、それは完璧で、完璧であるからこそ、わたしが求める正しいことを、恐れも不安もなく成すことができる」

一度にひとつの器官に集中し、夜と朝、自分自身にこの文句を繰り返します。この文句を口にし、感じ、**信じ**――そうすれば、その器官を思いどおりにできます。「あなたがたの信じているとおりになるように」〔マタイによる福音書9章29節〕

おわりに

「天の国は次のようにたとえられる。畑に宝が隠されている。見つけた人は、そのまま隠しておき、喜びながら帰り、持ち物をすっかり売り払って、その畑を買う。」〔マタイによる福音書13章44節）。この畑は、あなた自身の意識——あなたが自分のなかで見つけた宝物——であり、ほかの人には見えません。しかし、あなたはそれを、内在する魂——「内なる父」——がいるので知っているし、この宝がほかのすべての財産よりも価値があるため、自分の持ちものをすべて売り払ってもかまわないと思っています。

もし、あなたがこの宝物に気づき、少しでも使いはじめたなら、この地球上のだれにでも起こりうるとてもすばらしいことが、あなたにも起こったということです。どういう意味かというと、あらゆる苦しみと恐れと心配と迷信に悩まされたふつうの人間が、「存在の法則」を学んだということです。自分が破壊しようとする何倍もの力を手に入れたということです。それは、生命の岩の上に足をかけたということ、神の国の扉が目の前に開かれていること、呼吸する空気のように、あらゆる善が自由に使えることを意味します。

「主の恵みの御言葉は、一つとしてむなしいものはなかった。」〔列王記上8章56節〕。「わたしたちも、先祖に与えられた約束について、あなたがたに福音を告げ知らせています。」〔使徒言行録13章32節〕

わたしたちにはたしかに、まわりにあるすべての善に感謝する理由があります。わたしたちはたしかに、与えられた無限の力に感謝すべきです。

そして、心からの感謝を示すことは、本物の信念の最もたしかな証拠となります。信念とは、「望んでいる事柄を確信し、見えない事実を確認すること」〔ヘブライ人への手紙11章1節〕です。イエスがラザロを死からよみがえらせたとき、まず祈り、**そしてその祈りに答えた父に感謝した**ことを覚えていますか？　そのときはまだ、祈りがかなえられたという物質的な証拠は何もありませんでした。しかし、イエスは父なる神に対する完全な信念を持っていたし、願いは正当なものでした。イエスが感謝を捧《ささ》げた直後に、**ラザロは墓から出てきたのです**。

今日の世界は、かつての世代と比べ、実にすばらしくなりました。人類はその無限の力を垣間《かいま》見ることができるようになり、世界全体が新しい考え方に柔軟かつ敏感です。人間の魂は自分自身を発見し、無限との関係を学びつつあります。見えるものと見えないものとのあいだのベールが取り払われつつあります。「父の仕事ぶり」を見ることによって、自分の力の確信を深め、「わたしたちの内におられる父」を主張しはじめます。正しい理解があれば、イエスの成したことをわたしたちも為《な》せることを、わたしたちは知っています。わたしたちは、イエスの「奇跡」を、神の連続した計画の一部である神的な自然法則だということを認識しています。

ですから、主とともにビジョンの山へ行きましょう。主のことばをモットーにしましょう。「見よ、山で示された型どおりに、すべてのものを作れ」〔ヘブライ人への手紙8章5節〕

解説

三浦《みうら》　将《しょうま》（エグゼクティブコーチ・ビジネス書作家）

人生にとって重要なことの一つは、「タイミング」であると強く感じます。

この本の解説のご依頼を受け、読み進めるうちに、これがまさに絶好の「タイミング」で私の元にやってきてくれたことを確信しました。

壮年である私が生まれる何十年も前に書かれた本なので、それはまるで「時空を超えたプレゼント」のように感じ、深い感謝を覚える次第です。

「できると思えば、そのぶんだけできる」

この言葉から始まるこの本は、人の潜在能力発揮の本であり、「信念」についての本です。大多数の人が、表面上の力だけを使って生きているのに対し、「超意識という眠れる巨人とつながることで、誰もが驚くべき力を発揮できる」と説くのが主旨です。

一方、このことは、この本以降に世に出た数多くの自己啓発書でも書かれており、多くの人がすでに「知っている」内容なのかも知れません。

しかし、何事も「知識として知っている」と「それを普段からやっている」には雲泥の差があります。同様に、このことを「知っている」状態と「強い信念として持っている」状態とは、起こる現実に天と地ほどの差があるのです。

つまり、勝負となるポイントは、知識の多さではなく、この「信念の強さ」、その一点なのです。

感謝するのは、まさにこの信念をさらに深める必要があると、強く感じていたタイミングに、この本に出逢《であ》えたことです。

内容は、日本で言えば、中村天風《なかむらてんぷう》や稲盛和夫《いなもりかずお》などが述べていることと、ほぼパーフェクトに一致しています。例えば、ここで言う超意識のことを、中村天風は「霊知の力」と言い、稲盛和夫は「知恵の蔵」と表現しました。「潜在意識を通じて、この霊知の力、知恵の蔵にアクセスすることができれば、いかなる難題も解決できる」というわけです。

東郷平八郎《とうごうへいはちろう》、山本五十六《やまもといそろく》、松下幸之助《まつしたこうのすけ》などを始めとする、当代超一流の人物たちが師と仰ぎ、現在では、あの大谷翔平《おおたにしょうへい》などにも強い影響を与えている中村天風、多くの人が不可能と思っていたＪＡＬの再建という、当時の日本ビジネス界の最大の難題の解決を成し遂げた稲盛和夫が信じていたものであるからこそ、超意識の存在と、そのつながりの大切さを強く確信させてくれます。

「超意識の存在と、その驚くべき力の存在を確信し、潜在意識を通じて、そこにアクセスすれば、我々人間は、どんな人でも、驚嘆に値する力を発揮できる」

この法則をどれくらい強く、深く信じられるかが、成否を分けるわけです。

この本にあるように、モーツァルトは、自分が生み出した数々の美しい交響曲を「向こうからやってきた」と表現しました。また、ポール・マッカートニーも「イエスタデイ」という名曲を生み出した時のエピソードとして、同じようなことを言っています。

このように、超意識にアクセスすることができれば、どんな偉大なことも成し遂げられるわけです。偉人とは、そのアクセスができた人。凡人との違いは、そのことだけなのです。

私は、人材育成・組織開発の会社を経営するとともに、プロコーチとしての活動を続けています。起業家やプロアスリートなどのコーチングをしているとき、非常に論理的な面と、論理を超えたものとのつながりへの信念の双方を彼らから感じることがあります。そういった人たちの特徴としては、「イメージ力が豊かなこと」。豊かなイメージを持つことで、潜在意識を通じて、超意識からのメッセージを、インスピレーションとして受け取ることができるのだろうと思います。

本来、そのようなことを促す役目のコーチとして、このアクセス回路が開きやすい人たちは、論理で固められたガチガチの人たちよりも、コーチングを通じての高い成果が得やすい人たちだと感じます。

実はこのことに、この本の最大のキーポイントがあります。

それは、「実際に超意識とどうつながることができるか?」という命題です。

法則を「知っている」だけではつながらないのです。

だから、「知っている」を「やっている」にしなければいけない。これができているかどうかが、現実の大きな差として現れてくるのです。

超意識とつながるために最も大切なことは、「信念」を強くすることです。これは、自分の背景には、とんでもなく凄《すご》い力があることを自覚している度合いです。

本を読んで頭では分かっているが、ほとんどの人が、実はこの信念がとんでもなく弱い。

ちょっと何かがあると、ひどく心配したり、恐怖にかられたり、自己を否定してしまう。これらのことが、信念をどんどん弱くしてしまっているのです。

では、どうやったら強くできるのか?

その一つが、「衝撃的な体験をする」ことです。

実際に、「およそ達成できないと思うようなことが、普通に起こる場を体験する」、このことが人の信念を強烈に強化します。例えば、稲盛氏がJALを復活させたプロセスに間近で立ち会えた人たちは、知らず知らずのうちに、この信念の強化が進んだと思われます。

一方、これは、かなり偶然に左右されるので、もっと確実な方法が必要です。

それが、「習慣的な行動による強化」です。

信念の強化は、一朝一夕にはいきません。繰り返し、繰り返しインストールすることにより、信念は強化されるのです。

ロンドン大学の研究によると、早起きや運動など、意図する行動が習慣化するのに、約66日かかると言われています。また、行動が習慣化することによるマインドの変化には、半年以上を要するとも言われています。このマインドの変化は、信念の強化につながります。つまり、日々の地道な行動が、あなたの人生を決定的に変える爆発力を持つ、信念の強化につながるのです。

そういった意味で、私が、習慣に関連する本を10冊以上世に送り出している「習慣の専門家」であることも、この本の解説に選ばれた理由の一つだと思っています。著書『自分を変える習慣力』（クロスメディア・パブリッシング）が、20万部を超える大ヒットとなったことも、私自身、超意識とのつながりを感じた出来事の一つです。

信念の強化のためには、この法則を強く、深く信じるための毎日の習慣を行っていくことが肝心です。そのためには、この本に書いてある方法を採用していくと同時に、毎日少しずつでも、この本を繰り返し読むことを強くお勧めします。

私が「タイミング」であるといった意味も、ここにあります。つまり、「信念強化のための絶好のツールをタイミングよく手に入れることができた」というわけです。私自身も今後長きに亘《わた》り、この本を読み続けようと思います。

そして、このツールをどう使うかは、あなた次第です。

また、信念の強化には、信念を弱める習慣を除外することも重要です。

弱気な自分や、心配する自分、疑心暗鬼な自分や、自分を否定する自分、これらをいかに少しずつなくしていくかも、重要な行動習慣です。これらを少しずつ払い、心を安定させていくことも、信念の強化に大きく貢献していくでしょう。このことに対しても、この本を繰り返し読み続けることによって、効果を発揮していくと確信します。

そして、次は「あなたが何を望んでいるかを知る」こと。

これも、習慣的に自分に問い続けることが肝心です。特に寝る前に自分に問うてから眠ることが有効ですので、ぜひ習慣にしてみてください。

最後のステップは、その望みに対して、一心不乱に思考を集中させて行動する。そして、その行動をさらに習慣化する。

これができれば、超意識とのアクセスの扉が開かれていくでしょう。

約百年の時を超えて、この本と出逢えたことは、あなたにとっても、私にとっても、まさに僥倖《ぎょうこう》と言えるものではないでしょうか。

この本は、これらの実践の最高のガイド役となり得る一冊であることを確信しています。

あなたは力です。

力の結晶です。

ザ・シークレット・オブ・ジ・エイジズ

成功者《せいこうしゃ》たちの不変《ふへん》の法則《ほうそく》

ロバート・コリアー　茂《も》木《ぎ》靖《やす》枝《え》＝訳

令和５年　７月25日　初版発行

発行者●山下直久

発行●株式会社KADOKAWA
〒102-8177　東京都千代田区富士見2-13-3
電話　0570-002-301（ナビダイヤル）

角川文庫 23745

印刷所●株式会社暁印刷
製本所●本間製本株式会社

表紙画●和田三造

●お問い合わせ
https://www.kadokawa.co.jp/（「お問い合わせ」へお進みください）
※内容によっては、お答えできない場合があります。
※サポートは日本国内のみとさせていただきます。
※Japanese text only

ISBN 978-4-04-113388-0　C0198

◇◇◇

角川文庫発刊に際して

角　川　源　義

第二次世界大戦の敗北は、軍事力の敗北であった以上に、私たちの若い文化力の敗退であった。私たちの文化が戦争に対して如何に無力であり、単なるあだ花に過ぎなかったかを、私たちは身を以て体験し痛感した。西洋近代文化の摂取にとって、明治以後八十年の歳月は決して短かすぎたとは言えない。にもかかわらず、近代文化の伝統を確立し、自由な批判と柔軟な良識に富む文化層として自らを形成することに私たちは失敗して来た。そしてこれは、各層への文化の普及滲透を任務とする出版人の責任でもあった。

一九四五年以来、私たちは再び振出しに戻り、第一歩から踏み出すことを余儀なくされた。これは大きな不幸ではあるが、反面、これまでの混沌・未熟・歪曲の中にあった我が国の文化に秩序と確たる基礎を齎らすためには絶好の機会でもある。角川書店は、このような祖国の文化的危機にあたり、微力をも顧みず再建の礎石たるべき抱負と決意とをもって出発したが、ここに創立以来の念願を果すべく角川文庫を発刊する。これまで刊行されたあらゆる全集叢書文庫類の長所と短所とを検討し、古今東西の不朽の典籍を、良心的編集のもとに、廉価に、そして書架にふさわしい美本として、多くのひとびとに提供しようとする。しかし私たちは徒らに百科全書的な知識のジレッタントを作ることを目的とせず、あくまで祖国の文化に秩序と再建への道を示し、この文庫を角川書店の栄ある事業として、今後永久に継続発展せしめ、学芸と教養との殿堂として大成せんことを期したい。多くの読書子の愛情ある忠言と支持とによって、この希望と抱負とを完遂せしめられんことを願う。

一九四九年五月三日

角川文庫海外作品

新訳 原因と結果の法則

ジェームズ・アレン
山川紘矢・山川亜希子＝訳

カーネギー、ロンダ・バーンらが大きな影響を受けたといわれるジェームズ・アレンの名著が山川夫妻の新訳で登場。自分の人生は自分に責任がある。自分が変われば環境は変わる。すべての自己啓発書の原点！

新訳 道は開ける

D・カーネギー
田内志文＝訳

「人はどうやって不安を克服してきたか」人類の永遠とも言えるテーマに、多くの人の悩みと向き合ってきたカーネギーが綴る、現代にも通ずる「不安、疲労、悩み」の克服法。名著『道は開ける』の新訳文庫版。

アルケミスト
夢を旅した少年

パウロ・コエーリョ
山川紘矢・山川亜希子＝訳

羊飼いの少年サンチャゴは、アンダルシアの平原からエジプトのピラミッドへ旅に出た。錬金術師の導きと様々な出会いの中で少年は人生の知恵を学んでゆく。世界中でベストセラーになった夢と勇気の物語。

星の巡礼

パウロ・コエーリョ
山川紘矢・山川亜希子＝訳

神秘の扉を目の前に最後の試験に失敗したパウロ。彼が奇跡の剣を手にする唯一の手段は「星の道」という巡礼路を旅することだった。自らの体験をもとに描かれた、スピリチュアリティに満ちたデビュー作。

ピエドラ川のほとりで私は泣いた

パウロ・コエーリョ
山川紘矢・山川亜希子＝訳

ピラールのもとに、ある日幼なじみの男性から手紙が届く。久々に再会した彼から愛を告白され戸惑うピラール。しかし修道士でヒーラーでもある彼と旅するうちに、彼女は真実の愛を発見する。

角川文庫海外作品

第五の山

パウロ・コエーリョ
山川紘矢・山川亜希子＝訳

混迷を極める紀元前9世紀のイスラエル。指物師として働くエリヤは子供の頃から天使の声を聞いていた。だが運命はエリヤのささやかな望みをかなえず、苦難と使命を与えた……。

ベロニカは死ぬことにした

パウロ・コエーリョ
江口研一＝訳

ある日、ベロニカは自殺を決意し、睡眠薬を大量に飲んだ。だが目覚めるとそこは精神病院の中。後遺症で残りわずかとなった人生を狂人たちと過ごすことになった彼女に奇跡が訪れる。

悪魔とプリン嬢

パウロ・コエーリョ
旦　敬介＝訳

「条件さえ整えば、地球上のすべての人間はよろこんで悪をなす」悪霊に取り憑かれた旅人が、山間の田舎町を訪れた。この恐るべき考えを試すために――。

11分間

パウロ・コエーリョ
旦　敬介＝訳

セックスなんて11分間の問題だ。脱いだり着たり意味のない会話を除いた〝正味〟は11分間。世界はたった11分間しかかからない、そんな何かを中心にまわっている――。

ザーヒル

パウロ・コエーリョ
旦　敬介＝訳

満ち足りた生活を捨てて突然姿を消した妻。彼女は誘拐されたのか、単に結婚生活に飽きたのか。答えを求め、欧州から中央アジアの砂漠へ、作家の魂の彷徨がはじまった。コエーリョの半自伝的小説。

角川文庫海外作品

ポルトベーロの魔女

パウロ・コエーリョ
武田千香＝訳

悪女なのか犠牲者なのか。詐欺師なのか伝道師なのか。実在の女性なのか空想の存在なのか——。謎めいた女性アテナの驚くべき半生をスピリチュアルに描く傑作小説。

ブリーダ

パウロ・コエーリョ
木下眞穂＝訳

アイルランドの女子大生ブリーダの、英知を求めるスピリチュアルな旅。恐怖を乗り越えることを教える男と、魔女になるための秘儀を伝授する女がブリーダを導く。愛と情熱とスピリチュアルな気づきに満ちた物語。

ヴァルキリーズ

パウロ・コエーリョ
山川紘矢・山川亜希子＝訳

『アルケミスト』の執筆後、守護天使と話すという課題を師から与えられたパウロは、天使に会う条件を知る〝ヴァルキリーズ〟という女性集団と過酷な旅を続けるが……『星の巡礼』の続編が山川夫妻訳で登場！

ザ・スパイ

パウロ・コエーリョ
木下眞穂＝訳

1917年10月15日パリ。二重スパイの罪で銃殺刑となった謎の女性マタ・ハリ。その美貌と妖艶な踊りで多くの男たちを虜にした彼女の波乱に満ちた人生を、世界的ベストセラー作家が鮮やかに描いた話題作！

不倫

パウロ・コエーリョ
木下眞穂＝訳

優しい夫に2人の子ども、ジャーナリストとしての仕事。誰もが羨む暮らしを送る一方で、孤独や不安に苛まれていたとき再会したかつての恋人……。背徳の関係さえも、真実の愛を学ぶチャンスだったのだ——。

角川文庫海外作品

富と成功をもたらす7つの法則

ディーパック・チョプラ

願望を実現する力を持ち、愛と喜びに満ちた人生を送ることが真の「成功」。政治家やアーティストら多くのセレブに支持されるチョプラ博士が、成功に導く7つの法則について書いた名著、待望の文庫化！

世界最強の商人

オグ・マンディーノ
山川紘矢・山川亜希子＝訳

ハフィッドは師から成功の秘訣が書かれた10巻の巻物を譲られる。教えに従い成功したハフィッドは巻物を継ぐ人物を密かに待ち続ける。現れた青年とは……。人生成功の原理をわかりやすく説く大人の寓話。

その後の世界最強の商人

オグ・マンディーノ
山川紘矢・山川亜希子＝訳

ハフィッドは講演旅行でローマを訪れ、巻物を渡した青年パウロが理不尽に捕らえられていることを知る。処刑された彼の遺志を継ぎ、ハフィッドは残りの人生をかけた、ある壮大な計画を思いつく。感動の名著！

「ドリームタイム」の智慧
あなたらしく幸せに、心豊かに生きる

ウィリアム・レーネン
吉本ばなな
伊藤仁彦＝訳

恋愛、仕事、子育て、同性愛、スピリットワールドなどについて、自分にも他人にも嘘のない人だけが行けるドリームタイムで教えてもらったスピリチュアルな智慧を紹介。吉本ばななさんが聞く幸せへのヒント！

富を「引き寄せる」科学的法則

ウォレス・ワトルズ
山川紘矢・山川亜希子＝訳

お金や資産は、「確実な方法」にしたがって物事を行った結果、手に入るものです。この確実な方法にしたがえば、だれでも間違いなく豊かになれるのです――。百年にわたり読み継がれてきた成功哲学の名著。